オバマ政権の経済政策

― リベラリズムとアメリカ再生のゆくえ ―

河音琢郎／藤木剛康
[編著]

OBAMA'S ECONOMIC POLICY
Pursuit of the Rebuilding of Liberalism and Economy in the U.S.

ミネルヴァ書房

まえがき

　バラク・オバマ（Barack Hussein Obama II）は，「変革（change）」と「アメリカの宥和」を掲げて2008年の大統領選挙に出馬し，本命候補とみられていたヒラリー・クリントン（Hillary Rodham Clinton）との民主党予備選挙を接戦の末に制し，本選挙においてもジョン・マケイン（John Sidney McCain III, R-AZ）共和党候補に勝利，弱冠47歳（当時）にして第44代アメリカ合衆国大統領に就任した。初の黒人大統領の誕生，深刻な経済危機を一刻も早くなんとかしてくれとの思い，泥沼化したイラク・アフガニスタン戦争への厭戦気分などがない交ぜになって「change」という彼のスローガンに共鳴し，100万人以上がワシントンでの就任式に駆けつけた。国民の高い期待を背景に，オバマ政権は景気対策，医療保険改革，金融制度改革，2つの対テロ戦争からの撤退など，大規模な政策を遂行していった。

　しかし，オバマ政権に対する国民の高い期待と人気は長くは続かなかった。就任当初70％近かった支持率は半年も経たないうちに低落傾向に転じた。結果，政権発足2年後の議会中間選挙で民主党は歴史的敗北を喫し，下院多数派の地位を共和党に明け渡した。以降は議会との対立ゆえに大規模な改革立法は思うにまかせず，政策形成は滞った。2期目の当選こそ果たしたものの，支持率は40〜50％台を行き来し，オバマ政権はその幕を閉じようとしている。

　次期大統領選挙の各党の予備選挙がほぼ終了した2016年6月上旬，あるテレビのナイトショーにゲストとして招かれたオバマは，「Yes, we can」を掲げた8年前の自分に向けたメッセージカードに，迷いなく一言「Yes, we did」と綴った（NBC, The Tonight Show Starring Jimmy Fellon, 2016年6月9日放送）。その1カ月後，民主党大会に登場したオバマは，会場の代議員からの「Yes, we did」の大合唱で出迎えられた。他方，その1週間前に行われた共和党大会は，民主党候補者クリントンと並んでオバマへの批判一色となった。オバマ政権の継承か転換かは，今回の大統領選挙の一大争点となっている。

経済危機後のアメリカ経済の回復状況，歴史的偉業とされる医療保険改革法の是非，「核なき世界」，「中東の平和」を高らかに掲げる一方で無極化と混迷を深めた世界情勢など，オバマのレガシーにはすべてといってよいほど極端なまでの賛否両論がつきまとう。激しい党派間対立がそのギャップをさらに拡大する。そもそも支持率動向からしてオバマの評価は難しい。一方では政権初期段階からの支持率凋落をもってオバマの不人気が唱えられてきたが，他方で政権末期において40％台後半〜50％台という数字は，それなりによく持ちこたえたとの評価も成り立つ。本書では，このような錯綜したオバマ評価を紐解いて，政権の経済政策とその経済的・政治的インプリケーションを丹念に分析することにより，クリアなオバマ政権像を提示してみたい。

　本書は，前G・W・ブッシュ政権を対象にした前著河音琢郎・藤木剛康編著『G・W・ブッシュ政権の経済政策』（ミネルヴァ書房，2008年）の続編にあたる。前著は，アメリカ経済政策の研究において経済学と政治学との相互交流が十分なされていないという現状認識に立脚し，両分野での研究成果を踏まえ，双方を政策形成過程という独自の運動領域において媒介するというアプローチで執筆された。本書でも，こうした前著の方法の見地を継承している。

　政権の最終盤にあるとはいえ，未だ政治過程の渦中にある現段階においてオバマ政権を正確に評価するのは時期尚早との意見もあろう。しかし，資料的制約により不十分なところがあったとしても，今後の歴史研究を積み重ねていく上での中間評価として，リアルタイムでのオバマ政権像を世に問うことには一定の意味があるものと考えている。今後のオバマ政権期アメリカ政治経済の研究の進展のためにも，本書をお読みいただき，忌憚のないご批判を賜りたい。

　最後に，専門研究書の出版事情が厳しいなか，本書出版のための研究会に丁寧に足を運んでくださり，企画・編集にご尽力いただいたミネルヴァ書房編集部の田引勝二氏に深く感謝申し上げる。

2016年8月

河音琢郎
藤木剛康

オバマ政権の経済政策
——リベラリズムとアメリカ再生のゆくえ——

目　次

まえがき

序　章　オバマ政権期のアメリカ経済と経済政策 …………河音琢郎…1

1　オバマ政権の経済政策を分析する視角………………………………1
　　（1）オバマ政権をめぐる論壇状況　（2）錯綜するオバマ政権評価
2　大不況後のアメリカ経済とオバマ政権の経済政策……………………3
　　（1）アメリカ経済のパフォーマンスと長期停滞論
　　（2）アメリカにおける格差社会とミドルクラス対策
3　現代のアメリカ政治構造と経済政策の形成……………………………10
　　（1）オバマ政権期のアメリカ政治　（2）外交・安全保障と経済政策
4　本書の構成と概要………………………………………………………12

第1章　金融危機後の住宅市場とアメリカ経済……………豊福裕二…21
　　　　――住宅バブルは再燃するか――

1　住宅バブルの膨張・収縮とアメリカ経済………………………………21
　　（1）アメリカ経済の「長期停滞」と住宅バブル　（2）住宅の資産効
　　果とサブプライムローン　（3）住宅バブルの崩壊と逆資産効果
2　オバマ政権下での住宅市場対策…………………………………………31
　　（1）オバマ政権による住宅差し押さえ危機対策
　　（2）FRBによる住宅市場対策
3　住宅市場の回復とアメリカ経済…………………………………………37
　　（1）住宅市場の回復とその影響　（2）住宅市場の回復における非対
　　称性　（3）格差構造とアメリカ経済
コラム1　新地主階級の誕生？……………………………………………45

第2章　産業構造と産業政策……………………………山縣宏之…49
　　　　――グローバル化・産業構造高度化に対する「リベラルの挑戦」――

1　リベラルの挑戦――雇用創出と国内産業強化のための競争力政策・産業政策…49

目　次

　　　　（1）リベラルの挑戦――競争力政策・産業政策における評価　　（2）現代アメリカ経済政策分析のフレームワーク・競争力政策・産業政策　　（3）オバマ政権の政策理念と実行スタイル

　2　オバマ政権期の産業構成動態――進む産業構造高度化………………52
　　　　（1）技術進化・社会的分業の深化・グローバル化のなかの産業構造高度化　　（2）従業者（雇用）の担い手としての産業　　（3）新動態――シェール革命・グローバル化・イノベーションと創造産業

　3　製造業回帰の実相……………………………………………………62
　　　　（1）製造業付加価値額・利益・従業者（雇用）動態
　　　　（2）製造業の対外・対内直接投資と製造拠点の新設・増設動向

　4　オバマ政権による競争力政策・産業政策の展開………………………64
　　　　（1）オバマ政権第1期（2009〜12年）――リベラル政策の推進
　　　　（2）オバマ政権第2期――党派対立のもとでの競争力政策の部分的実現

　5　挑戦の帰結――進む構造変化・限られる政策効果・理念と現実の隘路………70
　　　　（1）不可逆的に進む産業構造高度化
　　　　（2）シェール革命・イノベーション・製造業回帰
　　　　（3）オバマ政権の競争力政策・産業政策の本質と残された課題

　　コラム2　製造業回帰は実際にはどのように進んでいるのか……………73

第3章　財政政策……………………………………………河音琢郎…81
　　　　――「決められない政治」とその場しのぎの予算編成――

　1　オバマ政権期の財政過程を分析する視角………………………………81
　　　　（1）大不況下の財政運営　　（2）「決められない政治」と予算過程の行きづまり　　（3）予算ルールとしてのBCA

　2　予算統制法（BCA）の立法過程とその内容……………………………88
　　　　（1）BCAの立法過程　　（2）BCAの主要規程
　　　　（3）BCAの特徴と課題

　3　BCA下の財政運営……………………………………………………97
　　　　（1）強制一律削減の脅威と裁量的経費の抑制・削減

v

　　　　（2）その場しのぎの予算編成

　4　オバマ政権財政の評価と新政権の課題 …………………………… 100
　　　　（1）政策裁量と財政ルール　（2）財政の資源配分と財政規律
　　　　（3）政治的リーダーシップの機能不全

　コラム3　予算の分類と予算編成プロセス ………………………… 105

第4章　医療保障政策 …………………………………… 櫻井　潤 … 111
　　　　――市場に潜む不安定性と「リヴァイアサン」――

　1　医療保障政策の課題――「アフォーダブル医療保険」………………… 111
　　　　（1）医療費負担の増加　（2）医療保障の不安定性の高まり

　2　医療保険改革法の成立過程 …………………………………… 116
　　　　（1）基本合意――市場重視型の現行制度を土台とする医療保険改革
　　　　（2）医療保障制度における連邦政府の役割――上院財政委員会の「円卓会議」　（3）党派間対立の下での予算調整法を伴う可決・成立

　3　医療保険改革法の枠組みと連邦財政 …………………………… 123
　　　　（1）市場規制と連邦支出による医療保障の拡大
　　　　（2）医療保険改革法と連邦財政
　　　　（3）医療保険改革法への反発――「オバマケアはリヴァイアサン」

　4　医療保険改革をめぐる党派間対立と超党派合意 ………………… 128
　　　　（1）激しい党派間対立と医療保険改革法の存続
　　　　（2）党派間対立と超党派合意の方向性

　5　医療保険改革の実績と課題 …………………………………… 132
　　　　（1）保険料補助とメディケイド拡大による医療保障の拡大
　　　　（2）健康な若年者とミドルクラスの保険加入の促進

　6　市場重視の医療保障政策の行方――市場に潜む不安定性と「リヴァイアサン」………………………………………………………………… 133
　　　　（1）「小さな政府」志向の医療保障制度の持続可能性
　　　　（2）市場重視型の医療保障政策と「リヴァイアサン」

　コラム4　市場重視型の医療保障制度におけるコミュニティの役割 …… 135

目　次

第5章　年金政策 …………………………………………… 吉田健三…139
　　　　——公的年金の調整案と貯蓄支援の革新案——

1　「変化」の試金石 ……………………………………………………………139
2　年金システムの全体像と課題 ………………………………………………140
　　（1）年金システムの全体構造　（2）アメリカ年金システムの変化
　　（3）年金システムにおける課題
3　社会保障年金をめぐる政策 …………………………………………………145
　　（1）社会保障年金改革をめぐる諸案　（2）改革諸案の比較
　　（3）オバマ政権の年金政策
4　企業年金をめぐる政策 ………………………………………………………153
　　（1）「ミドルクラス報告」における諸提案
　　（2）オバマ政権における政策展開　（3）オバマ政権の企業年金政策
5　「変化」の萌芽 ………………………………………………………………159
コラム5　「サードレール」としての社会保障年金 ………………………161

第6章　移民政策 …………………………………………… 中島　醸…163
　　　　——移民制度改革をめぐる党派対立と大統領令——

1　移民労働力の増大と行き詰まる移民制度改革 ……………………………163
　　（1）アメリカ経済にとって不可欠な移民労働力
　　（2）反移民感情の高まり　（3）移民政策をめぐる対立構図
　　（4）包括的移民制度改革の3つの要素
2　オバマ政権での包括的移民制度改革の試みと行き詰まり ………………170
　　（1）2008年大統領選挙でのオバマの立場　（2）オバマ政権初年度の
　　動き　（3）オバマ政権での移民制度改革をめぐる対立構図
3　ドリーム法案の挫折から大統領令による「国外追放措置の延期」へ …174
　　（1）ドリーム法案の挫折　（2）2010年中間選挙での共和党の勝利と
　　大統領令による移民制度改革の実行　（3）STEM Jobs法案と党派
　　対立
4　再び包括的移民制度改革を目指して——第2期オバマ政権 ……………179

vii

　　　　（1）包括的移民改革法案への取り組みと上下両院のずれ
　　　　（2）再び大統領令による移民制度改革の実施へ
　5　司法判断による大統領令の挫折……………………………………182
　コラム6　アリゾナ州マリコパ郡保安官ジョー・アルパイオ…………184

第7章　対外経済構造と国際金融政策………………菅原　歩　191
　　　　　　　――基軸通貨としてのドルの安定化――　　　河﨑信樹

　1　グローバル・インバランス………………………………………………191
　　　　（1）経常収支赤字の持続可能
　　　　（2）経常収支赤字のファイナンス構造
　2　世界金融危機による対外経済構造の変化……………………………194
　　　　（1）経常収支　（2）資本輸入・輸出　（3）米国債への投資
　　　　（4）為替レートと準備通貨――基軸通貨としての地位への影響
　3　G20から金融緩和へ――世界金融危機への対応策の変化…………204
　　　　（1）世界金融危機とG20　（2）金融緩和政策
　　　　（3）量的緩和の効果　（4）金融緩和の海外への影響
　4　国際通貨制度とドルの安定性…………………………………………210
　　　　（1）国際通貨制度をめぐる議論　（2）IMF改革と新興国
　　　　（3）国際通貨としてのドルと人民元
　コラム7　回顧録で読む国際金融政策……………………………………213

第8章　通商政策………………………………………藤木剛康…217
　　　　　　　――メガFTA政策への転換と貿易自由化合意の解体――

　1　通商政策の新たな政策枠組……………………………………………217
　　　　（1）ポスト冷戦期における通商政策の展開
　　　　（2）通商政策の2つのレベル――対外交渉と国内合意
　2　通商政策の一時的休止と党派政治の展開……………………………220
　　　　（1）民主党多数派議会と通商政策の停滞
　　　　（2）共和党多数派議会と3つのFTAの批准

3　メガ FTA 政策の展開 ……………………………………………223
　　（1）TPP 交渉参加の経緯　　（2）TPP──貿易協定の新モデル
　　（3）TPP 交渉への日本の参加とメガ FTA 競争の進行
　　（4）TTIP ──交渉の難航

4　TPA 法案をめぐる党派政治 ……………………………………230
　　（1）2013年における審議──議会指導部のイニシアティブ
　　（2）審議の挫折──上院民主党の保護主義
　　（3）2014年の審議──オバマ政権と共和党指導部の連携
　　（4）TPA と TAA をめぐる駆け引き　　（5）TPA 法案の提出
　　（6）上院本会議での審議　　（7）下院本会議での審議

5　オバマ政権の通商戦略と TPP の大筋合意 …………………236
　　（1）貿易の戦略的論理　　（2）中国の秩序構想との競合

6　「ルールに基づく国際経済秩序」の再生に向けて ……………238
　　（1）メガ FTA の意義── WTO2.0 か地政学か
　　（2）党派政治と自由化合意の解体

コラム 8　日本における TPP 論争 ………………………………241

第❾章　外交・安全保障政策 ……………………………藤木剛康…247
　　────無極化する世界への先制的対応────

1　アメリカの覇権をめぐる論争とオバマ政権の外交政策 ………247
　　（1）リベラルな国際秩序とアメリカの覇権
　　（2）リベラルな国際秩序とアメリカの覇権
　　（3）オバマ政権の外交ドクトリンをめぐる論争

2　オバマ政権の外交ドクトリン──無極化する世界への先制的対応 ………250
　　（1）無極化する世界　　（2）対話を通じた合意形成と国際秩序
　　（3）内政第一主義　　（4）相互依存論との類似性　　（5）三圏域論
　　（6）オバマ外交の二面性と認識ギャップ

3　中東からアジア太平洋へ──「アメリカ外交の再均衡」という物語
　　（2009年～2012年3月）………………………………………255
　　（1）演説外交と対テロ戦争終結宣言　　（2）アジア基軸戦略への旋回
　　（3）アラブの春とオバマ外交のジレンマ

4　現状変革勢力の挑戦と物語の解体——2012年4月〜2014年8月……258
      （1）中国の挑戦——新型大国間関係と地域秩序構想　（2）中東——国家の解体と混乱　（3）ロシア——ウクライナ干渉と勢力圏構想　（4）オバマ・ドクトリン——軍事介入と孤立主義のあいだ
   5　オバマ外交の逆襲——2014年9月〜……264
      （1）ドクトリンの定式化——ルールに基づく国際秩序と戦略的忍耐　（2）対中東——ISIL攻撃とイラン核合意　（3）対中国——TPP対一帯一路　（4）対ロシア——経済制裁とシリア内戦
   6　無極化する世界におけるリーダーシップ……267
      （1）外交政策の革新と現状変革勢力の挑戦　（2）対中政策——軍事的対応の不足と非軍事的対応の「過剰」　（3）ロシア——戦略的忍耐　（4）中東——第三圏域への対応　（5）オバマ外交の二面性
   コラム9　ヒラリー・クリントン……271

終　章　オバマ政権の経済政策の評価と新政権の展望…河音琢郎／藤木剛康…277

   1　オバマ政権の画期区分と全般的な政治状況……277
   2　アメリカ経済の再生とオバマ政権の経済政策……281
      （1）大不況への対応と景気回復の遅れ　（2）オバマ政権の経済改革
   3　「リベラルの再生」とオバマ政権のアジェンダ……285
   4　オバマ・ドクトリン——「ワシントンの脚本」は放棄されたか……286
   5　党派間対立と政策停滞……288
      （1）党派間対立と政策停滞のメカニズム　（2）分極政治に対するオバマの政治手法
   6　ポスト・オバマ政権の展望……291

オバマ政権年表　　300
人名索引　　305
事項索引　　308

序章　オバマ政権期のアメリカ経済と経済政策

河音琢郎

1　オバマ政権の経済政策を分析する視角

本書の課題は，オバマ政権期のアメリカの経済政策を経済と政治との相互関係という見地から分析し，その総体的な特徴と評価を明らかにすることである。バラク・オバマ（Barack Hussein Obama II）の8年間の治世は，アメリカ政治経済が大きな諸課題に直面し，多大な変化を経験した時代であった。内政面でいえば，大恐慌以来の経済危機への対処，積年の課題とされていた医療保険改革の実現，対外面でいえば，TPP，TIIPといったメガFTA交渉の開始，イラク・アフガニスタン戦争からの撤退と流動化する中東情勢への対応，中国，ロシアなどの軍事プレゼンスに対する対応とアジアシフトなど，検討すべき課題は枚挙にいとまがない。

（1）オバマ政権をめぐる論壇状況

しかしながら，オバマ政権に関する総合的な研究は意外に少ない。経済学，経済政策分野では，世界金融危機後のアメリカ経済や世界経済の状況やそれに対する経済対策のあり方をめぐって内外で活発な議論が展開されているが，主たる政策アクターであるオバマ政権との関係でそれらを論じたものは皆無である。政治学の分野に目を移すと，吉野・前嶋らの一連の研究をはじめ，オバマ政権期の政治構造を特徴づけようとの幾多の試みがなされてきている（吉野・前嶋 [2009]; [2010]; [2012]; [2014]）。また，東京財団のウェブサイト，「現代アメリカ・プロジェクト」では，今日のアメリカ政治の定点観測が続けられている。これらはもちろん研究の足がかりとすべき貴重な成果であるが，オバマ政権の総体的評価，とりわけ経済政策分野のそれとしては依然未解決の課題が

残されているといえよう。

(2) 錯綜するオバマ政権評価

こうした研究動向の背景には，オバマ政権の正確な評価を与えにくくしている以下のような事情がある。第1は，未曾有の経済危機からの回復途上にあってその政策対応を評価することの困難さである。当のオバマ政権からすれば，当時の世界金融危機の深刻な実態に照らし合わせれば，今日のアメリカ経済は力強い回復を遂げてきたという評価になる（Sorkin [2016], CEA [2016：3-4]）。他方，今日アメリカ経済が良好だと考えるアメリカ国民は少数にとどまり，国内経済問題は今次大統領選挙を含めオバマ政権8年間にわたって主要争点となり続けている。今日の経済パフォーマンスに対するオバマ政権の自己評価と多くの国民の生活実感との間には相当程度のギャップがある。

第2に，民主，共和両党間の分極政治と党派間対立の激化という今日の政治構造が，現実と理論の双方でオバマ政権の評価を難しくさせている。現実政治の側面からいえば，オバマが公約として掲げた「宥和の政治」とは裏腹に，政策形成過程での党派間対立は激しさを増し，オバマ政権はその渦中に巻き込まれることで複雑な政策遂行を余儀なくされた。内政・外交ともに大きな転換の予兆を感じさせる一方で党派間対立のゆえに政策のデッドロック状況もまた際だっている。また，研究面から見れば，オバマ政権に対する研究は現実の分極化した政治状況に規定され，党派的な色彩を帯びることで冷静な評価をみえにくくさせている。

さらに第3に，オバマ自身のキャラクターの問題がある。内政面における「1つのアメリカ」，外交面における「核なき世界」（プラハ演説），「中東和平」（カイロ演説）といったオバマの呼びかけからは，壮大な理想を掲げた政治家という姿が浮かび上がる。他方で現実政治に翻弄されるオバマは，理念なきプラグマティストと評される。高邁な理想主義とプラグマティズムが併存した政治家ということになるが，両者がどのように繋がっているのかは理解しにくい。

本書では，オバマ政権の経済政策を今日のアメリカ経済の実態と政治構造の双方から分析し，上記に述べたような，経済危機への対応，分極化する党派政治，錯綜するオバマの政治的キャラクター，といった論点に一定の回答を与え，

オバマ政権の総体的な評価を試みる。本書の副題を「リベラリズムとアメリカ再生のゆくえ」としたのも，オバマ政権が掲げた理想と政策遂行の現実を，経済危機への対応という経済実態を踏まえて明らかにしたいという意図を込めてのことである。

以下本章では，オバマ政権が直面したアメリカ経済の実態，政治構造について，その現実と論壇状況を概観したのち，本書の構成と各章の概要を述べる。そのことにより，各章における本格的な検討にあたっての交通整理としたい。

2 大不況後のアメリカ経済とオバマ政権の経済政策

(1) アメリカ経済のパフォーマンスと長期停滞論
サマーズの長期停滞論

今日のアメリカ経済の一大課題が2008年の世界金融危機，大不況以後の緩慢な経済成長にあることは衆目の一致するところだろう[1]。大不況後の深刻な経済・財政危機から未だに脱せないヨーロッパ経済，近年になるにしたがい顕在化している新興国経済の伸び悩みを前に，世界経済にとってアメリカ経済は頼みの綱であるが，そうした期待を担うには現行の低成長は頼りない（図序-1を参照）。また，大不況以後のアメリカの低成長は，長期失業の恒常化や所得格差拡大への懸念，企業の投資意欲の低迷，生活実感が得られない下での政治不信の高まりなど，国内経済・社会にも深刻な影を落としている。

ローレンス・サマーズ（Lawrence H. Summers）は，こうした大不況以後のアメリカ経済の緩慢な成長が構造的なものだとして，今日のアメリカ経済が長期停滞（secular stagnation）の状況にあると論じた。彼の長期停滞論は以下3点に要約できる。第1に，大不況後の実質GDPが潜在成長率を下回る状況が続いていることである（図序-2における①の部分）。サマーズは潜在成長率と実質GDP成長率との需給ギャップが恒常化している点に今日の特徴をみる。第2に，大不況後の潜在成長率の低下である（同図における②の部分）。金融危機による極度の需要低下が設備投資と労働供給の減少をもたらし潜在成長率を低下させている，というのがサマーズの解釈である。すなわち，需要不足が今日の潜在成長率低下の要因であると考える。実績値と潜在成長率との需給ギャップ

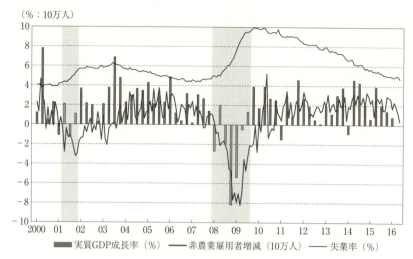

図序-1 アメリカの実質経済成長率,非農業雇用者増減,失業率 (2000～16年)
注:実質GDP成長率は季節調整済み値。
　　非農業雇用者増減は前月比,季節調整済み値。
　　実質GDP成長率は四半期の値。それ以外は各月の値。
　　グレー部分は景気後退期を示す。
出所:Bureau of Economic Analysis, Bureau of Labor Statistics, 各資料より作成。

で5%,大不況後の潜在成長率の低下で5%,計10%の需給ギャップが生じていることになる (2014年時点)。

　さらに第3に,サマーズによれば,こうした需給ギャップの拡大は大不況以前にすでに始まっていた。すなわち,2000年代のアメリカ経済の成長は,持続不可能な住宅価格の上昇,過度な家計の債務に依拠した消費によってもたらされた部分が大きく,金融バブルの資産効果によって需要はかさ上げされていた (以上,Summers [2014])。

　こうしたサマーズの問題提起は,今日のアメリカ経済,世界経済の評価をめぐって長期停滞論論争と呼ばれる議論を捲き起こした。その内容は多岐にわたるが,オバマ政権期の経済政策の評価という本書のテーマにしたがって,以下3点に絞って考えてみたい。

マクロ経済政策の有効性

　第1の論点は,現行の実質GDP成長率と潜在成長率との需給ギャップの評

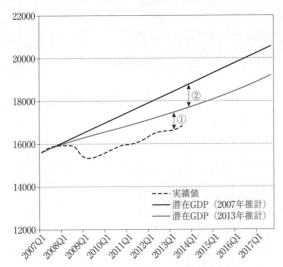

図序-2 大不況後のアメリカの潜在成長率と実績値（実質値2013年価格，10億ドル）
出所：Summers［2014：66］．

価である。サマーズがこれを恒常的とみるのに対して，前FRB議長のベン・バーナンキ（Ben Shalon Bernanke）は現行の需給ギャップが景気回復に向けた循環的，一時的なものであるとの見方を示している（Bernanke［2015a］）。両者の見解の相違は，大不況以前の時期も含め現行のマクロ経済政策がおおむね妥当であり有効に機能しているとみるバーナンキと，今日の需給ギャップは伝統的なマクロ経済政策では解決できず，より大胆な拡張的財政政策と金融政策が必要だとするサマーズとの，望ましいマクロ経済政策のあり方をめぐる論争へと繋がる。具体的にオバマ政権期のマクロ経済政策に関して言えば，大不況以降に採られたFRBによる量的緩和政策の有効性，2011年以降の緊縮財政への転換の妥当性が問われることになる。

　需要サイドか，供給サイドか

　第2の論点は，潜在成長率の低下の原因をどこに求めるかである。サマーズが需要不足にその原因を求めるのに対して，ロバート・ゴードン（Robert Gordon），タイラー・コーエン（Tyler Cohen）らは，供給サイドの問題が潜在成長率の低下をもたらしていると主張する。ゴードンは，19世紀南北戦争後から

1960年代までの100年間にもたらされた数多くのイノベーションが生産現場とアメリカ国民の生活様式の大変革をもたらし，これが高い潜在成長率を支えたのに対して，こうしたイノベーションによってもたらされた生産・生活様式が定着・成熟した1970年代以降においては，かつてのような高い成長率はもはや望めなくなっているとして，今日の潜在成長率の低迷はより長期的かつ趨勢的なものであるという（Gordon［2016］）。コーエンもまた，1970年代以降の「イノベーションの涸渇」が今日の経済停滞をもたらしている最大の要因であるとし，ゴードンと同様の考えを示している（コーエン［2011：22-33］）。

　これに対して，エリック・ブリニョルフソン（Erik Brynjolfsson），アンドリュー・マカフィー（Andrew McAfee）は，供給サイドに問題の原因を見る点でゴードン，コーエンらと見解を同じくしつつも，彼らとは逆に，イノベーションの進展が急速であることが問題だと捉える。すなわち，彼らは，ITやAIといった近年の技術革新を「第2の機械時代（second machine age）」と捉え，これらのイノベーションが知識労働者の雇用を奪い，格差拡大と経済停滞をもたらしていると主張する（ブリニョルフソン，マカフィー［2013］：［2015］）。

　経済低迷を規定しているのは需要不足か，供給サイドの問題か。さらに供給サイドに問題があるとすれば，イノベーションの停滞が原因か，それともその行き過ぎが問題なのか。本書の課題はこうした経済理論上の課題自体に解答を与えることではない。また，いずれか1つに原因が絞られるものだとも考えない。サマーズのような需要サイドのアプローチからは，財政政策，金融政策，対外経済政策といった領域でのマクロ経済政策のあり方が問題となろう。これに対して，供給サイドに焦点を当てるならば，産業政策，通商政策，労働・社会政策のあり方が問われることになろう。本書では，さしあたりは経済理論上の議論を上記のように整理した上で，分野ごとに具体的な政策形成・遂行プロセスを検討することで，各論者の主張の妥当性を評価するためのよりリアルな視点を提示できればと考えている。

　グローバルな視点からの考察

　第3の論点は，アメリカ経済のパフォーマンスとグローバル経済との関係である。バーナンキは，サマーズの長期停滞論がもっぱら国内投資と家計消費にのみ着目した閉鎖経済を前提にしたものだと批判する。彼は，自身が2000年代

初頭に唱えた「過剰貯蓄説」に依拠して，大不況後においては，中国をはじめとしたアジア諸国の貯蓄超過と，自国経済のパフォーマンスがユーロという通貨に反映されないことによるドイツの貯蓄超過とが構造的に定着することによりグローバルな貯蓄投資のインバランスがもたらされており，これがドル高を招いてアメリカ経済の足を引っ張っているという（Bernanke [2015b]）。

　グローバルな視点の必要性という点ではバーナンキの指摘はもっともだが，グローバル・インバランスとアメリカのマクロ経済との関係について考える場合，まずは世界金融危機後の状況変化にこそ着目すべきではないか。詳しくは第7章で論じるが，世界金融危機を契機としてアメリカの経常収支赤字は急速に縮小し，その後も安定的に推移しており，グローバル・インバランスが問題とされた時代とは大きく異なる。近年のドル高傾向やFRBによる量的緩和政策の対内的・対外的作用についての評価は，まずはこうした状況変化を踏まえてなされる必要があろう。

（2）アメリカにおける格差社会とミドルクラス対策
今日のアメリカ格差社会の特徴

　長期停滞と並んで今日の経済政策上のメインイシューとなっているのが所得格差の拡大である。アメリカにおける所得格差の拡大は今に始まったものではない。図序 - 3のジニ係数の推移に示されている通り，所得格差は1980年代以降趨勢的に拡大を続けており，アメリカ経済・社会の主要争点とされてきた。今日の格差社会をめぐる議論もこうしたトレンドを受けてなされている一方で，以下のような特徴を有している。

　第1の特徴は，格差構造の内実へのフォーカスポイントである。トマ・ピケティ（Thomas Piketty）は，これまで格差の一般的な指標とされてきたジニ係数に代わり，最上位所得層とそれ以外の階層との所得，資産格差に着目し，今日の格差社会の対立構図を明示した。こうしたピケティの視角は，「99％のための政治を」というスローガンを掲げた2011年のウォール街占拠運動など近年の政治的実践での対立軸の設定とも重なっている。また，彼の格差構造へのフォーカスは，後述するようにミドルクラス対策への着目という今日の政策トレンドの特徴とも符合する。

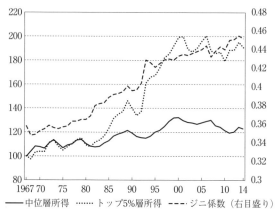

図序 - 3　所得伸び率（1967年＝100）とジニ係数の推移
出所：U. S. Census Bureau, *Current Population Survey, Annual Social and Economic Supplements*, より作成。

　第2の特徴は，格差構造と長期停滞との関係把握である。長期停滞論を唱えたサマーズ自身，恒常的な需要不足の主たる要因として所得格差の拡大を指摘している（Summers [2014]）。詳しくは第1章で紹介するが，バリー・シナモン（Barry Z. Cynamon）とスティーブン・ファッツァーリ（Steven M. Fazzari）はこの論点をさらに掘り下げ，大不況以前の下位95％層の消費が住宅資産を担保にした負債に依拠したものであったことを明らかにし，大不況によりこうした負債依存の消費構造の崩壊したことが長期停滞の原因となっていると主張する（Cynamon and Fazzari [2015]）。住宅バブルが家計の負債増加を招き，それが大不況後において逆資産効果となって消費支出の低迷に繋がっているとの見解は，ラインハート＝ロゴフ [2010]，ミアン＝サフィ [2015] にも共通している。
　第3に，格差構造がもたらす政治的・社会的影響への着目である。ジョン・ジュディス（John B. Judis）は，2016年大統領選挙におけるトランプ現象を取り上げ，ドナルド・トランプ（Donald J. Trump）の支持基盤が，1970年代以降長きにわたって政策対象から置き去りにされ，経済苦境にあえいできた白人ミドルクラスにあるとして，彼らの反ワシントン，反エスタブリッシュメント志向に着目する（Judis [2015]）。チャールズ・マレー（Charles Murray）もまた，

白人ミドルクラスに着目し，彼らが社会的孤立を深めるなか，勤勉，自由，機会の平等といった伝統的なアメリカ的信条を喪失してしまっていることこそが今日の格差構造の中心問題だと論じる（マレー［2014］，Murray［2016］）。

政権と議会のミドルクラス対策

オバマ政権の格差問題へのアプローチは，こうした格差問題への論壇状況と符合して，もっぱらミドルクラス対策として展開されてきた[(2)]。政権発足直後，ジョー・バイデン（Joseph Robinette "Joe" Biden Jr.）副大統領を中心にホワイトハウス内に設けられたミドルクラスに関するタスクフォース（White House Task Force on the Middle Class）報告書では，ミドルクラスを所得階層としては下位25％から75％の階層を中心としながら，持ち家，自家用車，子供への大学教育，退職後所得保障や医療保障，余暇の享受といったアメリカ的ライフスタイルを志向する人々と定義し，彼らをサポートするための政策として，雇用創出，退職後所得保障，子育て支援とワークライフバランス，高等教育政策，といった分野を具体的に取り上げている（White House Task Force on the Middle Class［2010］）。

対する共和党の側も，ミドルクラスを念頭に置いた政策提言を行っている。下院共和党若手指導部を中心に結成されたヤング・ガンズ（Young Guns）によりとりまとめられた「小さな政府とミドルクラス繁栄のための保守の改革」と題する報告書では，医療改革，減税，教育改革，労働，規制政策といった幅広い国内政策をミドルクラス対策としてとりまとめている（YG Network［2014］）。

オバマ政権のミドルクラス対策がアメリカ的生活様式の保持・復権を掲げるのに対して，共和党側はミドルクラス層の「上昇志向」に着目する点で，両者のミドルクラス観は異なるものの，経済実態として念頭に置いている所得階層はほぼ重なっている。また，具体的に取り上げられる政策分野や比重の置き方に若干の相違はあるものの，広範囲にわたる国内政策をミドルクラス対策として包括的に提示している点でも共通している。

本書では，上記のようなミドルクラス対策の主な構成要素となっている住宅政策，医療保障政策，年金政策を取り上げることで，今日のアメリカ格差構造の実態とオバマ政権のミドルクラス対策の含意について明らかにしたい。

3　現代のアメリカ政治構造と経済政策の形成

　本書の前編に当たる河音・藤木［2008］において，著者らは，政策形成過程の独自性と政治主体間の相互作用を踏まえた経済政策研究の必要を強調した（河音・藤木［2008：13-16］）。すなわち，第1に，経済政策は，現実の経済過程によって直接的に規定されるのではなく，政策形成過程という独自のアリーナでの運動を媒介して営まれる（政策形成過程の独自性）。さらに第2に，こうした政策形成過程の独自性は，政策領域ごとにそれぞれ異なった政治諸主体によって担われる（政策形成主体の相互作用）。本書でも，こうした前著の立脚点を継承して分析を進めていきたい。以下では，党派間対立の激化と政治不信の高まりという視角からオバマ政権期の政策形成過程の特徴について考えてみたい。

（1）オバマ政権期のアメリカ政治
党派間対立による政治的分極化

　シーダ・スコッチポル（Theda Skocpol）は，オバマが当初の公約通り超党派による「宥和の政治」を掲げ，かつリベラルではなく中道寄りの政策を志向したにもかかわらず，保守化した共和党と民主党リベラルの失望によって超党派政治が困難となったことが政策停滞をもたらした原因だという（Skocpol［2012］）。こうした彼女の指摘に対して，伝統的なリアリズム政治学者は議会指導部との超党派合意をオバマがリードできなかったことにオバマ政治の失敗の原因を見る（Bartels［2012］，Edwards［2012］）。政策形成の失敗の責を政権の側に見るか，共和党の保守化に見るかで見解は別れるものの，政権，議会指導部といったリーダーによる超党派政治が困難となっていることを指摘している点では両者とも共通している。すなわち，民主，共和両党の政治的分極化に今日の政治の特徴と課題があるという見地である。

政策形成の開放化と政治不信

　他方で，有権者と政治との繋がりのあり方が今日の政治的課題であるという別の視角からの議論も存在する。スザンヌ・メトラー（Suzanne Mettler）は，今日の政府機能が，租税支出や非営利機関を介した支援といった形で見えにく

くなっているとしてこれを「埋没国家 (submerged state)」と呼んだ。政府が埋没国家化することにより，実際には政府の恩恵を受けているにもかかわらずそのことが有権者に認識されず政治不信の高まりを招いているとの解釈である。こうした観点からは，政府の「みえる化」が代案とされる（Metler [2011]）。

　こうした視点は政策手段の評価軸としては有効かもしれないが，有権者と政治との実際の繋がりという点では，逆に政治が有権者の意向に敏感となり開放性を強めているとの指摘の方がより説得力がある。サミュエル・カーネル (Samuel Kernell) は，伝統的な政治が議会の委員会や行政機関によって領域別に仕切られた閉鎖的，互恵的，漸進的なインハウス政治であったのに対して，1980年代以降，政策主体自身が公衆に積極的に働きかける志向を強め（ゴーイング・パブリック戦略），それに幾多のアドボカシー団体が呼応することにより，政策形成の開放化と分散化が進んできたと主張する（Kernell [2007 : 33-34]）。(3)こうした理解に基づけば，スコッチポルらが指摘する党派間対立と政策形成の停滞は，狭義の政治内部で完結する問題ではなく，メトラーのいうように国民の認識がゆがめられているのかどうかはともかく，分極化した世論を背景として政治がそれに敏感に反応する中で生じているということになる。

　藤木［2017］は，党派間対立と政策形成プロセスの開放化という2つの特徴に着目して，今日のアメリカ政治の構図を「制度化した多元主義」から「流動化した多元主義」への歴史的転換として把握している。藤木のいう流動化には，党派間のイデオロギー的対立が激化するがゆえに合意形成が困難となるという意味と，多様な外部アクターが政策形成に流動的に関与するという意味の2重の意味がある（藤木［2017］）。本書では，こうした藤木の現代のアメリカ政治理解に立脚して個別具体的な経済政策を分析することで，よりリアルな政策形成過程の理解が可能になるものと考えている。

（2）外交・安全保障と経済政策

　前著において著者らは，政策課題の相互関係的把握という視角から，外交・安全保障と個々の経済政策との相互関係に着目した（河音・藤木［2008 : 16-17］）。本書でもまた，こうした見地を継承したい。

　前著において著者らは，ジョージ・W・ブッシュ（George Walker Bush）政

権期の各種の経済政策を外交・安全保障政策の優位とそれへの従属という見地から明らかにした（河音・藤木［2008］）。前政権とは対照的に，オバマ政権においては外交・安全保障政策に対する経済・内政重視という特徴が際だっている。経済・内政重視の政策スタンスがいかなるプロセスを経て形成されたのか。さらには，こうした政策志向がアメリカの外交・安全保障政策にいかなるインパクトをもたらしたのか。経済政策と外交・安全保障政策との双方を視野に入れることにより，それぞれの政策分野におけるよりリアルなオバマ政権像を描くことができるように思われる。また，経済・内政政策と外交・安全保障政策とを比較検証することで，オバマの政策運営と党派政治との関係把握，オバマ自身の政治的キャラクターといった論点に対してより鮮明な回答を与えられるのではないかと考えている。

それゆえ，本書はオバマ政権の経済政策を主たる検討対象としているものの，外交・安全保障政策について独自の章を充てて検討する。その分析は，他の諸章での個別領域の考察をよりクリアにするととともに，オバマ政権の外交・安全保障政策の検討に新たな視角を投げかける試みでもある。

4　本書の構成と概要

本書では，以上に述べてきたような経済過程，政治過程を踏まえ，その相互作用という見地から，オバマ政権期の焦点とされた経済政策について考察する。その構成は以下の通りである。

第1章では，住宅市場とオバマ政権の住宅政策に焦点を当てて大不況後のアメリカのマクロ経済動向を分析する。世界金融危機と大不況の一大契機となったのはサブプライムローンによってもたらされた住宅バブルとその崩壊であった。住宅バブルの崩壊は住宅市場のみならず逆資産効果を通じて個人消費に大きな打撃を与えた。本章ではそうした実態を踏まえた上で，オバマ政権とFRBによる住宅市場回復策を検討する。住宅価格の回復と住宅金融市場の「健全化」との両にらみの政策展開は，住宅バブルの再燃を抑制しつつも，住宅市場の長期低迷と持家取得格差の拡大という新たな問題を生み出している。こうした実態分析を通じて，アメリカ経済の長期停滞と格差構造の実態に迫り

たい。

　第2章では，オバマ政権の競争力政策・産業政策の意義と限界が検討される。製造業回帰，国家輸出計画，環境エネルギー産業をはじめとした先進製造業の強化等に代表されるオバマ政権の競争力政策・産業政策は，大不況後のアメリカ産業と雇用の回復にいかなる形で作用したのか。本章では，産業技術の高度化，社会的分業の深化，グローバル化の進展に伴ってダイナミックに変化するアメリカ産業構造をトレースし，その現実とオバマ政権の競争力政策・産業政策とを照らし合わせることでこの問いに答えていく。そうすることで，民主党中道派とリベラル派の連合を軸に展開された，先進製造業志向のオバマ政権の産業・競争力政策の成果と限界を明らかにする。

　第3章では，現代アメリカの「決められない政治」の典型とされる財政政策を取り上げる。2011年以降，オバマ政権と議会共和党は，財政赤字削減策の策定をめぐって激しく対立し，この対立が，政府債務不履行危機，財政の崖，連邦政府機関閉鎖といった形で財政運営の機能不全を露呈してきた。本章では，こうした事態を「その場しのぎの予算編成」と位置づけ，政権，議会両党の政治的対立構造とそれが生み出す財政ルールとを検討することにより，財政政策をめぐって「決められない政治」が繰り返されるメカニズムを明らかにする。

　第4章では，オバマの最大の公約であり政策成果である医療保障政策を取り上げる。2010年医療保険改革法として結実したオバマ政権の医療保障政策は，国民にアフォーダブル（低負担で手に届く：affordable）な医療保険を手にする機会を提供することにより皆保険を目指すものであった。本章では，同法の成立過程を，政権・議会両党の政策対立の構図とともに医療業界の動向をもトレースした形で検討する。また，医療保障政策は，医療保険改革法制定後も，その施行の是非をめぐって，党派間対立の中心的争点となり続けた。本章では，こうした党派間対立の構図を，医療保障政策の財政的持続可能性と連邦政府の役割という論点を軸に据えて検討する。

　第5章では，私的年金を含めた広義の意味での年金政策を，アメリカのミドルクラスの生活の安定を保証するものと位置づけて検討する。年金政策は，公的年金である社会保障年金への個人勘定の導入の是非，私的年金における確定給付型年金プランから確定拠出型の貯蓄プランへの趨勢的シフトに対する評価，

が保守，リベラル間の主要な争点とされてきた。オバマ政権期においては，医療保障政策や財政政策が優先されたことにより，年金分野で具体的な改革実施に至ったものはわずかである。しかしながら，医療や税制，予算政策とは対照的に，年金改革をめぐっては，公的年金，私的年金ともにその改革の方向性は収斂傾向にある。すなわち，社会保障年金においては，かつて G. W. ブッシュ政権期の保守派による「オーナーシップ社会」構想の柱として位置づけられた個人勘定化は後景に退き，私的年金改革の焦点は，貯蓄プランへの転換を前提として，その安定性確保のあり方へと論点が絞られてきている。本章では，一見すると見落とされがちなこのような超党派的な政策収斂に着目し，その内実について明らかにする。

　第6章では，これまた今日のアメリカでの党派間対立の焦点の1つとなっている移民制度改革を検討する。移民政策をめぐっては，共和党内においては移民労働力の活用を望む経済界と移民排斥的な保守派とが，民主党内においては人権擁護の立場から移民流入に寛容なリベラル派とアメリカ人労働者の保護を訴える労働組合とが，それぞれ対立してきた。近年，こうした党内対立の構図は，共和党の保守化の進展と労働組合の親移民への政策転換により収斂し，その結果党派間対立の様相が強まっている。移民制度改革は，(1)新規移民受入のための制度整備，(2)既に国内に滞在している非正規滞在移民の扱い，(3)非正規滞在移民流入の規制，という3つの柱からなる。移民政策形成は，これらの柱すべてを盛り込んだ包括的アプローチと各課題を別途に進める個別的アプローチに別れるが，オバマ政権下では党派間対立が強まる下，いずれのアプローチにおいても政策形成は行き詰まった。本章では，以上のような整理の下，錯綜する移民政策の現状を検討し，もっぱら大統領令によって遂行されたオバマ政権の移民制度改革の意義と限界を明らかにする。

　第7章では，世界金融危機後のアメリカの対外経済構造とその下で展開されたFRBの量的緩和政策を中心とした対外金融政策について検討する。世界金融危機以前のアメリカ対外経済の一大特徴は大規模な経常収支赤字であり，その持続可能性が政策的争点となっていた。当時のアメリカ経常収支赤字は，サブプライム関連証券をはじめとした高リスク資産へのヨーロッパからの投資と，アジア諸国，産油国ら貯蓄超過国による米国債投資との2つのルートによりフ

ァイナンスされてきた。世界金融危機はアメリカの経常収支を強制的に調整し，対外経済構造に一大変化をもたらした。本章ではこうした認識の下，世界金融危機後のアメリカの対外経済構造の特徴について検討する。その上で，第一義的にはアメリカ国内の景気回復策として採られた FRB の量的緩和政策が，対外経済政策としていかに機能したのかということを，為替レートの動向に着目しながら論じていく。

　第 8 章では，オバマ政権の通商政策を取り上げる。TPP に代表されるオバマ政権の通商政策はいかなる特徴を有し，その政策形成はいかなる形で進められたのか。本章ではこうした課題に対して，各国との通商交渉とアメリカ国内における合意調達という 2 つの側面に区別した上で，その相互作用に着目して検討する。前者においては多角的貿易自由化からメガ FTA による貿易ルールの設定への転換，後者においては自由貿易論対公正貿易論という枠組みでの党派間対立の展開，という新たな様相が明確になる下で，オバマ政権期の通商政策をポスト冷戦期の新たな通商戦略の構築プロセスと位置づけ，分析していく。

　第 9 章では，オバマ政権の外交・安全保障政策を検討する。冷戦後，とりわけ 9.11 同時多発テロ事件以降顕著となったアメリカの覇権に依拠した国際秩序形成というグランドデザインは，第 1 にアフガニスタン，イラクでの対テロ戦争の泥沼化により，第 2 に中国，ロシア，イラン等，アメリカのリーダーシップに対する現状変革勢力の台頭により，今日大きく揺らいでいる。そうした下，オバマは「アメリカは世界の警察官ではない」と発言し，軍事力行使を忌避し，伝統的な地政学的問題からテロ組織，核不拡散，気候変動といった非伝統的脅威への課題のシフトを主張するなど，伝統的なリアリストとは対極的な安全保障観を提起し，アメリカの外交・安全保障政策に一大論争を巻き起こした。本章では，こうした論争をトレースし，オバマ政権の安全保障理念を「無極化する世界への先制的対応」と特徴づける。すなわち，今日の世界を多様なアクターのネットワークによって構成される「無極秩序」と捉えた上で，そうした世界では「無駄」な対外関与は回避しつつ，必要に応じて先制的に妥協点を提示して「対話を通じた合意形成」を目指すべきだというのがオバマ政権の外交政策理念である。本章では，中国，ロシア，中東という主たる政策課題別にオバマ政権の政策対応を検討することで，上記のようなオバマ政権の外交・安全保

障政策の意義と限界について明らかにしたい。

　終章では，各章での政策分野ごとの分析に基づいてオバマ政権の政策的特徴を明らかにし，次期政権に向けた課題と展望について論じる。具体的には，第1にアメリカ経済の再生に果たしたオバマ政権の役割と限界，第2に「リベラルの再生」を掲げたオバマ政権の政策アジェンダの評価，第3に「無駄」な介入を回避するというオバマ政権の外交・安全保障政策の経済政策へのインプリケーション，第4にオバマ政権8年間を支配した分極政治とそれに伴う政策停滞のメカニズム，という4つの論点を設定し，オバマ政権の経済政策に対する総合評価を試みる。その上で，目下進行中の2016年大統領選挙の論戦をトレースすることにより，ポスト・オバマのアメリカ政治経済の展望を探りたい。

注

(1) 2000年代後半の大規模な景気後退については様々なネーミングがされているが，今日ではThe Great Recessionという名称で統一されている。他方で，この景気後退の金融的側面，世界的な波及の側面を強調してThe World Financial Crisisと呼ぶ場合もある。本書では，The Great Recessionを大不況という訳語で表現し，その金融的・対外的波及に着目する際には世界金融危機と表現する。なお，大不況という用語は，19世紀後半のイギリスにおけるThe Long Depressionの訳語と重複するが，本書で用いる大不況は2000年代後半のThe Great Recessionを指す。

(2) 議会調査局スタッフのクレイグ・エルウェル（Craig K. Elwell）によると，ミドルクラスの厳密な統一定義はさだまっていないものの，おおよそ以下の客観的基準と主観的基準とに当てはまる階層を想定することができるとしている。すなわち，客観的基準としては，幅はあるものの年間家計所得において下位第2分位から最上位5％層までの所得階層がおおよそのミドルクラスのレンジとなる（2012年時点で2万593ドル～19万1150ドルまでの所得階層）。これに対して主観的基準について，エルウェルは「自らをミドルクラスと思うか」と問うた各種の世論調査を参考に，おおむね上記の所得階層が自身をミドルクラスと自覚している階層だとしている（Elwell [2014]）。どのような主観的志向をもってミドルクラスと定義するかは異なるものの，オバマ政権，下院共和党ともに想定する所得階層についてはおおむねエルウェルの提示した所得階層と合致している。

(3) 前嶋 [2010] は，カーネルのいうゴーイング・パブリック戦略が，大統領のみならず多様な政策主体によって駆使され常態化しており，それが陳腐化して機能しなくな

ってしまっている点に今日の政治的特徴があるとする（前嶋［2010：80-87］）。ゴーイング・パブリック戦略を政策形成主体の視角からの政治戦略としてとらえれば前嶋の評価は妥当する側面もあるが、逆にインハウス政治への外部からの作用という視角からすれば、政策の開放性はより高まっているということになろう。この点については、終章で改めて論じたい。

参考文献

河音琢郎・藤木剛康編著［2008］『G・W・ブッシュ政権の経済政策』ミネルヴァ書房。
タイラー・コーエン［2011］『大停滞』池村千秋訳、NTT出版。
東京財団現代アメリカ・プロジェクト（http://www.tkfd.or.jp/research/america）
中山俊宏［2015］「オバマ外交の評価——その世界観とアジア政策」21世紀政策研究所研究プロジェクト報告書『アメリカ政治の現状と課題』21世紀政策研究所。
藤木剛康［2017］「決められない政治——政策形成プロセスの変容と経済政策」谷口明丈・須藤功編『現代アメリカ経済史——問題大国の出現（仮）』有斐閣（近刊）。
エリック・ブリニョルフソン，アンドリュー・マカフィー［2013］『機械との競争』村井章子訳、日経BP社。
———［2015］『ザ・セカンド・マシン・エイジ』村井章子訳、日経BP社。
前嶋和弘［2010］「オバマ政権のメディア戦略と世論——『ゴーイング・パブリック戦略の終焉』?」吉野・前嶋［2010］所収。
チャールズ・マレー［2013］『階級「断絶」社会アメリカ』橘明美訳、草思社。
アティフ・ミアン，アミール・サフィ［2015］『ハウス・オブ・デット』岩本千晴訳、東洋経済新報社。
吉野孝・前嶋和弘編著［2009］『2008年アメリカ大統領選挙——オバマの当選は何を意味するのか』東信堂。
———［2010］『オバマ政権はアメリカをどのように変えたのか——支持連合・政策成果・中間選挙』東信堂。
———［2012］『オバマ政権と過渡期のアメリカ社会——選挙、政党、制度、メディア、対外援助』東信堂。
———［2014］『オバマ後のアメリカ政治——2012年大統領選挙と分断された政治の行方』東信堂。
カーメン・M.ラインハート，ケネス・S.ロゴフ［2011］『国家は破綻する——金融危機の800年』村井章子訳、日経BP社。
Bartels, Larry M.［2012］"A New Deal Fantasy Meets Old Political Realities," in Skocpol［2012］.

Bernanke, Ben [2015a] "Why Are Interest Rates So Low, Part 2: Secular Stagnation," March 31, (http://www.brookings.edu/blogs/ben-bernanke/posts/2015/03/31-why-interest-rates-low-secular-stagnation, 2015年6月14日閲覧).

Bernanke, Ben [2015b] "Why Are Interest Rates So Low, Part 3: The Global Savings Glut," April 1 (http://www.brookings.edu/blogs/ben-bernanke/posts/2015/04/01-why-interest-rates-low-global-savings-glut, 2015年6月14日閲覧).

Council of Economic Advisor (CEA) [2016] *Economic Report of the President*, Feb.

Edwards, Mickey [2012] "Obama's Problem: Misreading the Mandate," in Skocpol [2012].

Elwell, Craig K. [2014] *The Distribution of Household Income and the Middle Class*, Congressional Research Service, RS20811, March 10.

Gordon, Robert J. [2016] *The Rise and Fall of American Growth : The U. S. Standard of Living Since the Civil War*, Princeton University Press.

Judis, John B. [2015] "The Return of the Middle American Radical: An Intellectual History of Trump Supporters," *National Journal*, Oct. 2.

Kernell, Samuel [2007] *Going Public : New Strategies of Presidential Leadership*, 4th ed., CQ Press.

Mettler, Suzanne [2011] *The Submerged State : How Invisible Government Policies Undermine American Democracy*, The University of Chicago Press.

Murray, Charles [2016] "Trump's America," *The Wall Street Journal*, Feb. 12.

Skocpol, Theda [2012] *Obama and Ameria's Political Future*, Harvard University Press.

Sorkin, Andrew Ross [2016] "President Obama Weighs His Economic Legacy," *The New York Times Magazine*, Apr. 28.

Summers, Lawrence [2014] "U. S. Economic Prospects: Secular Stagnation, Hysteresis, and the Zero Lower Bound," National Association for Business Economics, *Business Economics*, Vol. 49 No. 2.

────── [2015] "On Secular Stagnation: A Response to Bernanke," April 1, (http://larrysummers.com/2015/04/01/on-secular-stagnation-a-response-to-bernanke/, 2015年6月14日閲覧).

────── [2016] "The Age of Secular Stagnation: What It Is and What to Do about It," *Foreign Affairs*, Mar./Apr.

Teulings, Coen and Richard Baldwin, eds. [2014] *Secular Stagnation : Facts, Causes and Cures*, CEPR Press

White House Task Force on the Middle Class [2010] *Annual Report of the White House Task Force on the Middle Class*, Feb.

YG Network [2014] *Room to Grow : Conservative Reforms for a Limited Government and a Thriving Middle Class*.

第1章　金融危機後の住宅市場とアメリカ経済
　　　　——住宅バブルは再燃するか——

　　　　　　　　　　　　　　　　　　　　　　　　　　豊　福　裕　二

　サブプライムローン問題に端を発した住宅バブルの崩壊と世界金融危機は，アメリカ経済に大不況（The Great Recession）と呼ばれる長期の景気低迷をもたらした。世界同時不況の引き金ともなった未曾有の金融危機から7年余りが経過するもとで，ようやくFRB（連邦準備制度理事会）が金融危機以来のゼロ金利政策の解除を打ち出すなど，近年，政策の正常化に向けた動きが進みつつある。しかし，一方で「長期停滞論」が指摘するように景気回復の足取りは鈍く，また景気回復の成果が一部の富裕層のみに集中しているという国民の不満は，鬱積した政治不信と相まって，ポスト・オバマをめぐる大統領選挙の行方を混沌とさせている。はたして，住宅バブルの膨張と収縮は，アメリカ経済にどのような影響をもたらしたのか。オバマ政権下で行われた政策は，住宅市場と住宅金融市場の回復にどの程度寄与したのか。また，近年の住宅市場の回復は，住宅バブルの再燃を意味するのかどうか。「長期停滞論」の指摘するアメリカのマクロ経済動向を意識しつつ，検証してみたい。

1　住宅バブルの膨張・収縮とアメリカ経済

（1）アメリカ経済の「長期停滞」と住宅バブル
長期停滞論と格差論

　序章において述べたように，ローレンス・サマーズ（Lawrence H. Summers）のいう「長期停滞論」の要点は，今日のアメリカ経済は，需要不足によって実質GDP成長率が潜在成長率を恒常的に下回る状態にあり，均衡実質利子率（完全雇用下で需給を一致させる利子率）がマイナスに陥っていること，それゆえ，金利をゼロ以下に下げられない以上，金融政策には限界があり，需要不足の解消のためには財政政策が不可欠である，というものである。そして，恒常的な需要不足，すなわち均衡実質利子率がマイナスになっている原因として，サマ

ーズは，人口伸び率の鈍化や資本財価格の低下などと並んで，労働と資本の間，および富裕層と非富裕層との間の所得分配の変化，すなわち所得格差の拡大を指摘している（Summers [2014]）。

　サマーズの指摘を待つまでもなく，2011年に巻き起こったいわゆる「ウォール街占拠運動」が，「われわれは99％である」というスローガンによって上位１％の富裕層への富の集中を批判したように，アメリカにおける所得格差の拡大はもはや周知の事実ともなっていた。(1)こうした格差構造をめぐる議論が再燃する契機となったのが，周知の通り，トマ・ピケティ（Thomas Piketty）による『21世紀の資本』の出版である。膨大な統計データの分析をもとに，資本主義・市場経済には経済格差を拡大させる構造が埋め込まれている，と主張した同書は，アメリカで英訳版が出版されると同時にたちまちベストセラーとなった。(2)

　もっとも，ピケティによれば，アメリカにおいて上位１％への集中傾向が生じるのは1980年代からである。だとすれば，大不況以前のマクロ経済構造は「長期停滞論」からどのように説明できるのだろうか。サマーズは，均衡実質利子率を引き下げる需給ギャップは大不況以前から生じていたとし，にもかかわらず経済成長が実現したのは，住宅バブルと過剰な負債という持続不可能な要因によるものであるとしている。しかし，住宅バブルが格差問題とどう関連しているのか，詳しい説明を加えているわけではない。

長期停滞論と住宅バブル

　これに対し，サマーズと問題意識を共有しつつ，所得格差の拡大こそ，アメリカ経済の長期停滞の原因であるとするのがシナモンとファッツァーリである。シナモンらは，Maki and Palumbo [2001] による所得階層別の貯蓄率の推計と，(3)ピケティらの階層別所得データの推計とを援用しつつ，所得上位５％と下位95％との階層別の可処分所得に対する消費比率等の推計を行い，その1980年代以降の30年間の推移について分析を行っている（Cynamon and Fazzari [2015；2016]）。その結論の要点を述べると，第１に，格差の拡大に伴う所得の減少にもかかわらず，下位95％の消費比率は，大不況以前には低下していないこと，第２に，この消費比率の維持は，所得減少に見合った消費支出の減少によるものではなく，負債比率の上昇によるものであり，かつそれは住宅を中心

とする純資産の増加によって支えられていたこと，第3に，大不況によってこうした下位95％層の負債依存による消費の継続が不可能となり，本来，所得格差の拡大によって生じていた需給ギャップが顕在化したことが，今日のアメリカ経済の長期停滞の原因である，というものである。アメリカには，世帯の消費支出に関する信頼できるパネルデータは存在せず，所得階層別の消費支出の動向を分析することは容易ではない。シナモンらの研究は，格差の拡大がアメリカのマクロ経済動向に与える影響を分析する上で，大きな手がかりを与えるものと言える。

　もっとも，シナモンらは，住宅の資産価値の拡大が個人消費に及ぼす影響，すなわち資産効果の内実について，立ち入った考察を加えているわけではない。この点については，すでに豊福［2012］でも論じたところであるが，そこでは格差の問題については示唆的に指摘するにとどまっていた。そこで本節では，シナモンらの研究成果をふまえつつ，改めて住宅バブルの膨張と収縮がアメリカ経済にもたらした影響について考えてみたい。

（2）住宅の資産効果とサブプライムローン
住宅の資産効果とは

　資産効果とは，資産価格の上昇が消費や投資を促進することを指し，個人の消費に影響を及ぼす資産効果としては，株式と不動産のそれが代表的である。当然ながら，所得階層によってこれらの資産の保有比率は異なっており，資産効果の影響もまた異なる。図1-1は，FRBの消費者金融調査（Survey of Consumer Finances）に基づき，2001年時点での所得分位別の株式および住宅の保有割合をみたものである。なお，株式については投資信託や退職金勘定のような間接保有を含まず，直接保有のみの割合を示している。それによると，株式の保有が上位の所得層に偏っているのに対し，住宅の保有は下位20％未満の所得層でも40％を超えており，20％以上の所得層ではいずれも50％を超える保有割合となっていることが確認できる。株式に比べて，住宅の資産効果が及ぶ所得階層の幅は広く，とりわけ住宅以外に目立った資産を持たない低所得層にとって，その意義は大きいと言える。

　それでは，住宅の資産効果にはどのようなものがあるだろうか。資産効果に

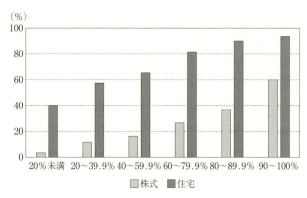

図 1-1 所得分位別の株式および住宅の保有割合（2001年）
出所：FRB, *2013 SCF Chartbook*（http://www.federalreserve.gov/econresdata/scf/files/BulletinCharts.pdf）より作成。

は，資産価格の上昇による含み益の増大が心理的に消費意欲を高めるという間接的効果も含まれるが，より直接的な効果は，資産価値の上昇分が現金化され，それが消費支出の増加をもたらすことである。アメリカには，住宅の資産価値を現金化する手法として，主に以下の3つの形態がある。すなわち，(1)キャッシュアウト・リファイナンス（住宅ローンの借り換え時に，増価した住宅の資産価値を担保に追加的な借り入れを行うこと），(2)ホームエクイティ・ローン（住宅の純資産を担保に第2抵当で貸し付けられる消費者ローン），(3)既存住宅の売却による売買差益（キャピタルゲイン）の実現，である（豊福［2012：14-15］）。このうち(3)は，その実現には現在の住宅を手放す必要であるのに対し，(1)(2)は住宅に入居したままその資産価値を活用できるため，セカンドハウスなどを持たない低・中所得層などにとってより利用しやすい形態であると言える。

サブプライムローンと資産効果

実際，のちに金融危機の原因となるサブプライムローンは，もともとは1990年代に，こうしたキャッシュアウト・リファイナンスを目的とする利用により市場が拡大したものである。サブプライムローンとは，過去の信用履歴等の問題から，プライムすなわち最優遇の金利では借り入れのできない，信用力の低い個人向けの住宅ローンを指す。当時，クレジットカード・ローン，自動車ローンといった消費者ローンの支払遅延によって信用力が下がり，プライムロー

ンでの借り入れが困難になった人々も，サブプライムローンによるキャッシュアウト・リファイナンスを活用すれば，住宅の資産価値を引き出して既存債務の返済に充てることが可能であった。サブプライムローン市場の拡大には，1990年代中頃から始まる第1次ブームと，2002年頃から始まる第2次ブームとがあるが，第1次ブームの中心はこうしたリファイナンスであった（Immergluck［2009：68］）。

住宅バブルと資産効果

　もっとも，アメリカにおいて住宅の資産効果が拡大するのは，とりわけ2000年代に入ってからである。その背景には，2000年におけるいわゆるITバブルの崩壊と，2001年の同時多発テロを受けたFRBによる超低金利政策の採用がある。住宅ローン金利の低下によって住宅投資が拡大し，住宅価格が高騰した結果，2000年代にはあらゆる所得階層において住宅資産価値の現金化が進展した。上述したシナモンらによると，可処分所得に対する純資産比率は，1998年から2007年にかけて，上位5％層では約1010％から1100％へ，下位95％層では約500％から600％へと上昇する一方，同じ時期の可処分所得に対する負債比率は，上位5％層では約80％の水準を維持しているのに対し，下位95％層では約125％から175％へと大幅に上昇した（Cynamon and Fazzari［2016：385-387］）。純資産から住宅を除くと，下位95％層の純資産比率はむしろ低下することから，住宅価格の高騰が純資産の増加をもたらし，その価値を担保とする負債の増加をもたらしたと推察される。

　一方，この時期には，主に投資家や富裕層向けに新たな住宅ローン商品が登場した。すなわち，ハイブリッド型変動金利ローン，利子オンリーローンといった，当初数年間は固定金利に基づく低い返済額や利子のみを支払い，数年後に変動金利に基づくより高い返済額へと返済条件が切り替わるタイプのローンである。この種のローンを利用すれば，住宅を購入し，返済条件が切り替わる前に住宅を売却してローンを返済することで，返済負担を最小限にしつつ，住宅の売買差益を取得することが可能になる。こうしたローンの普及は，住宅の投機的取引を助長し，住宅価格の一層の高騰を招いた。

サブプライムローンと住宅バブル

　しかし，もともと投資家や富裕層向けであった新型ローン商品は，次第にサ

ブプライム層へとその対象を拡大した。その背景には，2004年6月にFRBが金融引き締めへと転じた結果，住宅ローンの借り換え需要が減退したことがある。融資の減少に直面した金融機関は，新型ローン商品を，初期負担を抑えて住宅を取得できる「アフォーダブル（低負担で手に届く：affordable）」な商品として宣伝し，サブプライム層に積極的に売り込むようになった。また，通常のプライムローンでは，購入物件価格に対する融資額の比率（loan to value ratio：LTV）は80％までであったが，サブプライムローンではLTVが100％にまで上昇し，頭金がなくとも住宅が購入できるようになっていった（豊福［2012：15-16］）。こうして，借り換えよりも住宅購入目的でのサブプライムローンが急増し，その第2次ブームが生じたが，サブプライムローンによる住宅需要の下支えは，住宅バブルを存続させることで住宅の資産効果の継続に寄与した。アラン・グリーンスパン（Alan Greenspan）らの推計によると，上記の3つの手法を通じて現金化された住宅の資産価値は，2005年には総額1兆4,290億ドル，可処分所得に対する割合で15.4％に達した（Greenspan and Kennedy［2007］）。

（3）住宅バブルの崩壊と逆資産効果
バブル崩壊から住宅差し押さえ危機へ

サブプライムローンの第2次ブーム期に普及した新型ローンは，住宅価格が右肩上がりで上昇を続けている間は，変動金利への切り替え時に再び同種のローンに借り換えることで，返済額を低く抑え続けることが可能であった。しかし，2006年頃から住宅ローン金利が上昇し，かつ住宅価格が頭打ちないし一部の地域で下落に転じ始めると，借り換えが困難となる借り手が続出した。住宅ローンの借り換えには，通常，住宅の資産価値がローン残高を20％以上上回る（LTVが80％未満である）必要があるが，上述の通り，当時のローンではLTVが100％に及ぶものも珍しくなかった。このため，借り換えができずに返済額が急増し，ひとたび債務不履行に陥るとそのまま差し押さえに至るケースが頻発した。図1-2は，住宅ローンにおける差し押さえ比率（差し押さえ手続き上にあるローンの割合）の推移を，サブプライムローンとプライムローンのそれぞれについて，貸付の金利タイプ別に示したものである。それによると，2007年頃から変動金利型のサブプライムローンにおいて差し押さえ比率が急上昇し，

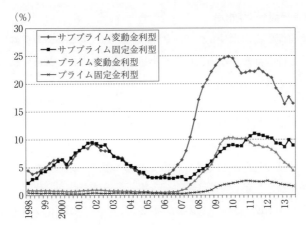

図1-2 金利タイプ別の住宅ローンの差し押さえ比率の推移
出所：Mortgage Bankers Association, *National Delinquency Survery* より作成。

2009年末には24.93％と，実に4件に1件の割合にまで達したことが確認できる。

　もっとも，こうした差し押さえ比率の上昇は，サブプライムローンのみにとどまらなかった。プライムローンについて同じ変動金利型の推移をみると，差し押さえ比率の上限は10.37％にとどまるものの，サブプライムローンとほぼ同様の動きをしていることが分かる。このことは，当時，変動金利型ローンを利用して住宅を購入した人々が，必ずしもサブプライム層のみに限定されていなかったことを示している。

　2006年に貸し付けられたローンが変動金利に切り替わる2009年頃までは，こうした変動金利型ローンの破綻が差し押さえ問題の中心をなしていた。しかし，2009年を過ぎても，差し押さえ問題は沈静化しなかった。注目すべきは，プライム，サブプライムいずれにおいても，2009年頃から固定金利型での差し押さえ比率が上昇し，その後2012年頃まで高止まりしていることである。これは景気後退が長期化するもとで，失業の増加や賃金の減少などによって，従前と同じ返済条件であるにもかかわらず返済不能に陥る借り手が増加したためである。こうした差し押さえ問題の広がりは，アメリカでは住宅差し押さえ危機（foreclosure crisis）と呼ばれるようになった。

差し押さえ危機と住宅市場

住宅の差し押さえの大量発生は、住宅市場に次のような影響をもたらした。第1に、差し押さえ物件が中古住宅市場に大量に流入した結果、住宅価格が急落し、また長期に渡って低迷したことである。差し押さえに至った物件は、競売に至る前に「ショートセールス」(任意売却) として売却されるか、あるいは競売で第三者に売却されなければ、抵当権者である金融機関が保有することになる。こうした物件はREO (real estate owned) 物件と呼ばれるが、長期間放置された物件は劣化も激しく、きわめて安値で取引された。カリフォルニア州やフロリダ州など、差し押さえが大量発生した地域では、一時期、住宅販売戸数の3割以上をREO物件が、またショートセールス物件と合わせると6割以上を差し押さえ物件が占めていた (Campbell Communications, Inc. [2011])。第2に、中古住宅の在庫過剰は、新築需要を減退させ、住宅の新規着工戸数の激減をもたらした。一戸建住宅の新規着工戸数は、ピーク時の2005年には200万戸を上回ったが、2009年には55万4000戸という歴史的な低水準を記録し、以後長期に渡って低迷し続けた。

住宅バブル崩壊と逆資産効果

以上のような住宅バブルの崩壊と住宅市場の長期低迷は、住宅の資産効果の消滅のみならず、資産価値の低下が個人消費の減退を招くという逆資産効果をもたらした。図1-3は、FRBの「資金循環勘定」データによる、住宅の市場価額とモーゲージ (抵当債務) 負債残高、およびNIPA (国民所得生産勘定) による貯蓄率の推移を示したものである。それによると、1999年から2006年にかけて、住宅の市場価額の急激な伸びと同時にモーゲージ負債額が大幅に増加し、それに伴って貯蓄率が2.2%にまで低下していること、しかし、その後2009年にかけて市場価額が急落する一方、モーゲージ負債額が高止まりするもとで、貯蓄率が9.2%にまで上昇したことがみてとれる。貯蓄と消費とはトレードオフの関係にあることから、このことは、総じてアメリカの家計が、住宅バブル崩壊によって負債に依拠した消費の拡大が困難となり、残された負債の返済を負いつつ、消費を抑制する方向に転じたことを示唆している。

なお、以前より住宅の資産効果を検証してきたケース、シラーらによると、1982年から1999年までのデータを用いて分析した際には、住宅資産価値が上昇

第 1 章　金融危機後の住宅市場とアメリカ経済

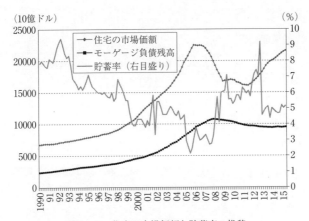

図1-3　住宅の市場価額と貯蓄率の推移
出所：貯蓄率については，USDC, Bureau of economic analysys，それ
　　　以外の数値は，FRB, Flow of Funds Accoutns．

すると世帯消費が増加する一方，資産価値が下落しても消費はそれほど減退しなかったのに対し，2000年から2012年までのデータを追加した分析では，住宅資産価値の低下と世帯消費の減少との間に強い相関がみられたという（Case, Quigley and Shiller [2012]）。ではなぜ，今回の下落局面ではこのような逆資産効果が生じたのだろうか。

その背景としては，第1に，上述の通り，2000年代に短期固定型の変動金利ローンが普及した結果，住宅価格の下落が住宅ローンの債務不履行と差し押さえに直結するケースが多く，住宅を手放さざるをえない人が急増したことである。これは固定金利型の住宅ローンが大半を占めていた1990年代にはみられなかった現象である。第2に，住宅ローンの債務不履行には至らないまでも，住宅の資産価値を担保とした負債が拡大する一方，住宅価格の下落で資産価値が大幅に低下した結果，負債額を資産価値が下回るネガティブエクイティ，あるいはアンダーウォーター（underwater）の状態に陥る世帯が増加したことである。モーゲージの信用状態のデータを収集しているコアロジック社によると，2011年第1四半期の時点で，モーゲージ保有者の実に25％，戸数にして1180万戸がアンダーウォーターの状態にあった（Corelogic [2014：8]）。これは，戦後ほぼ一貫して右肩上がりの住宅価格の上昇を経験してきたアメリカにとって，

29

初めての経験であった。

格差構造と逆資産効果

しかしながら，このような逆資産効果は，すべての所得階層において生じたわけではない。シナモンらによれば，2007年から2009年にかけての可処分所得に対する消費支出の比率は，下位95％層では約92％から88％へと低下したのに対し，上位5％層では逆に約77％から94％へと上昇した。こうした変化は，下位95％層の場合，所得の伸びが停滞する一方で消費支出が減少したことによるのに対し，上位5％層では，所得が減少する一方で消費支出の水準が変化しなかったことによっている（Cynamon and Fazzari [2016：383, 388]）。シナモンらの定義する可処分所得には実現キャピタルゲインが含まれるため，株式等の金融資産からのキャピタルゲインの減少は分母となる所得の減少に繋がるが，住宅資産を担保とする負債は可処分所得には含まれないため，分母の所得の増減には影響せず，むしろ貯蓄の増加を通じて分子となる消費支出の減少をもたらす。したがって，上記のような変化率の相違は，資産構成において金融資産の占める比重が高い上位5％層では目立った逆資産効果が生じていないのに対し，住宅資産の比重が高い下位95％層では逆資産効果が生じたことを示していると言える。なお，シナモンらは，1989年から2007年までの消費支出額の変化トレンドを延長した2012年の推定額と実績値とのギャップを，上位5％層では5000億ドル，下位95％層では1兆3000億ドルと推計している（Cynamon and Fazzari [2016：388]）。これは当時のGDPの約1割に相当する金額である。

以上のように，住宅バブルの崩壊とそれに引き続く住宅差し押さえ危機は，逆資産効果によって個人消費の収縮をもたらすことで，世界金融危機が大不況へと発展する最大の要因の1つとなった。それゆえ，住宅市場の回復は，2009年に成立したオバマ政権にとって内政上の重要課題の1つとなる。以下，節を改めて，オバマ政権下で行われた取り組みについて見ていくことにしたい。

2 オバマ政権下での住宅市場対策

(1) オバマ政権による住宅差し押さえ危機対策
オバマ政権の住宅市場対策

2009年1月に就任したオバマ大統領は，政権発足後ただちに「アメリカ復興・再投資法」（American Recovery and Reinvestment Act of 2009：ARRA）を成立させ，総額7872億ドルに上る大型の景気対策を打ち出すとともに，同法に署名した翌日の2月18日に，住宅差し押さえ危機への対応策として「住宅所有者負担軽減および安定化プラン」（Homeowner Affordability and Stability Plan）を発表した。これは，第1に，政府関連企業体（Government-Sponsored Enterprise：GSE，後述）が保証するモーゲージを借りている住宅所有者に対する低利借り換えの促進，第2に，延滞や差し押さえの危機にあるサブプライムローンの返済条件の見直しを促進するための，貸し手への新たなインセンティヴの付与，第3に，政府関連企業体への資本注入によるモーゲージ金利の低利維持，第4に，司法判断によるモーゲージ負債の減額を可能とする破産ルールの改革を含む，その他の幅広い改革，の4つの柱からなるものである（The White House [2009]）。以下，これらがどのように具体化されたのか見ていくことにしたい。

GSEの活用による住宅市場の安定化

まず第1と第3の柱については，その背景として，世界金融危機の前後で政府関連企業体のたどった経緯についてみておく必要がある。GSEとは，連邦議会によって創設された金融サービス機関の総称であり，その代表的存在として連邦抵当金庫（Federal National Mortgage Association：FNMA）と連邦住宅抵当貸付公社（Federal Home Loan Mortgage Corporation：FHLMC）の2社がある。ともに民間の株式会社であるが，業務内容や役員人事は政府機関の監督下にあり，また連邦政府からの補助金や投融資によって支えられていることから，政府関連企業体と呼ばれる。いずれも，民間の金融機関が提供するモーゲージの債権を多数買い取り，それらを担保とする証券（mortgage backed securities：MBS）を，信用保証を付した上で投資家に販売することを主たる業務としてい

る。

　アメリカで発行される MBS のうち，GSE の発行する MBS（エージェンシー MBS と呼ばれる）の占める割合は高く，2000年代初頭には70％を超えていた。しかし，サブプライムローン市場の拡大とともにそのシェアは急速に低下した。GSE の買い取るモーゲージには一定の適格基準が定められており，サブプライムローンのような高リスクローンはその基準を満たさない。このため，サブプライムローンを担保とする証券は，GSE とは異なる民間の発行体によって発行されるようになり，サブプライムローン市場の拡大に伴ってノン・エージェンシー MBS の発行額が急増したからである。Inside Mortgage Finance 社のデータによると，ノン・エージェンシー MBS のシェアは，2005年にはエージェンシー MBS を上回り，2006年には56％に達した。

　こうしたノン・エージェンシー MBS の台頭は，必然的に GSE の収益を圧迫した。収益改善のためにややリスクの高いモーゲージの買い取りを増やし，サブプライム MBS などへの投資を拡大したことは，サブプライム危機の表面化と同時に GSE に巨額の損失をもたらした。2008年7月に，G. W. ブッシュ政権のもとで「住宅・経済再生法」(Housing and Economic Recovery Act of 2008) が成立し，既存の住宅金融関連の監督機関を統合して権限を強化した連邦住宅金融庁（Federal Housing Finance Agency: FHFA）が新設されると，経営難に陥った GSE2 社は FHFA の公的管理下に置かれることになった。また，同じく G. W. ブッシュ政権下で成立した「緊急経済安定化法」(Emergency Economic Stabilization Act of 2008 : EESA) では，財務省に対し，GSE の優先株を購入する権限（各1000億ドルの購入枠）と，GSE の発行する MBS を購入する権限が付与された。

　オバマ政権が打ち出した第1および第3の柱は，こうした経緯により，前政権のもとで事実上国有化された GSE を住宅市場の安定化のために活用しようとする施策であると言える。このうち第1の柱は，その後「住宅負担軽減借り換えプログラム」(Home Affordable Refinance Program) として具体化され，住宅の純資産が過小か，あるいはアンダーウォーターの状態にある借り手を対象に，低利での借り換えが促進された。また，第3の柱については，EESA で認められている権限を活用して，財務省による優先株の購入枠を各1000億ドル

増やすことで、モーゲージ市場の安定化と金利の低下を図るものとされた。

HAMP とその実績

次に第2の柱は、「住宅負担軽減修正プログラム」(Home Affordable Modification Program: HAMP) として具体化された。既存の住宅ローンをより負担の低い返済条件に見直す取り組みとしては、すでに G. W. ブッシュ政権期に「HOPE Now Alliance」と呼ばれる仕組みが存在していた。これは政府機関と民間の金融機関、カウンセラーなどの共同により、延滞や差し押さえの危機にある借り手を、より低負担の返済条件に見直すことで返済を継続させようとする取り組みである。しかし、あくまで民間金融機関の参加は任意であったため、その実効性の乏しさが問題となっていた。そこで HAMP では、借り手からの返済条件の修正申請に対し、貸し手に応答義務を課すとともに、修正に応じた貸し手と投資家（そのローンを担保とする証券の保有者）、支払いを継続した借り手に対し、一定額のインセンティヴ（補助金）を付与する仕組みが採用された。

HAMP の財源とされたのは、やはり G. W. ブッシュ政権期の EESA によって創設された不良資産買取プログラム (Troubled Assets Relief Program: TARP) である。これはもともと、金融機関からの不良資産の買い取りのために総額7000億ドルの歳出権限を財務省に付与したものであるが、オバマ政権が2009年2月に発表した「金融安定化プラン」によってその使途が具体化され、7000億ドルのうち500億ドルが住宅市場対策に用いられることになった。[5]

HAMP によるモーゲージの修正は、借り手からの申請に対し、一定の要件を満たしたものが3年間の試行的な修正 (trial modification) に移行し、その間滞りなく返済が続けられると、永続的な修正 (permanent modification) に移行する、という仕組みになっている。そこで、それぞれの段階について2015年8月末時点の実績をみると、HAMP に申請した借り手は582万622人で、うち174万9404人（30％）が試行的な修正に移行し、さらにそのうち131万2938人（75％）が永続的な修正に移行している。ただし、永続的な修正に移行後、再び債務不履行に陥る借り手もあり、返済を継続できている借り手は91万811人（69.3％）である (SIGTARP [2015: 143])。これは最初の申請件数に占める割合でみると15.6％であり、決して高い数字ではない。このため、HAMP は当初2012年末までのプログラムであったが、その後たびたび期限が延長されるとと

もに，審査要件を緩和する等の措置が講じられている。

流産した破産ルールの改革

最後に第4の柱についてみると，破産ルールの改革については，オバマ政権下の2009年5月に成立した「家族による住宅保有支援法」(Helping Families Save Their Homes Act of 2009) の当初案に，条項として盛り込まれた。しかし，法案の内容が明らかになると，司法判断によってモーゲージの減額が認められるようになれば，金融機関の貸し倒れリスクは高まり，金利の上昇や頭金の増額を招くことになるとの強い批判が金融業界から寄せられた。結果として，同条項は審議過程で法案から削除され，破産ルールの改革が実現することはなかった。

以上のように，オバマ政権が打ち出した住宅市場対策は，G. W. ブッシュ政権期の枠組みを引き継いだものが多く，その財源についても，前政権の立法措置に依拠したものが多い。独自色を出そうとした破産ルールの改革が実現しなかったこともあり，総じてオバマ政権の住宅市場対策は，前政権期に議会によって認められた財源や枠組みを流用し，そこに若干のアレンジを加えたものにとどまったと言える。

（2）FRBによる住宅市場対策

HAMPの実績が示すように，財政支出を伴った一連の住宅市場対策は，住宅市場の回復という点ではその成果は限定的であった。むしろこの点において大きな役割を果たしたのが，FRBの展開した金融政策である。ただし，オバマ政権下で成立したドッド＝フランク法 (Dodd-Frank Wall Street Reform and Consumer Protection Act of 2010) は，FRBの権限を大幅に強化する一方で，FRB内に新たに消費者金融保護局 (Consumer Financial Protection Bureau: CFPB) を設置し，同局にモーゲージローンの健全化に向けたルールの策定を求めるなど，住宅金融市場のあり方にも変化をもたらした。そこで，これらも含めて，オバマ政権下でのFRBの取り組みについて見ていくことにしたい。

証券化市場の機能停止とFRB

上述の通り，2000年代半ばに急増したサブプライムローンの大半は，民間の主体が発行するノン・エージェンシーMBSの担保に組み込まれて証券化され，

投資家に販売されていた。2007年にサブプライムローンの大量の焦げ付きが表面化し、格付け会社がサブプライム MBS の格下げを発表するなど、債券への信頼が揺らぎ始めると、売りの殺到によって債券価格は暴落し、ノン・エージェンシー MBS 市場は事実上の機能停止状態に陥った。サブプライムローンの貸し手の多くは、債権を長期間バランスシート上に保有せず、それらを証券化した代金を次の貸付原資に当てるというスタイルをとる金融会社であり、証券化市場が停止すれば、その貸付業務も停止せざるをえない。このこともまた、変動金利型サブプライムローンの借り換えを困難にし、債務不履行を拡大させた要因であった。

こうした住宅金融市場の混乱に対し、当時の G. W. ブッシュ政権、ならびに FRB が行った措置は、GSE を公的管理下におき、その経営を支えるとともに、GSE の発行する MBS を財務省と FRB が購入することで、住宅金融市場を公的に支えることであった。こうした枠組みは、そのままオバマ政権にも引き継がれた。

量的緩和政策の展開

FRB によるエージェンシー MBS の購入は、一般に QE（Quantitative Easing：量的緩和）と呼ばれる一連の政策の一環として行われた。ただし、FRB は自ら QE という表現を用いておらず、大規模資産購入プログラム（Large-Scale Asset Purchase Programs: LASP）という表現を用いているため、以下では LASP と記すことにする。

LASP では、まず2008年12月から2010年 8 月にかけて、GSE などが資金調達のために発行する債券（エージェンシー債）が1750億ドル、GSE と政府抵当金庫（Government National Mortgage Association: GNMA）[6]が保証する MBS が 1 兆2500億ドル購入されるとともに、長期金利の低下を図るため、長期国債3000億ドルが購入された（いわゆる QE1）。つづいて2010年11月から2011年 6 月にかけては、長期国債がさらに6000億ドル購入されるとともに（QE2）、2012年12月までは、短期国債を売却して同額の中・長期国債を購入する措置がとられた。さらに2012年 9 月以降は、MBS を毎月400億ドルのペースで購入するとともに、2013年 1 月以降、長期国債を毎月450億ドルのペースで購入する措置がとられた（QE3）。最終的には、追加的な債券の購入は2014年10月をもって

終了され，現在は，エージェンシー債およびエージェンシーMBSの保有に伴う元本償還分をエージェンシーMBSに再投資する措置が継続されている。

公的管理下に置かれる住宅金融市場

LASPの結果として，FRBによるMBSの保有額は，2015年12月10現在，約1.7兆ドルに上っている。Inside Mortgage Finance社のデータによると，MBSの発行額全体に占めるFRBの保有比率は，LASPの開始以前には数パーセントに過ぎなかったが，2015年6月には27.3％と，保有主体のなかで最大のシェアを占めるに至っている。なお，同じくInside Mortgage Finance社によると，2014年におけるモーゲージ組成額のうち，エージェンシーMBSの担保となりうるモーゲージの割合は80.3％を占め，さらに2015年のMBS発行額に占めるエージェンシーMBSの割合は95.2％を占める。つまり，近年組成されている住宅モーゲージの大半は公的信用保証のもとで証券化され，しかもそのうち3割弱がFRBによって保有されていることになる。また，FRBによる長期国債の大量購入によって長期金利は歴史的低水準となり，新規住宅向けモーゲージ金利は，2012年12月には過去最低の3.4％にまで低下した。これらの数字は，近年のアメリカの住宅金融市場が，半ば公的管理下に置かれていることを示しているといえよう。

QMルールの創設

以上の取り組みが，信用の毀損した住宅市場を立て直す政策であるとすれば，新たなサブプライム危機の防止策としてドッド＝フランク法によって創設されたのが，「適格モーゲージ（qualified mortgage: QM）」ルールと呼ばれるものである。これは，金融機関に対し，借り手の返済能力に見合ったローンの提供を求めるもので，具体的には，上述のCFPBがQMの基準を定め[7]，それを満たすモーゲージについては，仮に借り手が債務不履行に陥ったとしても，訴訟に対する一定の法的保護を与えるというものである。これは裏返せば，非QMモーゲージについては，貸し倒れに際し，貸し手側が法的責任を問われる可能性が高くなることを意味しており，QMルールの目的は，こうした責任を貸し手側に課すことで，健全なモーゲージの普及を促すことにある。QMルールが施行されたのは2014年1月であるが，全米不動産業者協会の調査によると，2015年第1四半期現在，貸し手のモーゲージに占めるQMローンの割合は

98.8%となっている（NAR［2015：4］）。これは今日の住宅金融市場がきわめて「健全化」されたことを意味しているといえよう。

3　住宅市場の回復とアメリカ経済

（1）住宅市場の回復とその影響
回復する住宅価格

　住宅金融市場への異例の公的介入にもかかわらず，世界金融危機後，住宅市場は長期間に渡って低迷を続けた。しかし，危機から7年余りが経過し，近年では全体として回復傾向が顕著となりつつある。図1-4は代表的な住宅価格の指標であるFHFAの住宅価格指数と，S&Pのケース・シラー住宅価格指数について，その推移を示したものである。それによると，いずれも2012年頃から住宅価格が上昇に転じ，とくにFHFAの指数ではかつての住宅バブルのピーク時を上回っていること，またケース・シラー指数でも2005年の水準にまで住宅価格が回復していることがみてとれる。なお，2つの指数はいずれも，同一物件の再販価格の変化をもとに価格動向を指数化したものであるが，前者は全米50州をカバーし，かつGSEの買い取り要件を満たすモーゲージの対象物件に限定されているのに対し，後者は主要な都市に限定され，かつGSEの要件を満たさない高額のモーゲージやリスクの高いモーゲージの物件を含んでいるという違いがある。2つのうちとくにFHFAの指数が順調な回復傾向を示していることは，低リスクの住宅ローン，すなわち公的信用によって支えられたGSEの適格モーゲージを利用して，住宅の取引が再活性化していることを示しているといえよう。

住宅の資産効果は回復したのか

　それでは，こうした住宅価格の上昇は，住宅の資産効果の回復をもたらしているのだろうか。上述の通り，2000年代前半の住宅バブルの膨張局面においては，キャッシュアウト・リファイナンス，ホームエクイティ・ローンといった住宅の資産価値を担保とする信用の拡大が個人消費の拡大に寄与した。そこで両者の最近の動向についてみてみよう。

　まずキャッシュアウト・リファイナンスについては，FHLMCがその推計値

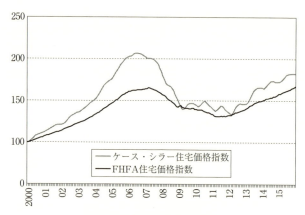

図1-4　住宅価格指数の推移
注：いずれも，2000年1月を100とする指数。
出所：FHFA Website（http://www.fhfa.gov/DataTools/Downloads/Pages/House-Price-Index.aspx），S&P Dow Jones Indices Website（http://us.spindices.com/index-family/real-estate/sp-case-shiller）.

を定期的に公表している。それによると，モーゲージの借り換え時にキャッシュアウトされた金額は，ピーク時の2006年には3205億ドル，借り換え総額の29.3％を占めていたが，2012年には296億ドル（総額の2.8％）まで落ち込み，2014年も247億ドル（同6.8％）にとどまっている。2015年の推計値は446億ドル（同8.7％）と，若干の増加傾向がみられるものの，住宅の価格水準と比べてキャッシュアウトの規模は小さい（FHLMC［2016］）。

一方，ホームエクイティ・ローンについては，Inside Mortgage Finance 社がそのデータを公表している。同ローンには，総額を貸し付ける場合と信用供与枠を設定する場合の2つの形態があるが，前者については，2006年の4300億ドルから2011年の440億ドルへと大幅に減少し，その後若干増加したものの，2014年時点では710億ドルにとどまっている。一方，後者については，2007年の2兆293億ドルをピークに残高が減少し続け，2014年末の段階で1兆983億ドルとなっている（Inside Mortgage Finance［2015］）。これらの数字が示すように，住宅価格はほぼバブル期の水準まで上昇しているにもかかわらず，その資産効果はかつてと比べてきわめて限定的であると言える。

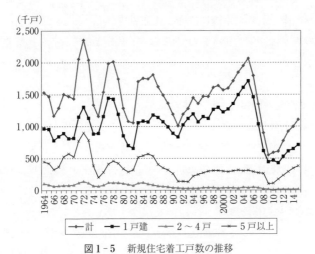

図 1-5　新規住宅着工戸数の推移
出所：U.S. Census Bureau, *New Residential Construction* data より作成。

低迷を続ける住宅建設市場

　次に，住宅建設の動向についてみてみよう。図1-5は，新規住宅着工戸数の推移をみたものである。それによると，2011年以降，着工戸数は増加基調に転じているものの，全体としては依然として歴史的な低水準にあることがみてとれる。とくに一戸建住宅の回復は鈍く，2015年も71万5000戸の低水準にとどまっている。一方で着工戸数を押し上げているのが，主として賃貸用に供される5戸以上の集合住宅であり，2015年には38万4000戸と，1990年代以降では最高の戸数を記録した。これらの結果，総じてGDP成長率に対する住宅投資の寄与度は低く，2006年にマイナスに転じ，2011年から再びプラスに転じたものの，2014年は0.05％という低位にとどまっている。

　もっとも，住宅建設市場の低迷は，こうした需要要因のみに基づくものではない。全米住宅建設業者協会によると，供給側すなわち住宅建設業者が抱える事業の阻害要因として，近年，労働力不足と人件費の上昇，および土地の不足と取得費の上昇とが指摘されている。前者については，住宅バブル崩壊後，建設工事の激減によって離職者が相次ぎ，その後市場が回復しても，労働者の住宅建設部門への復帰が鈍いことが背景にある。また後者は，建設不況下で中小の建設業者が保有していた土地を大量に放出し，それを大手建設業者が安値で

買い占めた結果，近年，市場に出回る住宅用地が不足していることに起因している(8)。このことは，供給側もまた，住宅バブル崩壊の後遺症を払拭できていないことを示している。

（2）住宅市場の回復における非対称性

住宅価格が上昇しているにもかかわらず，その資産効果が力強さを欠き，また住宅建設の回復が鈍いのはなぜであろうか。それは，住宅市場の回復が，あくまで全国的な集計値としての傾向であり，所得階層間，人種間，地域間，世代間できわめて非対称性を伴って進展したからである。

拡がる住宅市場の格差構造

まずアンダーウォーターの問題についてみると，上述の通り，2011年第1四半期の時点で，モーゲージ保有者の25％がアンダーウォーターの状態にあったが，2015年の第1四半期には，それは10.2％にまで低下した。しかし，地域別にみると，ネバダ州で23.1％，フロリダ州で21.2％，イリノイ州とアリゾナ州で16.8％と，一部の州では依然高い比率にとどまっていることが分かる（Corelogic［2015：12］）。また，アンダーウォーター問題の地域的特徴を検証した「ハース協会」の報告書によると，2013年末の時点でアンダーウォーター比率が43％以上の高率であった395のZIPコード地区について，その人種および所得階層の特徴をみると，64％の地区で黒人とヒスパニックが人口の半数以上を占めており，また43％の地区で世帯所得の中央値が全米平均を下回る4万ドル未満であった。同報告書は，いわゆる住宅市場の「回復」が，これらの地域にまったく及んでいないことを指摘している（Dreier, Bhatti, Call, Schwartz and Squires［2014：6-7］）。

持家取得をめぐる新たな格差

それでは，近年の住宅価格の上昇は，何によって生じているのだろうか。その手がかりを示すのが図1-6である。これは，新築住宅の販売価格の中央値と，価格帯別の販売戸数の推移をみたものである。それによると，2006年以降，あらゆる価格帯で販売戸数の減少がみられるものの，とりわけ従来住宅販売戸数の大半を占めていた低価格帯での販売が大きく減少し，依然回復がみられないこと，一方で，高価格帯での販売戸数が増加傾向を示していることが分かる

第 1 章　金融危機後の住宅市場とアメリカ経済

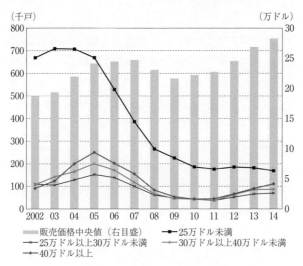

図 1-6　住宅販売価格と価格帯別販売戸数の推移
出所：U.S. Census Bureau, *New Residential Sales data* より作成。

(JCHS [2015：10])。このことは，比較的所得に余裕のある階層による住宅の売買が，住宅価格の水準を引き上げている可能性を示唆している。

　このような傾向は，持ち家率の動向からも確認できる。ピーク時の2005年と2014年とを比較すると，全米平均の持ち家率は68.9％から64.5％へと4.4ポイント低下したが，世帯主の年齢別にみると，25〜29歳では8.2ポイント，30〜34歳では9.7ポイント，35〜44歳では9.6ポイントの大幅な落ち込みとなる一方，65歳以上では0.7ポイントの低下にとどまっている。こうした持ち家率の相違は人種間でも生じているが，世代間の相違の方が大きいのが近年の特徴である。通常，25〜34歳の世帯は初回購入者の半数以上を占めるため，これらの層が持ち家所得を断念し，借家に滞留していることは，それだけ初回購入者向けの低価格帯住宅の需要減少に繋がる。また，35〜44歳の世帯は，2000年代半ばの住宅バブル期に初回購入者となった世代であり，その持家率の大幅な低下は，住宅バブル崩壊後，多くの世帯が住宅の差し押さえ等によって借家層への後退を余儀なくされたことを示唆している。

困難化する若年層の持家取得

　こうした若年層における持家率低下の背景としては，主に以下の2点が指摘

41

できる。

　第1は，金融機関によるモーゲージの融資基準の引き上げである。世界金融危機によって高リスクモーゲージの証券化市場がほぼ消滅したことは，金融機関による貸出態度の保守化をもたらした。アメリカでは，与信審査の際，過去の信用履歴等をもとに借り手の信用度を点数化したクレジットスコアを用いるのが一般的であるが，モーゲージにおけるその中央値は，2006年には710程度であったが，2009年以降は750を上回る状態が続いている（Federal Reserve Bank of New York [2015：7]）。これはいわゆるプライム層の中でも上位の数値であり，こうした融資基準の引き上げは，比較的信用度の低い若年層による民間住宅ローンの取得を困難にしていると考えられる。

　第2に，若年層における負債の増大である。とりわけ，近年大きな問題となっているのが，学資ローン負債の増加である。ニューヨーク連銀の調査によると，2003年第1四半期の時点では，学資ローン残高は2410億ドル，世帯の負債総額に占める割合は3.3％であったが，その後一貫して増え続け，2015年第3四半期には1兆2030億ドル，同じ割合は10％に達した（Federal Reserve Bank of New York [2015：3]）。その背景には，学歴による所得格差の拡大から，より高学歴を求める学生が増える一方で，学費の高騰によって学資ローンに依存せざるをえない学生が増えていることがある。しかし，結果的に学位を取得できないまま負債だけを抱えている若年層も増加しており，住宅研究共同センターによると，2013年に学資ローン負債を抱えている20～30代世帯のうち，4年制大学の学位を有していない世帯が半数以上を占めている。また，学資ローン負債を抱える期間も長期化しており，学資ローン負債を抱えている40代世帯の割合は，2001～13年にかけて11％から23％に，50代の割合も4％から9％に上昇した（JCHS [2015：17-18]）。こうした負債の増大は，住宅取得のための頭金の貯蓄を困難にし，若年層を持家から遠ざける原因となっている。

　このような世代間格差は，従来からの所得階層間，人種間，地域間の格差と異なり，大不況後に新たに顕在化した格差であると言える。いわゆる「アメリカンドリーム」の実現において，永らく持家の取得は不可欠の要素とされてきた。しかし，自らがその機会から排除されているという感覚は，若年層の間に，格差を一向に是正できない政治への不信を蓄積させつつある。

第1章　金融危機後の住宅市場とアメリカ経済

表1-1　所得階層別の実質所得伸び率　　　　　　　(％)

	平均実質所得伸び率	上位1％実質所得伸び率	下位99％実質所得伸び率	総所得の増加（減少）に占める上位1％の割合
全期間 1993-2012年	17.9	86.1	6.6	68
クリントン期拡張局面 1993-2000年	31.5	98.7	20.3	45
2001年景気後退 2000-2002年	-11.7	-30.8	-6.5	57
ブッシュ期拡張局面 2002-2007年	16.1	61.8	6.8	65
大不況 2007-2009年	-17.4	-36.3	-11.6	49
回復局面 2009-2012年	6.0	31.4	0.4	95

出所：Saez［2013］, p. 6 より作成。

（3）格差構造とアメリカ経済

　ピケティの共同研究者であるエマニュエル・サエズ（Emmanuel Saez）は，アメリカの格差構造に関する一連の研究の中で，1990年代以降の景気循環の各局面における，所得の上位1％層と下位99％層の実質所得の増減率について分析を行っている（Saez［2013］）。ここでの所得データは内国歳入庁の個人所得税統計に基づくものであり，その中にはいわゆるキャピタルゲインも含まれる。表1-1はその結果を示したものであるが，それによると，景気の拡張局面，後退局面いずれにおいても，上位1％層の増減率が大きく，その動向が全体の増減率を規定していることが分かる。なかでも，とりわけ目につくのが2009年から2012年の景気回復局面であり，この期間には，上位1％層の実質所得が31.4％の増加を示したのに対し，下位99％層の実質所得は0.4％の増加にとどまり，全体の増加分の実に95％が上位1％層の増分によって占められている。大不況からの景気回復の成果がきわめて不均等にしか分配されていないこと，結果として，大不況以前よりもむしろ格差が拡大していることがみてとれよう。

　シナモンらの推計によれば，下位95％層の消費支出額は，依然として全体の7割弱を占めるが，それは裏返せば，上位5％層だけで3割強を占めていると

いうことであり，アメリカの個人消費に対して富裕層の消費動向が及ぼす影響は大きい。近年のアメリカ経済の回復基調には，こうした富裕層の堅調な消費が寄与しているものと考えらえる。しかしながら，低所得層に比べて消費性向の低い富裕層の消費だけで，非富裕層の消費を代替することは不可能である。大不況以前において，こうした格差構造に伴う需要不足を補ったのが，住宅バブルとともに拡大した過剰な負債であった。しかし，バブルの崩壊とともに負債の維持は困難となり，また上述した通り，住宅市場が回復しても，従前のような資産効果には繋がっていない。住宅金融市場が事実上の公的管理下に置かれ，またQMルールのような規制が存在するもとでは，サブプライムローンのような高リスクローンがにわかに復活する余地は乏しく，かつてのような住宅バブルの再現は困難だからである。

　最近まで続いたFRBの量的緩和政策を背景に，この間，住宅市場と並んで，株式市場や債券市場もまた順調な回復を遂げてきた。しかし，株式や債券等の金融資産による資産効果の拡大は，資産保有者の所得構成の偏りを背景として，いっそうの所得格差の拡大をもたらさざるをえない。高所得層の消費を刺激し続けることもまた，需要不足を埋めるための１つの方策ではある。しかし，それは一方で，近年高まりつつあるアメリカ国内の社会的緊張をますます高めずにはおかないであろう。

　注
(1)　アメリカの所得格差をめぐる議論は多いが，2000年代半ばに主張され，とりわけ物議を醸した議論として，いわゆる「プルートノミー」論がある。「プルートノミー」とは，シティ・グループのアナリストが，その顧客向けパンフレットの中で用いた造語で，一部の富裕層が富を独占する経済状態をさす。同パンフレットは，もはやアメリカに「平均的消費者」は存在せず，経済成長の原動力の供給と大部分の消費は少数の富裕層により行われている，とした上で，顧客に対し，これからは富裕層関連ビジネスへの投資に専念すべきである，として論争を巻き起こした。こうした議論について，詳しくは，Smith [2012]（伏見訳 [2015]）を参照されたい。
(2)　ピケティの『21世紀の資本』をめぐるアメリカでの論争については，吉松 [2015] を参照されたい。
(3)　マキとパルンボの推計手法は，FRBの資金循環勘定における貯蓄率のデータを，

第1章　金融危機後の住宅市場とアメリカ経済

> **コラム1　新地主階級の誕生？**
>
> 　住宅の差し押さえ危機が全国に拡がり，金融機関に大量のREO物件が積み上がるなか，住宅の買い手として急速に存在感を増したのが，いわゆる機関投資家である。安値の差し押さえ物件を大量に，しかも現金で買い占める機関投資家は，金融機関にとっては不良在庫の貴重な売却先であったが，なかにはいっさい物件の改修を行わず，将来の売買差益のみを目的に物件を保有する投資家も多く，批判の対象ともなっていた。しかし一方で，「新たな地主階級の誕生か」として物議を醸したのが，取得物件を改修した上で保有し続け，それを賃貸物件として貸し出す投資ファンドの登場である。彼らは保有する賃貸物件を担保とする不動産投資信託（REIT）を組織し，物件からの賃料収入を投資家に配当するという手法により，戸建住宅の賃貸経営という新たなビジネスモデルを作り出した。その存在をめぐっては，新たな事業主体として歓迎する声がある一方で，いずれ物件を放出して撤退するのではないか，投資家からの圧力で効率経営が求められる以上，賃料は高く，物件の修繕は最小限になるのではないか，資金調達力に勝る彼らが物件を買い占めると，個人の初回購入者による住宅購入が困難になるのではないか，といった批判や懸念の声も多い。いずれにせよ，低・中所得層が差し押さえで失った住宅を富裕層が出資するファンドが買い占め，賃借人となったかつての持家層の払う賃料が富裕層に配当されるという姿は，今日のアメリカの格差構造を象徴する事例の1つと言えるだろう。

同じくFRBの消費者金融調査における各資産，負債項目の所得階層別保有割合を用いて分解することで，所得階層別の貯蓄率を算出するものである。シナモンとファッツァーリは，ピケティらの推計した所得階層別の所得データから，マキらの推計手法に基づく階層別貯蓄データを差し引くことで，階層別の消費支出額を推計している。

(4)　GSEは「政府支援企業」と訳されることも多いが，sponsoredのニュアンスは必ずしも政府からの支援のみに限定されないため，ここでは井村［2002］にならい，「政府関連企業体」とした。

(5)　TARP基金の総額は，その後，ドッド＝フランク法によって当初の7000億ドルから4750億ドルに減額され，HAMPを含む住宅支援プログラムには，最終的に375億ドルが充当された（SIGTARP［2015：129-132］）。

(6)　GNMAとは，住宅都市開発省が100％保有する政府系機関であり，GSEと同様，モーゲージに信用保証を付けてMBSを発行することを主たる業務としている。

(7) 適格モーゲージ（QM）の主な要件は以下の通りである。(1)金利以外の付加的な手数料は，ローン総額の3％を超えないこと，(2)利子オンリーローン，マイナス償還ローン，30年超ローン，バルーンローンなどの，「中毒性のある（toxic）」特徴を有しないこと，(3)借り手の所得・負債比率が43％を超えないこと．
(8) 住宅建設業者協会のMichael Neal氏へのヒアリング（2015年9月実施）に基づく．

参考文献

井村進哉［2002］『現代アメリカの住宅金融システム』東京大学出版会．
豊福裕二［2012］「国内経済情勢――住宅バブルはなぜ生じたのか」藤木剛康編著『アメリカ政治経済論』ミネルヴァ書房．
吉松崇［2015］『大格差社会アメリカの資本主義』日本経済新聞社．
Campbell Communications, Inc. [2011], *Tracking Real Estate Market Conditions Using the HousingPulse Survey*. http://campbellsurveys.com/housingpulse/HousingPulse_white_paper.pdf（2016年1月31日確認）
Case, K. E., Quigley, J. M. and Shiller, R. J [2012], "Wealth Effects Revisited 1975-2012", *Cowles Foundation Discussion Paper* No. 1884.
Corelogic [2014] *Corelogic Equity Report* First Quarter 2014.
――――― [2015] *Corelogic Equity Report* First Quarter 2015.
Cynamon, B. Z., and Fazzari, S. M. [2015] "Rising inequality and stagnation in the US economy", *European Journal of Economics and Economic Policies : Intervention,* Vol. 12 No. 2,
Cynamon, B. Z., and Fazzari, S. M. [2016] " Inequality, the Great Recession and slow recovery", *Cambridge Journal of Economics* Vol. 40 No. 2.
Dreier, P., Bhatti, S., Call, R., Schwartz, A., and Squires, G., [2014] *Underwater America,* Haas Institute for a Fair and Inclusive Society.
Federal Home Loan Mortgage Corporation （FHLMC） [2016] *Cash-Out Refinance Report 4Q2015.*
Federal Reserve Bank of New York [2015] *Quarterly Report on Household Debt and Credit,* November 2015.
Greenspan, A. and Kennedy, J. [2007] "Sources and Uses of Equity Extracted from Homes", *FRB Finance and Economic Discussion Series.*
Immergluck, D. [2009] *Foreclosed : High-Risk Lending, Deregulation, and the Undermining of America's Mortgage Market,* Cornell University Press.
Inside Mortgage Finance [2015] *Mortgage Market Statistical Annual 2015.*

Joint Center for Housing Studies of Harvard University (JCHS) [2015] *The State of the Nation's Housing 2015.*

Maki, D. M. and Palumbo, M. G. [2001] "Disentangling The Wealth Effect: A Cohort Analysis of Household Saving in The 1990s", *Federal Reserve Board Finance and Discussion Series Working Paper* No. 2001-21.

National Association of Realtors (NAR) [2015] *Sixth Survey of Mortgage Originators 2015. : TRID, 3% Cap, FHA Indemnification and FHA Condo Rules.*

Office of the Special Inspector General for the Troubled Asset Relief Program (SIGTARP) [2015] *Quarterly Report to Congress,* October 28, 2015.

Saez, E. [2013], "Striking it Richer: The Evolution of Top Incomes in the United States (Updated with 2012 preliminary estimates)".

Smith, H. [2012] *Who Stole the American Dream ?,* Random House. (= 伏見威蕃訳 [2015] 『誰がアメリカンドリームを奪ったのか？――資本主義が生んだ格差大国』朝日新聞出版)

Summers, L. H. [2014] "U. S. Economic Prospects: Secular Stagnation, Hysteresis, and the Zero Lower Bound", *Business Economics* Vol. 49, No. 2.

The White House [2009] "Remarks by the President on the mortgage crisis" February 18, 2009.

U. S. Department of Housing and Urban Development (HUD) [2015] *The Obama Administration's Efforts to Stabilize the Housing Market and Help American Homeowners,* December 2015.

［追記］　本章は，科学研究費補助金（基盤研究(C)／課題番号25512002／米国の住宅差し押さえ危機とその政策対応に関する実証研究）に基づく研究成果の一部である。

第2章　産業構造と産業政策
―― グローバル化・産業構造高度化に対する「リベラルの挑戦」――

山縣宏之

　本章の課題は，オバマ政権期アメリカ産業構造の変化と競争力政策・産業政策の展開を追跡し，その意義と限界を論じることである。「大不況」からのアメリカ産業の回復はどのような形で進み，産業構造はいかなる方向に変化したのだろうか。環境エネルギー産業，シェール革命はどれほどのインパクトを与えたのだろうか。そして製造業回帰（Reshoring）はどのように進行し，雇用は十分に創出されたのであろうか。他方，共和党保守派との党派対立が激化する中，リベラル派理念に基づいた競争力政策，産業政策を推進しようとしたオバマ政権は，意図した政策を十分に遂行できたのであろうか。そして現実の産業構造動態を踏まえた場合，政権の遂行した競争力政策や産業政策にはいかなる課題が残されているのであろうか。オバマ政権期アメリカ産業構造動態，競争力政策・産業政策の実証的研究を踏まえ，以上の論点について論じていこう。

1　リベラルの挑戦――雇用創出と国内産業強化のための競争力政策・産業政策

（1）リベラルの挑戦――競争力政策・産業政策における評価

　本章の課題はオバマ政権期アメリカ産業構造の変化と競争力政策・個別産業政策の展開を追跡し，その意義と限界を論じることである。大不況の中，世界的に産業政策が重視されるようになった（Stiglitz and Lin [2013]）。金融危機後に誕生したオバマ・民主党政権は，国内経済回復，雇用創出を重視し，環境エネルギー政策（いわゆるグリーン・ニューディール。リベラルの立場からの主張はJones [2009]）や製造業重視の競争力政策を推進した。リベラル派理念を全面に出し，アメリカ経済と産業の強化，雇用創出に本格的に挑戦したわけである。しかしオバマ政権期，民主党（リベラル派）と共和党（保守派）との間の党派対立はさらに激化した（吉野・前嶋 [2014]）。オバマ政権はどのようにして政策を

実現し,あるいは実現できなかったのか。そしてオバマ政権期に産業構造はどのように変化し,産業構造動態との関係では,オバマ政権の政策はどのように評価しうるのであろうか。これらの課題に回答することが本章の課題である。

以下,本節においてアメリカ産業構造・競争力政策・産業政策を分析するフレームワークを提示したうえで,前政権期と対比したオバマ政権の政策理念と政策実現に向けた姿勢を概説する。第2節では産業別付加価値,企業利益の推移,直接投資交流,従業者・雇用数を指標として,オバマ政権期のアメリカ産業構造動態を分析する。第3節において,オバマ政権が重視する製造業の最近の動態といわゆる製造業回帰(Reshoring)現象の実相についてやや立ち入って検討する。第4節では,オバマ政権・民主党と共和党保守派の激しい党派対立とその中でオバマ政権の政策はどのような形でどの程度実現したのか,党派対立のダイナミズムに立ち入って検討する。最後に5節で以上の分析を総合して,オバマ政権の積極的産業政策の意義と限界を論じる。

(2) 現代アメリカ経済政策分析のフレームワーク・競争力政策・産業政策

河音・藤木[2008]で主張したように,現代アメリカの経済政策を分析する際に,伝統的な分析枠組みである経済過程との関連,経済界や産業界などの圧力団体との関係のみに注目するだけでは不十分である。それに加えて政策を構想し実施する主体である大統領府,議会の勢力図とその動向,主体間の相互作用である政策過程の具体的様相を要因として考慮する必要がある。くわえて民主党(リベラル派)と共和党(保守派)の間の党派対立の激しさの度合いによって,政策がどの程度実現するか,あるいはしないのかというアウトプットが決定される。これらを総合した政治学的観点を取り込んだ政策過程論重視の経済政策論フレームワークを構築する必要がある。

上記の政治学的観点を取り込んだアメリカ経済政策分析フレームワークのなかで,産業政策および競争力政策はどのような特徴を持つであろうか。政府部門と議員を除くアメリカ競争力政策,産業政策領域における主要アクターは産業界,労働組合勢力,アカデミアなどであるが,経済界や産業界との関係が他の経済政策よりもやや強く作用してきた。かつ1980年代[1],1990年代に民主党と共和党間で政策論争が繰り広げられ[2],超党派で合意された経緯と経験がある

(宮田［2001］)(3)。このため財政政策や社会政策など他の政策領域よりも経済界や産業界の意向がより反映しやすく，かつ超党派的な妥協がまだ成立する余地があると考えられる（山縣［2008］)(4)。本章は，本書全体の趣旨に沿い，主として党派対立のもとでのオバマ政権の政策の展開に着目するが，このような競争力政策および産業政策領域の特質にもある程度留意し，分析を進めていく。

筆者は競争力政策・産業政策の分析の際に，伝統的な分析枠組みである経済界や産業界との関係を考察する必要性は認識している。しかし本書全体の趣旨および紙幅の関係から，本章ではこの点の考察は必要最小限に限定し，現代アメリカの競争力政策の展開における経済界，産業界の役割についての詳細な分析は，別稿にて行うこととしたい。なお現代アメリカにおける競争力政策，産業政策の定義は山縣［2008］に従う。

（3）オバマ政権の政策理念と実行スタイル

1で述べた通り共和党 G. W. ブッシュ政権（2001～08年）は，共和党内の保守化傾向の強まりと9.11同時多発テロへの対応のため，国家安全保障を第1に重視する経済政策を行った（河音・藤木［2008］）。産業政策および競争力政策は G. W. ブッシュ政権および共和党内では重視されず，競争力評議会（COC）や産業界の望んだ2004年国家競争力法案（NCA2004）は廃案となった。しかし全米製造業者協会（NAM），電子工業協会（AEA）などの経済界および産業界，および産業界とも連携するナショナル・アカデミー（NAS）からの強い要請により，次第にブッシュ政権は競争力政策，産業政策に理解を示すようになった。積極派議員の多い民主党，穏健派共和党議員の超党派合意により，2007年に科学技術予算の大幅増とイノベーション環境整備をねらった2007年アメリカ競争法が成立した（山縣［2008］および後掲表2-5参照）。

金融危機を経て誕生したオバマ政権は大不況からのアメリカ経済回復を最優先し，政権の重点政策として国内経済・産業強化を掲げた。また近年民主党内ではリベラル派議員が増加しているため，リベラル派の重視するインフラ投資，人的資本投資，再生可能エネルギーを軸とする環境エネルギー投資を重点3項目として盛り込み出発した(5)。後掲表2-5にある通り，第1期オバマ政権は大統領府，連邦議会（上院，下院）すべてを掌握してスタートし，民主党リベラ

ル派の提案する政策は実現する可能性が高かった。また民主党は8年ぶりに大統領府と議会を共和党より奪還したこともあり、G・W・ブッシュ政権のもとで進められた保守主義的政策を一新し、リベラル派主導の政策を推進する意欲に満ちていた。それでは以下オバマ政権期の産業構造動態について検討していくことにしよう。

2　オバマ政権期の産業構成動態――進む産業構造高度化

（1）技術進化・社会的分業の深化・グローバル化のなかの産業構造高度化
産業構造の高度化とは

産業構造高度化過程を労働力の側面から描いたペティ゠クラークの法則は、1人あたり所得の上昇に伴い第1次産業、第2次産業、第3次産業の順に産業が発展し労働力が移動することを指摘する。(6)必ずしも明確に理論化がなされているわけではないが、ベースには生産力の上昇に伴う第1次産業、第2次産業の生産能力の飛躍的拡大、それに伴う社会的余剰の発生と労働力の解放、結果としての精神的活動や余暇の拡大があるとされる。本章では現代アメリカの現実を踏まえ、技術高度化と知識社会化、高齢化など医療・社会扶助需要の拡大、製造業を中心としたグローバル化の進展をファクターとして考慮に入れ、産業構造動態を分析していこう。

産業別付加価値の構成と推移

表2-1をもとに、2009年から確報の得られる最新年度である2013年までのアメリカ産業別付加価値額の伸び、構成比ポイント変化を検討していこう。表によると、この時期に付加価値額が最も成長した産業は鉱業（指数で114.6）である。続いて専門・ビジネスサービス業（114.1）、電気・ガス・水道（112.4）、芸術・レクリエーション・娯楽（112.2）が続き、情報業（110.8）、輸送・倉庫業（110.5）、卸売業（110.3）、金融・保険・不動産業（109.5）、製造業（107.9）が続く。表からはこれらの産業のうち、付加価値額実数が大きくかつ「合計」よりも伸び率が高い下記の産業がGDPウェイトを増大させていることが確認できる。専門・ビジネスサービス（0.54ポイント増）、芸術・レクリエーション・娯楽（0.18）、金融・保険・不動産業（0.10）、鉱業（0.10）、情報（0.08）、

第2章 産業構造と産業政策

表 2-1 アメリカ産業別付加価値額および比率の推移 (2009〜13年)

(2009年ドル価値, %, 構成比変化ポイント)

産業・部門	2009年		2013年		2009年を100とする2013年の指数	2009年から2013年にかけての構成比ポイント変化
	実数	構成比	実数	構成比		
農林漁業・狩猟	137,655	1.0	145,022	0.9	105.4	▲0.03
鉱業	290,349	2.0	332,740	2.1	114.6	0.10
電気・ガス・水道等	250,785	1.7	281,855	1.8	112.4	0.05
建設業	577,295	4.0	581,584	3.7	100.7	▲0.30
製造業	1,726,712	12.0	1,862,622	11.9	107.9	▲0.12
卸売業	822,846	5.7	907,616	5.8	110.3	0.07
小売業	842,134	5.8	902,835	5.7	107.2	▲0.09
輸送・倉庫業	398,843	2.8	440,554	2.8	110.5	0.04
情報業	705,347	4.9	781,574	5.0	110.8	0.08
金融・保険・不動産業	2,874,032	19.9	3,147,726	20.0	109.5	0.10
専門・ビジネスサービス業	1,661,133	11.5	1,895,021	12.1	114.1	0.54
教育・医療サービス業	1,214,033	8.4	1,281,315	8.2	105.5	▲0.26
芸術, レクリエーション, 娯楽サービス	522,304	3.6	586,056	3.7	112.2	0.11
その他サービス (政府部門除く)	329,510	2.3	331,359	2.1	100.6	▲0.18
政府部門	2,065,760	14.3	2,049,317	13.0	99.2	▲1.28
合計	14,418,738	100.0	15,710,295	100.0	109.0	

出所: Department of Commerce, Bureau of Economic Analysis [annually f] より筆者作成。

卸売業 (0.07), 電気・ガス・水道 (0.05) である。以上のデータの検討からは, オバマ政権期, 単に景気と産業付加価値が回復したというだけではなく, 以下の構造変化が進行していることもうかがえる。第1に,「鉱業」データからは, シェールガスおよびオイル開発が進んだこと, 第2に,「電気・ガス・水道」データからは, 2009〜10年を中心として環境・エネルギー産業の若干の活況が見られることである。これはいずれも4節で分析するオバマ政権の環境・エネルギー政策推進と関連する新展開と言える。第3に, 専門・ビジネスサービス業, 情報業成長というデータからは, 現代アメリカにおいて技術高度化と知識社会化が進んでおり, 社会的分業が深化していることと結果として産業構造のサービス化がいっそう進行したこと, 第4に, 芸術・レクリエーション・娯楽の成長からは, 対人サービス業の伸びという長期的変化と同時に余暇・レクリ

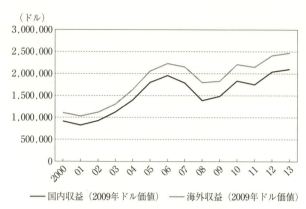

図 2-1 アメリカ企業税引き前利益の推移（実質）（国内・海外収益別・2009年ドル価値）
出所：Department of Commerce, Bureau of Economic Analysis [annually a] より筆者作成。

エーション活動の拡大がうかがえる。芸術の拡大は、伝統的な芸術活動のみならず映画産業の拡大も意味しそれ自体がクリエイティブ活動の拡大を意味するが、最近アメリカにおいてイノベーション活動が拡大しており、それと密接な関係を有する芸術産業が拡大していることも示唆される。第5に、後述オバマ政権の重視する製造業であるが、付加価値額は確かに伸びているものの、全産業合計よりも伸びは低くウェイトを若干落としていることである。政権の意図や希望とは異なり、少なくとも確定データの得られる2013年時点までは、付加価値ベースで見た産業構造は、よりサービス業傾斜を強めていると言えるだろう。

回復した企業利益と海外収益の高まり

続いて産業の担い手である企業利益額の推移を、図2-1より検討していこう。図からはブッシュ政権期の増加ペースよりは落ちるが、2009年から企業利益は次第に回復していること、2012年には2006年水準を超え、最高額を更新しその後も増加していることが確認できる。企業利益ベースみた場合、たしかにアメリカ産業は復活してきたと見て良いだろう。

続いて図2-2より、利益額上位10産業の産業別企業利益の推移を検討しよう。図からは、先にみた産業別付加価値データとはやや異なる構図が浮かび上

第2章　産業構造と産業政策

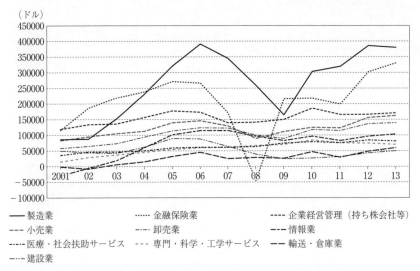

図2-2　利益上位10産業の企業利益推移（実質）2009年ドル価値
出所：図2-1と同じデータより筆者作成。

がってくる。第1に，製造業が2009年に一時逆転されたものの復活し，その後は第1位のポジションをキープしている。第2に，金融業が2008年に赤字に転落したがその後回復し第2位の地位を保持している。第3に，情報業，専門・科学・工学サービス，医療・社会扶助サービスは，それぞれブッシュ政権期とほぼ同じ順位を維持しており，利益額では製造業，金融業よりも劣るが，一定の地位を占めていることが確認できる。なお小売業，卸売業も利益を伸ばしており，リーマン・ショック後の消費回復に伴う商業の復活も確認できる。

　図2-1よりうかがえる構造変化として重要なのは，「ブッシュ政権期よりもさらに海外収益比率が高まる傾向にある」ということである。既往研究で指摘されるように，アメリカグローバル製造業企業はブッシュ政権期に急速にアウトソーシング，オフショアリングを推し進めた（妹尾［2009］）。また製造業に限らず，たとえばスターバックスなどの対人サービス業（飲食業）企業もブッシュ政権期にグローバル展開し高収益体制を構築した。このように米グローバル企業は大不況時のアメリカ国内での収益落ち込みを新興国等海外収益拡大で補った。大不況を経てオバマ政権期には，よりグローバルに稼ぐ体制に進化し

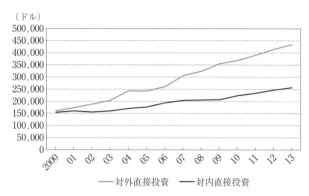

図 2-3 対外直接投資・対内直接投資の動向（100万ドル，2009年ドル価値）
出所：Department of Commerce, Bureau of Economic Analysis [annually c] より筆者作成。

ていることが示唆される。図2-2よりうかがえる重要なポイントは，製造業の利益額が大きいこと，金融危機後，金融業企業が利益を回復していることである。特に製造業の大収益はオバマ政権の製造業重視政策の根拠となっていると考えられ（Lipscomb [2010]），その動向を分析するのは重要である。このため第3節で製造業回帰の実態を，第4節でオバマ政権の政策を分析していく。

対外直接投資・対内直接投資の動向

図2-3からは2009～13年のアメリカ産業の海外投資はブッシュ政権期とほぼ同じペースで増加していること，アメリカ企業がグローバル展開を着実に進めていることが確認できる。他方，図からは対内直接投資は2009年以降ペースを高めており，オバマ政権期に「投資吸引傾向」をやや強めていることが分かる。マクロデータに基づく考察に限定されるが，オバマ政権期にもアメリカ産業とその担い手である企業はグローバル展開を加速しており，対内直接投資はやや増加ペースを速めている。データからは，この時期アメリカ産業はグローバル展開とともに海外投資吸引によるアメリカ国内産業の強化を同時に進めていると解釈できる。

第2章　産業構造と産業政策

表2-2　2009〜13年全産業（民間）雇用（従業者）の推移（自営業等含む）

産　業	2009年	2009年雇用構成	2013年	2013年雇用構成	2009-2013年の変化（2009年を100とする2013年の指数）
農林漁業・狩猟	153,829	0.1	154,496	0.1	100.4
鉱　業	604,653	0.5	732,186	0.6	121.1
電気・ガス・水道等	641,552	0.6	638,575	0.5	99.5
建設業	5,967,128	5.2	5,470,181	4.6	91.7
製造業	11,632,956	10.2	11,276,438	9.5	96.9
卸売業	5,827,769	5.1	5,908,763	5.0	101.4
小売業	14,802,767	12.9	15,023,362	12.7	101.5
輸送・倉庫業	4,159,604	3.6	4,287,236	3.6	103.1
情報業	3,288,109	2.9	3,266,084	2.8	99.3
金融・保険業	6,171,240	5.4	6,063,761	5.1	98.3
不動産業・リース・レンタル業	2,036,590	1.8	1,972,105	1.7	96.8
専門・科学・工学サービス	7,839,965	6.8	8,275,350	7.0	105.6
企業管理（持ち株会社等）	2,853,450	2.5	3,098,762	2.6	108.6
管理・廃棄物処理サービス	9,060,987	7.9	10,185,297	8.6	112.4
教育サービス	3,200,553	2.8	3,513,469	3.0	109.8
医療・社会扶助サービス	17,531,142	15.3	18,598,711	15.7	106.1
芸術・娯楽・レクリエーションサービス	2,010,339	1.8	2,112,000	1.8	105.1
宿泊・飲食業	11,443,293	10.0	12,395,387	10.5	108.3
その他サービス（政府部門を除く）	5,264,429	4.6	5,282,688	4.5	100.3
分類不能等調整値	19,271	0.0	11,402	0.0	59.2
合　計	114,509,626	100.0	118,266,253	100.0	103.3

出所：Department of Commerce, Bureau of the Census［1999］,［2005］,［2009］,［2015］より筆者作成。

（2）従業者（雇用）の担い手としての産業

サービス部門に依存した従業者（雇用）の回復

引き続きアメリカ産業構造の変化が国民経済面に与える影響を，従業者（雇用）面の検討を通じて考察していこう。なお従業者とは経営者，自営業者と非雇用者を合わせた概念であり，表2-2は従業者数を，表2-3は雇用数を表している。表2-2と表2-3では若干の概念のずれがあるが，本章では簡便化のために以下，従業者（雇用）として一括して表記する。表2-2によると，2009年から2013年にかけて，アメリカ産業従業者は1億1450.9万人から1億1826.6万人へ，指数103.3へとやや増加した。2013年段階では，大不況により

表 2-3　2013～15年のアメリカ産業別雇用（非農業部門） （1000人）

産業・部門	2013年4月	2015年8月	2013年4月-2015年8月増減数	増加寄与率
鉱業	580	820	240	2.8
建設業	5,630	6,391	761	9.0
製造業	11,916	12,326	410	4.8
卸売業	5,656	5,920	264	3.1
小売業	14,827	15,700	873	10.3
輸送・倉庫業	4,375	4,793	419	4.9
電気・ガス・水道業等	553	565	12	0.1
情報業	2,680	2,790	110	1.3
金融保険業	5,821	6,060	239	2.8
不動産業・レンタル・リース業	1,925	2,096	171	2.0
専門技術サービス業	7,839	8,689	851	10.0
企業経営管理（持ち株会社等）	2,007	2,229	222	2.6
教育サービス	3,346	3,462	116	1.4
医療・社会扶助サービス	17,267	18,671	1,404	16.5
芸術・娯楽・レクリエーション等	1,965	2,165	200	2.4
宿泊・飲食業	11,735	13,027	1,292	15.2
その他サービス	5,418	5,614	196	2.3
民間計	111,822	120,249	8,427	99.2
政府	21,913	21,997	84	1.0
非農業部門雇用計	133,753	142,246	8,493	100.0

注1：四季調整済み。
注2：執筆時点で最新の実績値が取れるデータを集計。
出所：Department of labor, Bureau of Labor Census [monthly] より筆者作成。

失われた雇用（640万人）の半数強（375.7万人）の回復にとどまっていることが分かる。[8]

　産業別にみた従業者（雇用）数変化の趨勢は以下の通りである。増加比率が大きかったのが鉱業（指数121.1），管理・廃棄物処理サービス（112.4），教育サービス（109.8），企業管理（持株会社等：108.6），宿泊・飲食業（108.3），医療・社会扶助サービス（106.1），専門・科学・工学サービス（105.6），芸術・娯楽・レクリエーション（105.1）等である。これらの産業は総従業者（雇用）に占める構成比でもウェイトを増している。絶対数では医療・社会扶助サービスの106.7万人増が最も多い。他方，卸売業（101.4），小売業（101.5）は予想されたほど雇用数を増加させておらず，大収益を挙げていた製造業，金融保険業，情

報業は従業者（雇用）数を減少させている。

　全体を見るといわゆるサービス産業の雇用が拡大していると言える。専門・科学・工学サービス，企業管理（持ち株会社等），管理・廃棄物サービス，教育サービス，医療・社会サービス，芸術・娯楽・レクリエーション，宿泊・飲食業というサービス産業が雇用を増加させている。なかでも教育サービスは指数108.6と高い伸びを示しており，絶対数では医療・社会扶助サービスの84万人増が最も多い。企業管理，管理・廃棄物サービスの増加は既存企業の持ち株会社化，既存企業の管理業務や廃棄物処理のアウトソーシングが増加していることを意味しており，総従業者（雇用）絶対数を増加させる新しい産業が登場したというよりも，既存企業の管理業務のアウトソースが増加した結果ととらえたほうが良いだろう。専門・科学・工学サービス増と芸術・娯楽・レクリエーション産業の増はここ数十年継続する傾向であり，それぞれ知識社会化，生産性向上に伴う余暇活動の重要性の高まり，社会的分業の深化を含意している。オバマ政権期においてもこれまでと同様に従業者（雇用）増が主としてサービス業によって担われる傾向は変わっていないと言える。

限られる製造業の雇用創出

　さらに表2-3に基づき2013年4月から執筆時点での最新確報データとなる2015年8月までの直近の雇用動態を検討していこう。なお表2-3は労働省雇用統計であり従業者数を示す商務省統計である表2-2とは直接比較はできないが，代わりに最新の雇用動向を検討することができる。表2-2によると2013年以降，民間部門雇用は849.3万人増加，1億4224.6万人に達しており，金融危機前最多の2007年8月水準（労働省統計で1億3805.3万人）を凌駕していることが確認できる。なおこの時期の増加寄与率上位は，表2-3にあるように医療・社会扶助サービス（16.5％），宿泊・飲食業（15.2％），小売業（10.3％），専門技術サービス業（10.0％），建設業（9.0％）であり，製造業（4.8％）は2010年の金融危機後最低値からすると確かに回復してきたが，寄与はそれほどないと言える。詳細は後述するが，オバマ政権の重視する製造業による雇用創出は，執筆時点では政権第2期公約（100万人）に達せず，限定的である。

　このように表2-3からは，アメリカの直近の雇用増が，主として高齢化や社会的分業の進化に伴うサービス業の成長，景気回復に伴う個人消費拡大によ

表2-4 アメリカ製造業・全産業の海外雇用比率・外資系雇用比率 (%)

産　業	海外雇用比率（アメリカに本社がある企業の海外雇用数／国内雇用数）			外資系企業雇用比率（外資系企業のアメリカ内雇用数／国内雇用計）		
	2001年	2009年	2012年	2001年	2009年	2012年
製造業	31.9	46.6	51.3	15.9	18.6	20.8
全産業計	8.5	11.4	12.1	5.4	5.2	5.5

出所：表2-2と同じデータおよびDepartment of Commerce, Bureau of Economic Analysis [annually e] より筆者作成。

る対人サービスの伸びによって担われていることが確認できる。先に注目した鉱業（2.8%）は，2014年後半以降のシェールブームの沈静化に伴い直近ではそれほど雇用を増やしていない。情報業，金融・保険業の寄与は小さく，これらの業種は，産業別付加価値，企業利益は増加していても，直接的な国民経済的寄与はサービス業ほどないと言えるだろう。(10) このように従業者（雇用）の観点からは，アメリカ経済はますますサービス業に傾斜しつつあると言える。

（3）新動態——シェール革命・グローバル化・イノベーションと創造産業
シェール革命のインパクト
　表2-2にある通り，2009年から2013年にかけて鉱業（60.4万人から73.2万人へ増，指数121.1）は従業者を急増させた。これはシェールガス・オイル開発が本格化し，事業所数と従業者が急速に増加していることによる（Department of Commerce [2002], [2007], [2012]）。しかし表2-3で検討した通り直近の鉱業の雇用増は鈍化している。また従業者の絶対数が少ないため（総従業者の約0.6%），総従業者（雇用）への寄与はあまりない状態である。
グローバル化が進むアメリカ産業従業者（雇用）
　グローバル化が従業者（雇用）面でどの程度進行しているのかさらに検討していこう。表2-4によると，2012年に全産業の海外雇用比率（アメリカに本拠を置く企業の海外雇用数／国内産業雇用数）は12.1%に達するなどアメリカ企業の海外展開は進んでおり，他方で米国内産業従業者（雇用）のうち外資系企業雇用比率も5.5%に達している。第3節で詳述する製造業に限定すると2012年には海外雇用比率は50%を超える51.3%，外資系雇用比率は20.8%に達している。このような傾向はアメリカへの外資系企業の進出が本格化した1970年代から

1980年代以降進展したが，表2-4からは2009年から2012年の3年間でもそれぞれ高まっていることが分かる。オバマ政権期，従業者（雇用）面でのグローバル化がさらに進んでいると言える。なお製造業よりも比率は20ポイント以上下がるが，情報，金融など他産業でも基本的には上昇傾向にある。このように，現状ではアメリカ企業の海外雇用のほうが遙かに多い段階であるが，オバマ政権期に対内直接投資をやや引きつけ，国内従業者（雇用）比率を若干増やしていることが分かる。直接投資交流が拡大しそれによって雇用が担われるという状況は，不可逆的に進行しているわけである。

イノベーションの重要性の高まりと創造産業

Moretti [2012]，山縣 [2012] が指摘するように，21世紀に入り先進国で雇用と所得を維持するために，イノベーションの重要性がいよいよ高まっている。上記のようなグローバル化の進展する中，アメリカ製造業は国内で製造に雇用はそれほど回復させなかったが，本社，研究開発などでイノベーション活動に関わる雇用は維持拡大している。表2-2からも専門知識投入に関わる専門・科学・工学サービス，人的資本育成に関わる教育サービス，イノベーションを間接的に支える芸術・娯楽・レクリエーションサービスの従業者（雇用）が伸びていることが確認できる。芸術活動はイノベーションに対する投入要素としての側面もあることから，イノベーション活動とともに拡大する傾向も見られる。このような動向は全米一括のマクロデータではそれほど顕著に確認出来ないが，イノベーション活動が集中するサンフランシスコおよびシリコンバレー（サンノゼ），ボストン，ニューヨーク等の都市圏では有意あるいは明示的に確認できる。

以上の従業者（雇用）数の趨勢は，基本的には従来から指摘される技術高度化，社会的分業の深化，グローバル化という20世紀後半以来の構造変化が継続しているという解釈も成立しうるが（浅羽 [1996]），現代ではイノベーション活動の重要性の高まりという視点からの評価も必要になっていると考える。

3　製造業回帰の実相

（1）製造業付加価値額・利益・従業者（雇用）動態
付加価値の増加・回復する大利益・限定的な従業者（雇用）増

続いてオバマ政権が重要視する製造業の動態について，本節でやや立ち入って検討していこう。なお紙幅の都合上，本節では図表の検討は省略し，概要のみ論じることとする。まずは第2節の復習になるが，表2-1にある通り製造業付加価値額は指数で107.9へとやや増加していた。また図2-2にある通り企業利益では2009年を除き産業別でトップの地位となる大きな収益を上げていた。このように付加価値額，企業利益では回復したに見えるアメリカ製造業であるが，労働省雇用統計（Department of Labor, [monthly]）では2001年8月の1644.0万人から2010年8月には1152.8万人へ491.2万人減少したあと，2015年8月に1232.6万人にようやく回復したにとどまる。2010年以降の業種別雇用増減数を見ると，一次金属（製鉄業などに相当），輸送用機械，飲料・たばこ，機械，プラスチック・ゴム製造業が増加し，それ以外の業種は減少している。従業者（雇用）に着目すると，2010年を底として製造業国内従業者・雇用は十分には回復していないというのが現実である。国内消費関連の「飲料・たばこ」以外は，航空機，自動車，スマートフォン生産関連の限られた業種のみが回復している状態である。これはなぜだろうか。たしかに大不況後には「製造業回帰」と見なしうる事例が確認でき，今後進む可能性も指摘されているにもかかわらず，である（Boston Consulting Group [2011], [2014]）。以下このような製造業回帰の意味するところをやや立ち入って検討していこう。

（2）製造業の対外・対内直接投資と製造拠点の新設・増設動向
製造業対外・対内直接投資の推移

まずアメリカ製造業の対外直接投資，対内直接投資の動向を検討していこう。紙幅の関係上，図表，詳細資料は掲載できないが，製造業に限定したデータを検討すると，2000年代以降，海外直接投資額はそれほど増加しておらず，対内直接投資額が上回る状態が続いていた。2012年以降は海外直接投資額が対内直

接投資額を凌駕しかつ増加ペースが高まるなど，直近ではむしろ海外直接投資が強化されている（Department of Commerce [annually e]）。他方，製造業対内直接投資もオバマ政権期に入ると増加ペースを高めており，たしかに投資呼び込みに成功していることがうかがえる。このようにアメリカ製造業がグローバル投資を強化する中，アメリカに対する製造業対内投資も行われている状況として，まずは製造業回帰をとらえたほうが良い。

米国内製造拠点新設・増設の趨勢

では米国内製造拠点の新設・増設（既存工場の設備増強）動向を量的，質的に検討していこう。アメリカには日本のような工場立地統計が存在しておらず，民間企業作成のものであるが製造拠点の新設，増設数を網羅できるデータが存在している（The Conway Data [quarterly]）。また工場閉鎖や縮小は，統計データが政府，民間とも収集されておらず，統計的に実態を把握することは困難である。The Conway Data [quarterly] によると，米国内製造拠点の新設・増設数は2008年の3436件から2010年の3830件とやや増加している。しかしその後は減少傾向にあり，2012年以降は平均して年3000件強と，2008年水準よりも低い水準にとどまっている。データからは2000年代以降，製造拠点の新設・増設は3000件程度コンスタントにあり，2010年にかけて一時的にやや増加した，というのが実態であったと考えられる。

「本格的に雇用が回復しない」のはなぜか

では，米国内で製造拠点の新設・増設が進んでも2015年8月時点で「本格的な雇用回復には結びついていない」のはなぜだろうか。筆者は「製造拠点の新設・拡張が行われているのは事実であるが，雇用増加に繋がりにくい」という構造があるためと考えている。第1に，たしかに製造拠点は新設・増設されているが，その裏面で米国内の老朽化した製造設備のスクラップがかなり進んでいるためである。特に北東部，中西部における工場閉鎖，生産縮小は最近でも続いており，全体として見るならば，製造拠点の「スクラップアンドビルド」が米国内で継続しているわけである。[18]

第2に，新設・増設される新鋭工場や設備では自動化が進み旧工場よりも労働力を必要としないことである。聞き取りによれば加工組立系産業の場合，産業用ロボットへの置き換え，IT技術の導入により省力化が急速に進められて

いる。グローバル化のなかで競争力を保つために設備更新と省力化が絶えず進められていることが,「製造拠点は増えても雇用は増えない」という現象を生み出していると考えられる。

くわえて製造拠点の新設,増設に伴い,次のような事態が進行していることにも注目しておきたい。データベースからGE(ケンタッキー州),キャタピラー(ジョージア州),ボーイング(ワシントン州)のケースが確認できるが,いずれも立地の際の条件として賃金と福利厚生のカットが行われている。同様の傾向が製造業全体としても進んでいると考えられる。傍証になるが2009年以降,すくなくとも2013年までは製造業賃金と労働分配率の抑制あるいは低下傾向が続いている。たしかにこのような対応は米国内製造業のコスト競争力強化に寄与すると考えられるが,いわゆる「底辺への競争」に近い現象を生み出しているとも言える。

なおFRBの量的緩和政策に伴い2009年から2012年頃まで進んだドル安の効果を除けば,製造拠点の新設・増設に後述オバマ政権の政策はあまり寄与していないと考えられる。データベースを分析する限りでは,拠点が増加した要因は,外的要因としては中国における労働コスト上昇,カントリーリスク増大,内的要因としてはシェール革命に伴う米国内エネルギー・原料価格低下,賃金抑制や福利厚生費のカットによるコスト競争力回復,景気回復に伴う米国市場の活況と為替リスク回避,企業サイドのサプライチェーン効率化やリードタイム短縮というグローバル開発生産体制の効率化であり,政策的要因はほとんど確認できない。第4節で論じるが,オバマ政権が実効性のある製造業回帰促進政策を実施できなかったためであろう。

4 オバマ政権による競争力政策・産業政策の展開

(1) オバマ政権第1期(2009～12年)——リベラル政策の推進

オバマと民主党の競争力政策,産業政策のベースには「ハミルトン・プロジェクト」(ブルッキングス研究所)における研究を重視するなど,1990年代民主党市場主義中道派(いわゆるニューデモクラッツ)から引きついだ競争力政策がある(Obama [2006])。そのうえで近年の民主党内におけるリベラル化傾向の

強まりを受け，再生可能エネルギーを重視した環境エネルギー政策などリベラル色の強い政策も推進していると考えられる（砂田［2009］）。以下この基本構図を念頭において分析を進めていこう。

アメリカ復興・再投資法（ARRA2009）とそのインパクト

オバマ政権と議会民主党は，表2-5にある第111議会（2009〜10年）において，まず史上最大規模の緊急経済対策（8310億ドル）である2009年アメリカ復興・再投資法（以下 ARRA）を成立させ，その中にリベラル派の重視するインフラ投資，教育投資，再生可能エネルギーへの投資という3重点政策を盛りこんだ（砂田［2009］）。表にある通り第111議会は上下両院ともに民主党が多数派を占めており，オバマ政権と民主党は ARRA を共和党の意向をほぼ無視して成立させた。ARRA に約500億ドルの再生可能エネルギー関係の研究費が含まれていたことは，オバマ政権の環境エネルギー分野重視の姿勢として期待され，2で分析した一時的な環境エネルギー関連産業ブームを喚起した。

気候変動法案・基礎研究重視の連邦政府研究開発費・党派対立激化

オバマと民主党は，続いて気候変動法案（ワックスマン・マーキー法案）を議会に上程した。同法案は表2-5にある通り温暖化ガスの排出抑制，排出権取引をオークション形式で行い，おおよそ1500億ドルに上る環境エネルギー分野での研究開発投資の大部分を調達することをもくろんでいた。しかし共和党が医療保険改革法案をつぶすための党派戦略に基づき強硬に反対し，産炭州や温暖化ガス排出産業を選挙区に抱える下院民主党議員も反対に回った。オバマと下院民主党指導部は排出権の85％程度を産業界に無償供与することで民主党内をとりまとめたが，表にある通り民主党は賛成217対反対29，共和党は賛成0対反対176と僅差で下院を通過するにとどまった。同法案の「骨抜き」に対し民主党上院議員がより厳しい温暖化ガス排出規制法案を上院で提案し，両院協議がまとまらなかった。結果として気候変動法案は成立せず，連邦レベルの環境エネルギー政策推進は頓挫，再生可能エネルギー開発など環境エネルギー産業の活況は一時的な現象にとどまった。

他方競争力政策関連ではオバマ政権と民主党が国防関連研究費を抑制，エネルギーと基礎研究を重視する連邦研究開発予算を提案した（NSF［annually a］）。この方針は国防を重視する共和党保守派のイデオロギー的反発を招き，医療保

表2-5　主要競争力・産業政策法案・予算の内容と審議結果

議会・多数派	重要法案名・予算	主要な内容	大統領府・議会の動向
第110回議会（2007-2008年）大統領：G.W.ブッシュ（共和）　上院多数党　共和党　下院多数党　民主党	2007年アメリカ競争法 The America COMPETES Act	2000年代競争力政策論争をふまえ，東アジア諸国，新興国の研究開発能力の台頭に対抗するため，人的資本投資，研究開発投資，医療保険改革，イノベーション環境の抜本的強化を目指す。	下院共和党保守派は強硬に反対，大統領府，下院共和党穏健派，上院共和党，民主党の賛成で成立　特に過去の産業政策論争と競争力政策の合意経験のある上院議員がイニシアティブを発揮して<u>超党派合意</u>
第111回議会（2009年-2010年）大統領：オバマ（民主）　上院多数党　民主党　下院多数党　民主党	2009年アメリカ復興・再投資法案 ARRA2009	金融危機に伴う大景気後退への対策として，8380億ドルの景気対策を行う。環境エネルギー投資，医療保険改革，教育改革という民主党リベラル派が重視する3分野を含める。	上下両院ともに共和党議員は<u>全員反対，民主党の賛成のみで可決</u>
	2009年気候変動法案	ARRA2009につづき環境エネルギー分野への投資を行い，温暖化ガスの排出を抑制するため，排出権取引制度を創設する。排出権取引により得た資金を中心に，10年間で1500億ドル程度，環境エネルギー分野に投資を行う。	共和党議員は全員反対。下院民主党内で合意とりまとめのため，排出権の85％を無償供与するなど大幅妥協するも，産炭州選出議員を中心に下院民主党議員の一部が反対。僅差で下院通過するが，上院民主党議員がより厳しい排出権の設定を求め，<u>廃案</u>
第112議会（2011-2012年）大統領：オバマ（民主）上院多数党　民主党　下院多数党　共和党	2013年予算教書（2012年2月）	2007年アメリカ競争法の枠組みを活用，PCAST提言に基づき設立された先進製造業パートナーシップ（AMP）2.0にもとづき国立標準技術局（NIST）のもとに研究機構を設置，各省庁・エージェンシーの既存プログラムを活用しつつ，全国製造業イノベーションネットワークに1000億ドルの予算を確保（10年間で）	共和党保守派の反対により，予算が大幅に圧縮され，オハイオ州ヤングスタウン（積層造形技術拠点），（パワーエレクトロニクス拠点）の<u>2拠点のみしか展開できず。</u>
第113議会（2013-2014年）大統領：オバマ（民主）上院多数党　共和党　下院多数党　共和党	アメリカ製造業再生・イノベーション法	2013年予算教書で表明されたプログラムを継承，発展させる。先進製造業パートナーシップ（AMP）2.0にもとづき国立標準技術局（NIST）のもとに研究機構を設置，各省庁・エージェンシーの既存プログラムを活用しつつ，全国製造業イノベーションネットワークに600億ドルの予算を確保（7年間のみ）。超党派で予算を担保する法案提出。	大統領府の意向，産業界からの要求および各議員選挙区への科学技術投資誘導になるという地域利害をくみ取り，<u>民主，共和両党議員（おおよそ半数ずつ，合計100名）の超党派で提案。国防関連の企業，生産・材料技術開発にも寄与すること，連邦政府投資を7年間に限定し予算を60％に圧縮することで共和党保守派議員が妥協，成立</u>

出所：河音・藤木編［2008］，砂田［2009］，The Library of Congress［2015］，CQ Press［weekly］，CQ Press［quarterly］，CQ Press［annually］および，Advanced Manufacturing Partnership Steering Committee［2015］，その他報道資料より筆者作成。

険改革で両党の関係が決定的に悪化したこともあり，これ以降新規立法でオバマ政権と民主党がリベラルよりの政策を進めることは困難になった。このため2010年秋以降，オバマ政権と民主党は2007年アメリカ競争法や各省庁の既存プログラムなど既存の枠組みを活用する路線にシフトした。

製造業回帰促進政策へ

表2-5にある第112議会（2011〜12年）では，2010年頃からアメリカへの製造業回帰とその可能性が注目を集めたこともあり（BCG［2011］），オバマ政権は製造業回帰の促進，それによる輸出増，雇用創出を重視しはじめた。背景には第4章，第5章で論じられているように，製造業強化・再生によりミドルクラス再生を目指すという民主党リベラル派の大戦略があった。具体的政策としては表2-6にある国家輸出計画（NEI），TPP（環太平洋経済連携協定）交渉参加，セレクトUSAプログラム展開，製造業を優遇した法人税減税，研究開発投資減税の恒常化である。このうち既存プログラムの活用だけで済む国家輸出計画，TPP交渉参加，セレクトUSAプログラム展開をオバマ政権はすぐに実行に移したが，表にある内容から分かる通り製造業企業に国内回帰に向けた有効なインセンティヴを与えるものではなく，その効果はかなり限定的であった。他方，製造業企業の国内回帰に直接的なインセンティヴを与える法人税制改革（研究開発減税恒久化，法人税減税，国際課税制度改革）は，中間選挙で共和党議員が増加し党派対立がよりいっそう激化する中，共和党保守派の反対により，法案を議会に上程できず実現できなかった。

先進製造業重視の競争力政策へのシフト

このように新規立法が困難となる中，オバマ政権は2007年アメリカ競争法など既存フレームワークに基づく各省庁プログラムを活用する競争力政策推進を重視した。先進製造業（Advanced Manufacturing）重視の競争力政策である（PCAST［2011］）[24]。戦略の中核として策定された先進製造業パートナーシップ計画（AMP）は全米製造業イノベーションネットワーク（以下NNMI）を展開するが，NNMIはアメリカ競争法の枠組みと国立科学財団（NSF），国防高等研究所（DARPA），エネルギー省（DOE），国防総省（DOD），国立標準技術局（NIST）の予算を活用するプロジェクトであった。オバマは積層形成技術（3Dプリンタ）・パワーエレクトロニクスなどの「イノベーションハブ」を6カ所設

表 2-6　製造業回帰・強化のための通商政策，税制改革案

表明の場・資料	政策名	主要な内容・経緯
2010年一般教書演説	国家輸出政策（NEI）	5年間で輸出を倍増させ，200万人の雇用（農業，中小企業）を創出する。連邦政府省庁の既存プログラムの横断的活用（輸出促進閣僚会議創設），輸出入銀行融資枠拡大，通商政策で自由で公平な市場アクセスを確保。為替レートも注視。
2010年一般教書演説に基づく輸出振興閣僚会議議事録に参加と締結を明記	環太平洋経済連携協定交渉（TPP）参加	加盟国間の関税，非関税障壁の大幅な削減，投資促進，知的所有権保護など。2015年秋，各国の意向をくみ入れ，関税等を分野・期間で見てやや残す形で大筋合意。
2011年6月大統領令	セレクトUSAプログラム	アメリカへの投資に関わる情報提供やアドバイスを連邦政府が行う（予算700万ドル）。2007年にできた商務省プログラム・部署「Invest in America」の活用。
2012年2月発表の財務省2013年度歳入案概説，ホワイトハウス・財務省の共同文書「事業税改革に向けた大統領のフレームワーク」	連邦税制改革(1)2011年末で失効する研究開発費減税の恒久化，(2)法人税減税提案，(3)移転価格税制の悪用に対する課税強化案	(2)は現行35%の法人税を28%へ（製造業企業は25%）減税。(3)は現行グローバル企業には在外子会社の内部留保を認めているところを，在外子会社所得発生時に課税し，アメリカへの回帰を促す政策。いずれも共和党保守派の反対で議会上程できず。

出所：Barack Obama [2011], Department of the Treasury [2012], Establishment of the SelectUSA Initiative [2013], The Library of Congress [2015], The White House and the Department of the Treasury [2012], The White House Office of the Press Secretary [2010], より筆者作成。

置することを主張したが，表2-5にある通りオバマ政権の弱体化を狙う共和党保守派の強硬な反対により，科学技術予算と支出が大幅に圧縮され，オハイオ州ヤングスタウンの積層形成技術（3Dプリンタ）イノベーションハブなど2カ所の設置にとどまった。

なお上記の高次製造業のイノベーション促進政策が拠点都市圏で展開する政策となっているのは，21世紀アメリカ競争力政策，産業政策がイノベーション実現の場として都市圏レベルの産業クラスター形成やイノベーション・エコシステム構築を重視しているからである（山縣 [2008], Council on Competitiveness [2002]）。

(2) オバマ政権第2期——党派対立のもとでの競争力政策の部分的実現
先進製造業イノベーション政策の提起と RAMI 成立

　2012年末大統領選挙はオバマが小差で勝利したが，表2-5にある第113議会での民主党勢力はさらに減少し，大統領と議会の対立が恒常化した。このためオバマ政権および民主党は，第112議会と同様に，2007年アメリカ競争法に関連するプログラムなど既存の連邦政府各省庁プログラムを活用し競争力政策を進めようとした。第113議会においてオバマは先進製造業イノベーションハブを2から大幅に増やすことを主張した（The White House [2013]，[2014]）。また高次製造業の対象を，第1期に重視していた3Dプリンタ，パワーエレクトロニクスに加えて，軽量合金，設計から生産までを短縮する製造技術革新などに拡大し，先進製造業パートナーシップ2.0に拡充，多数の製造業イノベーションハブを設置しようとした（PCAST [2013]，AMP [2015]）。しかし表2-5にある第113議会における党派対立の激化と予算削減により，連邦政府研究費投資は抑制され（NSF [annually b]），先進製造業重視の競争力政策は十分に展開できない状態が続いた。なお大不況後，グローバル競争を繰り広げるアメリカ産業の研究開発費は増加しており，イノベーションのための研究開発投資を増加せざるを得ない製造業を中心とした産業界の不満が高まった。また政府，アカデミア，議員ともに次世代製造業が海外流出し，グローバル競争に敗北することに対する危機感が高まった。このため第113議会後半（2014年秋）から事態が動きはじめた。オバマ政権提案を踏まえ，民主・共和両党の超党派提案で2014年アメリカ製造業再生・イノベーション法（以下 RAMI）が議会に上程され成立したのである。

　RAMI はオバマ政権提案と比較すると予算の60％への圧縮，7年間に連邦政府の支出を限ること，国防技術開発への寄与を担保するなど共和党保守派へ妥協した内容となっている。RAMI により推進される AMP2.0は2011年 AMPと比較して，新たに農務省（DOA）が加わった上で，先進製造業として IT 技術（デジタル設計，積層形成，ネットワーク技術応用製造技術など），次世代材料技術，エネルギー領域に拡張し，イノベーションハブのコアとなる研究機構の設置数を45程度に拡大すること，スタートアップ企業助成や投資マッチングサポートを拡大すること，つまり研究開発のみならず製造機能も集積する産業クラ

スターを形成しようとしており，研究・技術開発人材のみならず製造現場で活躍できる人材を育成し製造業雇用を拡大することも目標に掲げていた。[28]

RAMI はなぜ成立しえたのか

なおこの時期に超党派合意と議会通過が可能となったのは，下記の理由によると考えられる。第1に，連邦政府研究開発費の削減や抑制に対して製造業を中心とした産業界が先進製造業強化政策の展開を強く要求したからである。第2に，ドイツでインダストリー4.0政策が推進されるなど，製造業イノベーションをめぐる欧米競争が激しくなっていたことである。政権，議会にとってもドイツ製造業との競争を考えた場合，競争力政策を実現することがますます急務となっていたと言える。第3に，大統領府と議会の関係が変化したためである。2014年秋中間選挙で上下院ともに共和党が多数を占め，共和党による大統領府の奪還も視野に入ってきた。このため共和党保守派もオバマと民主党に対する徹底した対立路線を転換し，産業界の意向も反映した現実路線に転換しはじめた。

このように4年間にわたり党派対立に巻きこまれ停滞したものの，第113議会の末期には産業界の強い要求と政治環境の転換により，先進製造業重視の競争力政策が部分的に実現したと評価できる。第1節で整理したように，競争力政策，産業政策領域は産業界との関係が他領域よりもやや密接であったことに加え，民主党勢力が減少し共和党が優位になるなか，皮肉にも政策実現に向けた超党派合意が可能になったのである。

5　挑戦の帰結──進む構造変化・限られる政策効果・理念と現実の隘路

最後に，オバマ政権期の産業構造動態に関する分析とオバマ政権の積極的産業政策と競争力政策の展開をまとめ，本書の表現でいう「リベラルの挑戦」を評価していこう。

（1）不可逆的に進む産業構造高度化

まず産業構造動態の趨勢である。本章の分析からは，技術高度化，社会的分業の深化，グローバル化が進行しており，それがサービス産業の拡大という産

業構造高度化をもたらしていることが指摘できる。オバマ政権期，付加価値，企業利益，従業者（雇用）をかなり伸ばした産業として，専門・ビジネスサービス，医療・社会扶助サービスがある。いずれも知識社会化や社会の成熟化を反映しており，産業構造高度化の先進事例となっている。他方で政権が重視した製造業は，付加価値，企業利益は回復あるいは伸ばしたものの，従業者（雇用）は期待したほどは戻っていない。オバマ政権期，対内直接投資がやや増加し外資系企業の雇用比率もやや増加しているものの，グローバル展開と高収益体制構築というアメリカ製造業の基本行動は変わっておらず，製造拠点における新鋭設備導入，省力化，高付加価値生産化は絶えず進んでいる。多国籍企業のグローバル分業との関係で言えば，アメリカはグローバル企業の本社・イノベーション・研究開発・高付加価値生産拠点であり続けていることが示唆されるが，そのもとで産業構造の高度化が進行しているというのが基本構造であろう。

（2）シェール革命・イノベーション・製造業回帰

産業構造に関わる新動向を評価しておこう。オバマ政権期，鉱業が付加価値と従業者（雇用）を増した。これはシェール革命の現れと考えられるが，絶対数が小さくアメリカの総従業者（雇用）への寄与は「ほとんどない」状況である。しかしシェール革命については，第7章で論じられるように，むしろ貿易収支とエネルギー自給の改善，エネルギー価格低下への寄与として意味がある。芸術・娯楽・レクリエーションの従業者（雇用）増加は，生産力上昇に伴う余暇活動の拡大や対人サービスの伸びという伝統的な理解に加え，映画産業を含めたクリエイティブ活動の拡大とアメリカ経済におけるイノベーション活動の拡大を反映していると評価できる。さらに，製造業回帰の実相である。本章の分析を通じて，製造業はたしかにある程度アメリカに「回帰」しているが，それはグローバル展開，高付加価値化，利益極大化行動の一環としてであることが示唆された。過去失われた従業者（雇用）は半分程度しか回復せず，賃金や福利厚生は抑制あるいはカットされている。厳しい情勢下，製造業従業者（雇用）の減少を何とか食い止め若干回復した，というのが実態であろう。

(3) オバマ政権の競争力政策・産業政策の本質と残された課題

　以上の産業構造動態を踏まえつつ、オバマ政権の政策を評価しよう。まず環境エネルギー政策については、リベラル派理念を全面に出し推進を試みたが、ARRAによる限定的な取り組みのみに終わったと言える。くわえて製造業回帰に向けた税制改革など有効な政策も実現できなかった。共和党保守派との党派対立が激化する中、オバマと民主党は立法による正面突破から既存施策活用へ転換し、代わりにやや縮小した先進製造業重視の競争力政策を実現した。しかし辛口評価になるが、このような形での競争力政策の実現はG. W. ブッシュ政権においても実現されてきたことであり、いわば当たり前のことを実現したに過ぎないとも言える。先進製造業パートナーシップ（AMP）は次世代先進製造業のイノベーション投資であり、その効果は未知数である。現時点で想定しうるのは研究開発や技術開発を軸としたイノベーション活動を支援し、高付加価値部門の育成あるいは維持に寄与することである。オバマ政権は製造工程で働く労働者の育成、製造機能の集積する産業クラスターの形成も重視しているが、製造工程や製造拠点の国内集積が本当に実現するのか、慎重に推移を見極める必要がある。実現性の高い領域に限定して評価するならば、オバマ政権の推進する先進製造業重視の競争力政策は、グローバル化とドイツへの対抗戦略として、先進製造業のイノベーション能力を米国内に維持するための研究開発能力構築支援というところに本質があるのではないか。

　オバマ政権期の従業者（雇用）増の大半はサービス産業で生じている。「リベラルの挑戦」が雇用創出や中間層再生を本当に重視するならば、先進製造業重視の競争力政策だけでは十分ではない。かつて競争力評議会の提言（イノベート・アメリカ）で提唱されたサービスイノベーションに類似する、サービス産業を対象とし賃金を増やし雇用の質を高める新世代の産業政策が求められていると言える。このような課題に十分回答しえてこそ、「リベラルの挑戦」は現実に意味を持つのではないかと筆者は考える。

注
(1) 製造業の国際競争力低下に対応し、1970末から1980年代にかけて共和党、民主党は連邦政府の包括的産業政策（競争力政策）の可否をめぐって争った。1980年代、当初

コラム2　製造業回帰は実際にはどのように進んでいるのか

　2009年以降，アメリカへの製造業回帰は実際にはどのような形で進んでいるのだろうか。実態を探るため，筆者はアメリカの全国紙，地方紙，業界誌，経済誌，WEB上に公開されている情報を収集し，あわせて製造業回帰の促進をミッションとするアメリカのNPO団体 Reshoreing.com が検証しているケースを参照し，2014年末までに投資決定された事例427件をデータベース化した。[29]

　データベースからは第1に，2009年以降，主として工作機械（従来型工作機械および産業用ロボット等）と建設機械などの機械，輸送用機械（航空機，自動車），石油，化学，一次金属（製鉄業やアルミ精錬業を含む業種）という比較的限られた業種が製造拠点の新設・増設を行っていることが確認できた。

　拠点の新設・増設理由としては，自動車，航空機市況が回復し，アメリカに製造拠点の新設・増設を行っていること，そのためアメリカで工作機械や産業用ロボット工場が新設・増設されていること，景気回復に伴う建設需要増に対応して建設機械工場が増えていること，エネルギー・原材料価格低下等が確認できた。シェール革命にも触発されたアメリカでのエネルギー価格低下は，製造拠点の新設・増設に大きく寄与していることが指摘されており（Porter, Gee, and Pope [2015]），エネルギー多消費あるいは石油等を原料とする石油・化学プラント，製鉄所等のアメリカ立地にプラスに働いている。くわえて近年，世界的な金融緩和により為替の変動幅が大きくなっていることから，市場国での生産（為替リスク回避）を重視したり，後述するように，アメリカ国内で賃金（福利厚生）削減によるコスト低下が進んでいることを重視する事例も確認できる。

　なお航空機，自動車は雇用をかなり増やしているが，その他業種はそれほど増やしていない。特に石油，化学，一次金属は装置型産業であること，新鋭工場では省力化がいっそう進んでいることから，雇用増の担い手とはなりにくくなっていることがうかがえる。

　事例の中心はアメリカ企業であるが，日本，ドイツ，フランス，オランダ，中国企業の進出も確認できる。工作機械や産業用ロボットは日本，ドイツ勢が強く，ITや家電分野では，中国企業の進出事例もある。サプライチェーン管理効率化やリードタイム短縮と中国における賃金上昇やカントリーリスク増大を理由としたアメリカ企業の「中国からの回帰」である事例も複数確認できる。

共和党は保守派中心に連邦政府の関わる包括的産業政策には原則反対であった。民主党はリベラル派中心に産業銀行設立，補助金大規模支出を主張していた。
(2) 民主党内に市場主義中道勢力が誕生し，共和党も主流派を中心に競争力政策を容認した結果，競争力政策の原型が確立した。1990年代はクリントン政権と民主党市場主義中道勢力が競争力政策を遂行したが，共和党は保守革命により保守派議員が増加し，反対姿勢を強めた。
(3) 共和党は規制緩和や既存組織・政策を活用する方向で，民主党は連邦政府権限の大幅拡大は諦めて既存組織や政策の活用で妥協し，全体として産官学ネットワーク化という競争力政策の基本性格を確立した。
(4) 2000年代には80年代競争力政策形成に関わった議員が中心となり，イノベーション促進を重視する2007年アメリカ競争法を超党派で成立させた。
(5) 砂田［2009］および Government Institutes［2009］参照。
(6) Petty［1690］，Clark［1940］，アメリカ産業構造分析（産業連関分析含む）への応用例として，Leontief［1951］，平野［2005］参照。
(7) 1980年代以降，GE に見られるように製造業企業が金融やサービスで利益を挙げるようになっており，業種別利益は必ずしも企業の事業ポートフォリオや分野別利益を正確に反映していないことに留意が必要である。ここでは主たる事業に一括して利益を計上し，産業別企業利益額を計算していることに注意したい。なお2000年代まで金融，サービス部門に傾斜しているとされる GE であるが，大不況後は製造業とエネルギー分野に再び事業をシフトしている。
(8) 表2-2および U.S. Department of Commerce［2012］より計算。
(9) 表2-2および表2-3掲載の産業・業種別従業者・雇用の所得・賃金動向を別途検討すると，相対的に所得である従業者・雇用の拡大は2割強にとどまり，中位所得を提供する製造業はそれほど回復せず，サービス業，小売業における従業者・雇用増の大半は相対的低所得であることが確認できた。オバマ政権期においても進行したサービス経済化は所得格差拡大を進行させていることが示唆される。この点は紙幅の関係で別稿にて論じる予定である。
(10) 本章は主としてオバマ政権期に注目された製造業および産業構造全体のサービス業シフトに焦点を当てている。サービス力を強化した金融業の「復活」やイノベーションにいっそう傾斜する情報業の動態，雇用創出が期待できない要因等の詳細については，別稿にて分析したい。
(11) 表2-4と同じ資料による。
(12) Florida［2002］，［2003］，参照。なおイノベーションを成功させ富を得た起業家，経営者，技術者等がパトロンとなって結果として芸術活動が拡大しているという側面

もあるので，この相関関係は実際にはかなり複雑である。
(13) 全米の主要都市圏に関しては Moretti [2012] 参照。シアトルの事例は Yamagata [2016] 参照。
(14) 製造業回帰とその影響に関する詳細な分析は別稿にて行う。
(15) Department of Labor, *Current Employment Statistics* [*Monthly*] に基づき筆者計算。
(16) Department of Commerce, Bureau of Economic Analysis [annually c] より作成したデータに依拠。
(17) ただし2000年代前半期にアメリカ製造業企業は主たるグローバル経営戦略として直接投資によらず，海外企業への業務委託（いわゆるオフショアリング）を進めていたことに注意が必要である。そのために2000年代のアメリカ製造業の海外直接投資データが過小になっていると考えられる。大不況後のアメリカ製造業のグローバル展開は投資データとして現れない「オフショアリング」ではなく再び直接投資形態で行われているため，投資額が増加しているとも考えられる。この点は別稿にて検討したい。
(18) 全米製造業者協会（NAM）付置研究所での聞き取り（2014年9月7日実施）による。なお工場閉鎖，縮小統計は調査の限り見当たらず，定量的な検討は困難であるという結論に至った。
(19) 非労働権州（労組非加入権を認めない。労働組合組織率が高い）では工作機械，産業用ロボット導入に反対が強く，そのため進出先として労働権州（労組非加入権を認める。労働組合組織率が低い）が選好されるようである（注18と同じインタビューによる）。
(20) 3社のケースでは共通して約2割の賃金削減と企業年金，医療保険のカットが行われている。
(21) Department of Commerce, Bureau of Economic Analysis [annually b], Department of Commerce, Bureau of Labor Statistics [annually] より計算。
(22) The Conway data [quarterly] によると2009年以降の製造拠点の新設・増設は南部，南部大西洋，中西部の順に多い。基本的に労働権州（労働組合非加入権）を認めている州，新規に認めた州，インフラが整備されていてかつ低賃金の州や租税減免措置や自治体による包括協力などインセンティヴを与えた州に進出する傾向が確認できるが（筆者作成データベースによる），詳細は別稿にて論じたい。
(23) 詳細は第7章参照。
(24) President's Council of Advisors on Science and Technology [2011] によれば，先進製造業とは，(1)情報，オートメーション化，コンピューター，ソフトウエア，センサー，ネットワーク構築等を活用するもの（デジタル），(2)物理・生物科学（ナノ

テクノロジー，化学，バイオロジー）が生み出す最先端の素材，能力を活用するもの（ナノ）(3)半導体技術などのマイクロエレクトロニクスである。新たな製品（プロダクトイノベーション）のみならず製造工程（プロセスイノベーション）も含んでいる。同報告書は，「政府が特定の企業・分野に投資する産業政策は解決策にはならず，新たな技術や手法を支援する一貫したイノベーション政策こそが必要である」と明記しており，オバマ政権の先進製造業重視の競争力政策が，1980-1990年代に超党派合意された競争力政策概念を踏まえていることが確認できる。

(25) 次の議会公聴会における証言を参照。なお詳細は別稿にて分析する予定である。House Hearing, September 10, 2013; House Hearing, July 10, 2013; Senate Hearing, December 11, 2013.

(26) 下院では2014年アメリカ製造業再生・イノベーション法（RAMI）が成立し，上院は既存法の修正により予算が確保された。

(27) 2015年8月現在で5機構が連邦政府と民間共同出資により実際に設置され，9機構の設置が決定している（Advanced Manufacturing Partnership Steering Committee [2015]）。

(28) 紙幅の関係上，AMP2.0とNNMIとして展開される製造業イノベーションハブの具体的な内容，政策メニュー，これまでの競争力政策と比較した特徴や発展の内容，評価は別稿にて展開したい。

(29) 「海外と比較したうえで米国内に製造拠点の新設・増設を行っている事例」を中心にデータベース化するためである。Reshoring. com [2015] およびそのデータベース参照）。

参考文献

（二次文献）

浅羽良昌 [1996] 『アメリカ経済200年の興亡』東洋経済新報社。

河音琢郎・藤木剛康編著 [2008] 『G・W・ブッシュ政権の経済政策——アメリカ保守主義の理念と現実』ミネルヴァ書房。

久保文明・東京財団現代アメリカ・プロジェクト編著 [2010] 『オバマ政治を採点する』日本評論社。

砂田一郎 [2009] 『オバマは何を変えるのか』岩波新書。

妹尾堅一郎 [2009] 『技術力で勝る日本が，なぜ事業で負けるのか——画期的な新製品が惨敗する理由』ダイヤモンド社。

平野健 [2005] 「産業構造」萩原・中本編『現代アメリカ経済』日本評論社。

宮田由紀夫 [2001] 『アメリカの産業政策——論争と実践』八千代出版。

山縣宏之［2008］「産業政策──地域産業政策からの把握」河音琢郎・藤木剛康編著『G・W・ブッシュ政権の経済政策』ミネルヴァ書房。
山縣宏之［2012］「産業構造の変化──サービス経済化とイノベーションシステムへの道」藤木剛康編著『アメリカ政治経済論』ミネルヴァ書房。
吉野孝・前嶋和弘編著［2014］『オバマ後のアメリカ政治──2012年大統領選挙と分断された政治の行方』東信堂。
Boston Consulting Group ［2011］ *Made in America, Again,* Boston Consulting Group.
────── ［2014］ *Made in America, Again : Third Annual Survey of U. S.-Based Manufacturing Executives,* Boston Consulting Group.
Department of the Treasury ［2012］ *General Explanations of the Administration's Fiscal Year 2013 Revenue Proposals,* Department of the Treasury.
Government Institutes ［2009］ *American Recovery and Investment Act of 2009 : Essential Documents,* Government Institutes and Bernan Press.
Jones, Van. ［2009］ *The Green Collar Economy,* HarperCollins.（＝土方奈美訳［2009］『グリーン・ニューディール──グリーン・カラー・ジョブが環境と経済を救う』東洋経済新報社）
Clark, Colin ［1940］ *The Condition of Economic Progress,* London.（＝金融経済研究会訳［1945］『経済的進歩の諸条件』日本評論社）
Moretti, Enrico. ［2012］ *The New Geography of Jobs,* Mariner Books.（＝池村千秋訳［2014］『年収は「住むところ」で決まる　雇用とイノベーションの都市経済学』プレジデント社）
Obama, Barak ［2006］ *The Audacity of Hope : Thoughts on Reclaiming the American Dream,* Crown.（＝棚橋志行訳［2007］『合衆国再生』ダイヤモンド社）
────── ［2013］ *State of the Union Address,* The White House.
────── ［2014］ *State of the Union Address,* The White House.
Petty, William ［1690］ *Political Arithmetic,* edit by Hull, Charles Henry, ［1889］ Cambridge University Press.（＝大内兵衛・松川七郎訳［1955］『政治算術』岩波新書）
Porter, Michael E. ［2002］ Monitor Group on the Frontier, Council on Competitiveness, *Cluster of Innovation : Regional Foundation of U. S. Competitiveness,* Council on Competitiveness.
Porter, Michael E., Gee, David S., and Pope, Gregory J. ［2015］ *America's Unconventional Energy Opportunity,* Boston Consulting Group.

President's Council of Advisors on Science and Technology [2011] *Report to the President on Ensuring American Readership in Advanced Manufacturing*, Washington DC: Executive Office of the President.

President's Council of Advisors on Science and Technology [2013] *National Network for Manufacturing Innovation : A Preliminary Design*, Washington DC: Executive Office of the President.

Stiglitz, Joseph E. and Yifu, Justin L. [2013] *The Industrial Policy Revolution I : The Role of Government Beyond Ideology*, Palgrave Macmillan.

The Conway Data [quarterly], *Site Selection*, The Conway Data.

The Council of Economic Advisers [annually], *Economic Report of the President*, USGPO.（＝萩原伸次郎監訳『米国経済白書』各年版，毎日新聞社）

Leontief, Wassily, W. [1951] *The Structure of American Economy, 1919-1939*, Oxford University Press.（＝山田勇・家本秀太郎訳［1959］『アメリカ経済の構造』東洋経済新報社）

Lipscomb, Todd. [2011] *Re-Made in the USA*, Wiley.

Yamagata, Hiroyuki. [2016] "The Development of Software Industry Agglomeration in Seattle: Influence factors and Policy Effect," *Rikkyo Economic Review*, Vol. 69, No. 5.

（政府刊行資料統計等）

Advanced Manufacturing Partnership Steering Committee [2015] *Advanced Manufacturing Partnership Steering Committee* (http://www.manufacturing.gov/amp_steering_committee.html, as of August 12, 2015).

Barack Obama [2011] *Executive Order 13577 of June 15, 2011, Establishment of the SelectUSA Initiative*, (https://www.whitehouse.gov/the-press-office/2011/06/15/executive-order-13577-selectusa-initiative, as of May 06, 2013.)

CQ Press [weekly], *Congressional Weekly*.

CQ Press [quarterly], *Congressional Quarterly*.

CQ Press [annually], *Congressional Almanac Plus*.

Department of Commerce, Bureau of the Census [annually], *County Business Patterns*, (http://www.census.gov/econ/cbp/, as of April 24, 2015).

Department of Commerce, Bureau of the Census, [1999], [2005], [2009], [2015], *Economic Census 1997, 2002, 2007, 2012*, (http://www.census.gov/econ/census/, as of May 04, 2015).

Department of Commerce, Bureau of Economic Analysis [annually a], *Corporate*

Profits Before Tax by Industry,（http://www.bea.gov/iTable/iTable.cfm?, as of June 21, 2015.）

Department of Commerce, Bureau of Economic Analysis [annually b], *Industry Economic Accounts* (http://www.bea.gov/industry/index.htm, as of 04 July, 2015).

Department of Commerce, Bureau of Economic Analysis [annually c], *International Economic Accounts* (http://www.bea.gov/international/, as of March 21, 2015)。

Department of Commerce, Bureau of Economic Analysis [annually d], *Financial and Operating Data U. S. Direct Investment Abroad,* (http://www.bea.gov/international/di1usdop.htm, as of December 03, 2014).

Department of Commerce, Bureau of Economic Analysis [annually e], *Financial and Operating Data By Industry of Affiliate Only, U. S. Direct Investment Abroad, All Nonbank Foreign Affiliates, Employment* ((http://www.bea.gov/iTable/iTable.cfm?ReqID=2&step=1#reqid=2&step=10&isuri=1&202=3&203=8&204=5&205=1&200=1&201=2&207=39,32&208=52&209=1 as of 02 Dec 2015) より作成)。

Department of Commerce, Bureau of Economic Analysis [annually f], *Gross Domestic Product by Industry Data,* (http://www.bea.gov/industry/gdpbyind_data.htm, as of June 22, 2015.)

Department of Commerce, Bureau of Economic Analysis [annually g], *Survey of Current Business Industry Data* (http://www.bea.gov/industry/gdpbyind_data.htm, as of March 13, 2014).

Department of Commerce, Bureau of Economic Analysis [annually h], *U. S. Direct Investment Abroad, All Nonbank Foreign Affiliates Employment* (http://www.bea.gov/iTable/iTable.cfm ?ReqID=2&step=1#reqid=2&step=10&isuri=1&202=3&203=8&204=5&205=1&200=1&201=2&207=39,32&208=52&209=1 as of December 03, 2014)。

Department of labor, Bureau of Labor Census [monthly], *Current Employment Statistics,* (http://www.bls.gov/web/empsit/ceseeb1a.htm, as of December 12, 2015).

Department of Commerce, Bureau of Labor Statistics [annually], *Employment, Hours, and Earnings from the Current Employment Statistics Survey* (http://data.bls.gov/cgi-bin/dsrv?ce, as of 04 July, 2015).

Establishment of the SelectUSA Initiative [2013], *the SelectUSA Initiative* (https://

www.whitehouse.gov/the-press-office/2011/06/15/executive-order-13577-selectusa-initiative, as of May 06, 2013.)

House Hearing, 113th Congress – *Examining Federal Advanced Manufacturing Programs*, September 10, 2013.

House Hearing, 113th Congress –*Strategic Planning for National Manufacturing Competitiveness*, July 10, 2013.

National Science Foundation, National Center for Science and Engineering Statistics [annually a], *Federal R&D Funding by Budget Function*, (http://www.nsf.gov/statistics/, as of June 06, 2015).

National Science Foundation, [annually b], *National Patterns of R&D Resources*, (http://www.nsf.gov/statistics/, as of June 07, 2015).

Senate Hearing, 113th Congress Rebuilding American Manufacturing, December 11, 2013.

The Library of Congress [2015] *Thomas* (http://thomas.loc.gov/home/thomas.php, as of June 05, 2015).

The White House and the Department of the Treasury [2012] *The Export Promotion Cabinet's Plan for Doubling U. S. Exports in Five Years*, National Export Initiative.

The White House Office of the Press Secretary [2010] *Remarks by the President in State of the Union Address.* (https://www.whitehouse.gov/the-press-office/remarks-president-state-union-address, as of May 05, 2013)。

Reshoring.com [2015] *Reshoring.com Webpage* (http://www.reshorenow.org/as of 12 Nov. 2015).

第3章　財政政策
―「決められない政治」とその場しのぎの予算編成―

河 音 琢 郎

　オバマ政権期における財政運営は，大不況以後の巨額の財政赤字，政府債務の累積にいかに対処するかを最大の争点として展開された。とりわけ，共和党が下院で多数派を占めた2010年中間選挙以降，オバマ政権と議会共和党は赤字削減予算の策定をめぐって激しく対立し，その対立は債務不履行の脅威，「財政の崖」，連邦政府機関閉鎖，といった事態を招き，アメリカにおける「決められない政治」として注目を集めた。そこで本章では，この時期の財政運営に焦点を据えて検討していきたい。

　最初に，財政構造と経済過程との関係，財政の意思決定主体である政権，議会の政治構造，財政運営を律する予算ルールという3つの視角からの予備的考察を行い，本章の課題を明らかにする（第1節）。ついで，本章のメインテーマであるオバマ政権と議会共和党を軸に展開された財政運営を，2011年予算統制法の立法過程と同法制定後の財政運営とに区分して検討する（第2節・第3節）。そのことにより，両党間の激しい政策対立と流動的で不安定な財政運営のメカニズムを明らかにし，こうした財政運営がもたらす課題について考えていきたい（第4節）。

1　オバマ政権期の財政過程を分析する視角

　バラク・オバマ（Barack Hussein Obama II）政権期の財政過程は，大きくは民主党統一政府の下での最初の2年間と，議会共和党との対立を深めた2010年中間選挙以降とに区分される。本章では，このうち後者の時期に注目して検討を進めるが[1]，そのための準備作業として，第1に財政赤字増加の原因と経済過程との関係，第2に財政運営の主体である政権と議会との政治対立の基本構造，第3に財政運営のバックボーンをなす予算ルールの仕組み，という3つの視角から検討課題を整理しておきたい。

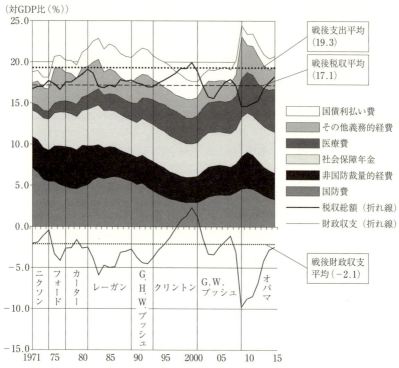

図3-1 アメリカ連邦財政の概況(税収,財政支出,財政収支):1971-2015年度
注:戦後平均はいずれも1946〜2015年度の平均値。
出所:CBO[2016]より作成。

(1) 大不況下の財政運営

　第1の分析視角は,経済過程と財政運営の関係である。2008年9月のリーマン・ショックを直接的契機とした大不況により,連邦財政は,財政収支,連邦政府債務残高ともに歴史的な規模で悪化した。図3-1によれば,オバマ政権発足時の2009年度において,対GDP比で税収は14.6%,財政支出は24.4%となり,その結果財政赤字は9.8%を記録した。第2次大戦後の平均値,17.1%,19.3%,2.1%と比較すればいずれも突出した数値である。さらに,連邦政府債務残高(民間保有分,対GDP比)も大不況以前の35%(2001〜08年平均)から70%を上回る(オバマ政権期平均)までに急増した。

第3章 財政政策

表3-1 財政収支：2009年度推計と実績値の比較

	2008	2009	2010	2011	2012	2013	2014	2015
財政収支 (10億ドル：会計年度)								
2009年CBOベースライン推計	-455	-1,186	-703	-498	-264	-257	-250	-234
ブッシュ減税延長・恒久化	-	-	-	-200	-301	-280	-299	-275
TARP	0	-281	118	55	47	31	13	3
AARA	-	-179	-401	-145	-47	-37	-19	-5
その他の要因	-4	233	-308	-511	-523	-137	72	72
実績値	-459	-1,413	-1,294	-1,300	-1,087	-680	-483	-439
実績値に対する割合(%：会計年度)								
2009年CBOベースライン推計	99.2	83.9	54.3	38.4	24.3	37.8	51.7	53.3
ブッシュ減税延長・恒久化	-	-	-	15.4	27.7	41.2	61.8	62.6
TARP	0.0	19.9	-9.1	-4.2	-4.3	-4.6	-2.6	-0.6
AARA	-	12.7	31.0	11.2	4.3	5.4	3.9	1.1
その他の要因	0.8	-16.5	23.8	39.3	48.1	20.1	-14.8	-16.5
実質GDP成長率（%：暦年）								
2009年CBO推計	1.2	-2.2	1.5	4.0	4.0	4.0	4.0	2.5
実績値	-0.3	-2.8	2.5	1.6	2.2	1.5	2.4	2.4

出所：CBO [2009] *Budget and Economic Outlook : FY 2010-FY2019*, Jan.；CBO [2010] *Budget and Economic Outlook : An Update*, Aug., Table 1-7；CBO [2013] *Estimate of the Budgetary Effects of H. R. 8, the American Taxpayer Relief Act of 2012*, Jan. 1；CBO [2015] *Estimated Impact of the American Recovery and Reinvestment Act on Employment and Economic Output in 2014*, Feb., p. 2；Office of Management and Budget [2016] *Analytical Perspectives : Budget of the United States Government, Fiscal Year 2017*, p. 333, Table 21-4, Feb.；CBO [2016] より作成。

財政悪化の原因

こうした財政悪化の原因は，以下3点に分けて考えることができる。第1は，大不況の直接的結果としての税収の落ち込みと財政支出の増加である（景気要因）。第2は，大不況克服のためにとられた一連の景気対策である（政策要因）。その主たる内容は，ジョージ・W・ブッシュ（George Walker Bush）政権末期に成立した不良資産買取プログラム（Troubled Asset Repurchase Program：TARP）と，オバマ政権最初の立法となったアメリカ復興・再投資法（American Recovery and Reinvestment Act of 2009：ARRA）から成る。

表3-1により財政赤字の推移を景気要因と政策要因とに分けてみると以下のようになる。同表は，大不況突入，オバマ政権発足時の2009年1月時点での議会予算局（Congressional Budget Office：CBO）の財政収支現行政策ベースラ

イン推計値と実績値とを比較したものである。CBO のベースラインは，推計時点での政策変更がなされなかった場合の財政収支の推計値であり，これが狭義の景気要因をなす。時限立法であったブッシュ減税への対応は，富裕層の扱いを除き恒久化が織り込み済みだったため，政策要因と言うよりは景気要因に入ると考えられる。これに TARP, ARRA といった政策要因が並ぶ。その他の要因には，上記以外の政策変更のインパクトが入るが，同表にある通り，2009年 CBO ベースラインでは実質 GDP 成長率をかなり高めに設定していたため，そのギャップ分も景気要因として含まれる。こうした事情を踏まえてみると，TARP, ARRA といった景気対策による赤字拡大効果はほぼオバマ政権成立期に限定されており，後半になるにしたがって逆に緊縮財政に転じていることが分かる。

　財政悪化の第3の原因は，G. W. ブッシュ政権から「負の遺産」として継承した財政構造上の諸要素である。その第1は，G. W. ブッシュ政権期の一連の減税立法（以下ブッシュ減税と呼ぶ）による低税収構造の定着である。連邦税収はブッシュ減税により大不況以前からすでに低い水準となっており，これが失効する2011年以降の扱いが焦点となっていた。第2の要素は，イラク・アフガニスタン戦争による戦費の増加である。9.11同時多発テロ事件を画期としたアメリカの対テロ戦争は，G. W. ブッシュ政権後期の2006年末に撤退路線へと転じたものの，泥沼化した状況からすぐに足を洗うことは適わず，戦費の高原状態の継続を余儀なくされていた。G. W. ブッシュ政権の「負の遺産」の第3は，社会保障年金，公的医療プログラム（メディケア，メディケイド）を主内容とした義務的経費の温存である。G. W. ブッシュ政権は，「小さな政府」という保守の看板とは裏腹に，これらプログラムの改革を放置したのみならず，メディケア処方箋プログラムを新設するなど，プログラム経費を膨張させる政策をとった。[2]

政権と議会の財政赤字への対応

　巨額の財政赤字と政府債務の累積に直面する中，オバマ政権は大不況からの脱却が未だ前途遼遠な段階において緊縮財政への転換を迫られた。そのため，景気支持のためのマクロ経済政策はもっぱら FRB の金融政策に依存することとなった。

このような緊縮財政への転換はオバマ政権自体の政策スタンスによる部分もあるが，2010年中間選挙によって下院を制した議会共和党の影響によるところが大きい。後に詳述するように，ジョン・ベイナー（John Andrew Boehner, R-OH）議長に率いられた下院共和党は法定債務上限を人質に取り大規模な支出削減による均衡財政の実現を迫った。オバマ政権は，緊縮財政への転換では共和党の土俵に乗りつつ，増税による赤字削減で共和党の財政再建策に対峙した。この財政再建策をめぐる交渉の結果もたらされたのが2011年予算統制法（Budget Control Act of 2011，以下 BCA と略）であり，その後の厳しい予算制約であった。

それゆえ，オバマ政権期の財政について問われるべき論点の第1は，大不況の渦中にあってとられた緊縮財政がいかなる過程を経て形成されたのか，そのメカニズムの解明である。

（2）「決められない政治」と予算過程の行きづまり

第2の視角は，財政政策を立案する主体である政権および連邦議会の政治構造を踏まえた分析である。今日のアメリカ政治の特徴が，保守とリベラルとにイデオロギー的に分極化した激しい党派間対立にあることは衆目の一致するところである。とりわけ，2010年中間選挙以降のいわゆる分割政府の下では，党派間対立が全面的に展開され，両党間の政治的妥協がきわめて困難な状況に陥ることにより政策形成が滞るという「決められない政治」が常態となっている。

「決められない政治」の構造

藤木［2017］はアメリカ連邦政治の今日的特徴を「制度化した多元主義」から「流動化した多元主義」への歴史的転換として把握する。すなわち，一方で，1960年代の公民権運動などを契機とした民主党のリベラル旋回と，それに反発する階層を吸引しつつ展開された保守主義運動による共和党の保守化という，長期的かつ構造的な変化として，保守とリベラルとの政治的分極化が進んだ。他方，こうした両党の分極化は政策形成過程の開放化を伴っていた。従来の政策形成は，議会の委員会や行政機関によって仕切られた政策領域ごとの「ブラックボックス」の中で，漸進的な政治取引を駆使して遂行された。これに対して，1970年代以降，委員会改革をはじめとした議会改革，候補者選出過程にお

ける予備選挙方式の導入，アドボカシー団体の台頭等により政策形成プロセスの開放化が進行し，旧来型のインハウス政治は外部からの作用にますます敏感になった。

　藤木のいうアメリカ政治の「流動化」は，党派間のイデオロギー対立と，政策形成主体が外部からの影響を受けやすくなるという意味での開放性との，二重の意味をもっている（藤木［2017］）。本章では，このような藤木の提起を踏まえた形で，2010年中間選挙以降のオバマ政権と下院共和党との対立を軸とした財政政策の形成過程を検討していきたい。

財政運営をめぐる政治対立

　アメリカにおける予算編成や税制改革は，他の法律と同じく立法の形をとるから，財政政策の決定には政権にも増して立法府である議会が大きな役割を果たす。さらに，予算編成は連邦政府の経済的基礎をなすものであるから必ず毎年立法化されなければならない。アメリカの予算の主軸をなす歳出予算法は，毎年度開始までに必ず制定されなければならないという意味で，マスト・パス法と呼ばれる（White［2005：175］）。

　他方で，予算や税制は，支出削減による「小さな政府」を求める保守共和党と，ニューディール・偉大な社会によって築かれた「大きな政府」の増税による維持を求めるリベラル民主党との政策対立が激しい領域である。2010年中間選挙で共和党が下院で多数派を奪還して以降，保守とリベラルとの財政対立は激しさを増した。くわえて，政権，議会指導部は，自党派内部の統治に苦慮し，これが政策合意を困難なものにした。

　予算はマスト・パスであるにもかかわらず政策合意がままならない。この結果2011年夏には国債デフォルト寸前という債務不履行危機を招いた。BCAの制定により何とかこの危機を乗り切った政権と議会であったが，同法により敷かれた厳しい予算制約の下，その後も両党間の激しい予算バトルは続き，ブッシュ減税の扱いを主内容とした2012年末の「財政の崖」，予算立法はおろか暫定予算の制定すら合意できなかった結果として生じた2013年秋の連邦政府機関閉鎖など，財政運営の機能不全が続いている。

　すなわち，国債デフォルトへの懸念，政府機関閉鎖，といったオバマ政権下での「財政危機」は，もっぱら「決められない政治」によってもたらされてい

るわけである。それゆえ，財政運営の機能不全をもたらしている今日の政治構造を具体的に解明することが本章で検討すべき第2の論点である。

(3) 予算ルールとしてのBCA

第3は，財政政策の立案のバックグラウンドをなす予算ルールの変貌という視角からの検討である。アメリカの予算編成過程は，1970年代に財政赤字の増加傾向が問題にされる中，1974年議会予算法（Congressional Budget and Impoundment Control Act of 1974）の制定を画期として，財政規律の制度とルールを組み込むことに腐心してきた。フィリップ・ジョイス（Phillip Joyce）は，こうしたアメリカ連邦予算における財政規律の推移を振り返り，財政ルールと政策決定との関係という観点から，その類型をグラム＝ラドマン＝ホリングス法（Balanced Budget and Emergency Deficit Control Act of 1985：GRH）方式と予算執行法（Budget Enforcement Act：BEA）方式とに整理している（Joyce［2011：16］）。

GRH法とは1985年に制定された赤字削減法で，向こう5年間の財政赤字目標額を定め，それが達成されない場合には支出の強制一律削減により機械的に赤字削減を達成する，というものであった。これに対して，BEAとは，GRH法の反省を経て1990年に制定された予算ルールであり，GRH法の定めた赤字目標に代えて，裁量的経費，義務的経費の別に支出をコントロールするルールを設けた。すなわち，毎年度歳出予算法によって決定される裁量的経費に対しては，その総額に対して事前に定められた支出上限額（CAPと呼ばれる）を設定し，CAPは，GRH法の赤字目標額とは異なり，ときどきの経済情勢により調整が行われることとなった。他方，義務的経費に対しては，新規プログラムの創設の際には赤字中立の相殺原則を義務づけるというペイ・アズ・ユー・ゴー（pay as you go：PAYGO）の原則が設けられた。さらに，税制も義務的経費と同じく毎年の歳出予算の対象とはならないため，PAYGOの対象とされた。PAYGOは，現行政策ベースから赤字拡大をもたらす政策変更を抑制するという意味で現状維持的な財政ルールであった。[3]

ジョイスは，GRH方式の財政規律が予算の政治決定に対して赤字削減ルールを機械的に強制するのに対して，BEA方式では政治決定がなされた上で赤

字削減ルールはその決定の遂行遵守のために使われる,と両方式の相違を整理している(Joyce [2011:16-17])。BCA制定以後の予算ルールは,後に見るように法定債務上限を予算過程とリンクさせ,GRH法の定めた強制一律削減を復活させたという点で,GRH方式の復活と言えるものであった。

それゆえ,オバマ政権と議会はなぜGRH方式による財政規律のルールを採用したのか,そうした予算ルールはどのような役割を果たしたのかということが,解明されるべき第3の論点となる。

2　予算統制法(BCA)の立法過程とその内容

(1) BCAの立法過程

法定債務上限と赤字削減のリンケージ

前節に見たように,大不況下において歴史的規模にまで増加した財政赤字,連邦政府債務を前に,オバマ政権と議会はその対応を迫られた。オバマ政権は2010年に超党派による大統領直属の全米財政責任・改革委員会(National Commission on Fiscal Responsibility and Reform,共同議長の名をとってボウルズ=シンプソン委員会と呼ばれる)を設置した。同委員会は増税を含む税制改革と社会保障年金,公的医療プログラムの削減を柱とする財政再建策をとりまとめたが(NC-FRR [2010]),その提言は青写真以上の効力を有さず,財政赤字削減策の具体化は2010年中間選挙を受けての第112議会に持ち越されることとなった。

2010年中間選挙に大勝し,下院で多数派を奪還した議会共和党は,法定債務上限の改定・引上げを人質に取ることで,大規模な支出削減による均衡予算の実現を目指した。法定債務上限は,連邦政府の国債発行残高(民間保有分,政府勘定保有分を含めた総額)の上限を定めたもので,連邦政府はこの法定上限額を超える国債発行を許されていない。仮に追加的な国債発行が不可能となれば,連邦政府機能が麻痺するばかりか債務返済不履行,国債暴落を招き,経済社会に甚大な損害を及ぼす。それゆえ,法定債務上限は,それが初めて定められた第1次世界大戦直後の第2自由公債法(The 2nd Liberty Bond Act of 1917)以降,連邦債務残高の上昇とともにその改定・引上げがほぼ無条件で繰り返されてきた。図3-2にある通り,大不況以降急増した公債残高はその当時の法定

第3章 財政政策

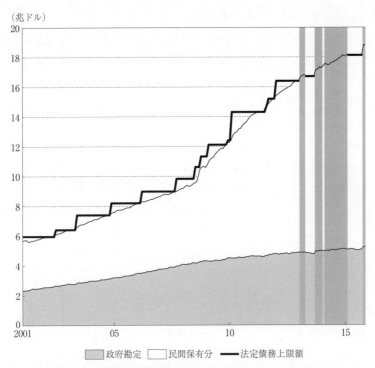

図3-2 連邦政府債務残高と法定債務上限額の推移：2001～15年
注：グレーの部分は，法定債務上限の停止期間を指す。
出所：US Department of Treasury, Bureau of the Public Debt, *Monthly Statement of the Public Debt*, various issues: Jan. 2001-Dec. 2015, より作成。

上限額（14.3兆ドル）に迫り，その引き上げが喫緊の課題となっていた。

議会共和党は，「政権・議会が策定する財政赤字削減分と同額で法定債務上限額を引き上げる」との原則——提唱者である下院議長の名をとってベイナー・ルールと呼ばれる——を打ち立て，財政赤字削減予算の策定を法定債務上限の改定・引き上げとリンクさせることにより，義務的経費をはじめとした大幅な支出削減を大統領と議会民主党に迫った。

オバマ政権は，第1に連邦債務急増に対する投資家や中国をはじめとした米国債投資諸国への信頼確保のため，第2に共和党の大幅赤字削減プランに対抗するため，年初の予算教書において示した赤字削減プランを大幅に見直し，向こう12年間で4兆ドルの財政赤字削減パッケージを提案した。(4) 共和党はオバマ

の赤字削減プランが増税措置を含んでおり,赤字削減の規模も不十分だとして,支出削減のみによる10年間で4兆ドルの赤字削減プランを提示して対抗した。

BCAへの道程[5]

債務不履行回避を目指した財政赤字削予算の策定は,政権および議会両院両党指導部によって多層的な形で展開された(表3-2を参照)。まず,ジョー・バイデン(Joseph Robinette "Joe" Biden Jr.)副大統領の呼びかけで集まった政権と議会のナンバー2レベルの交渉──バイデン委員会と呼ばれる──が,超党派予算の策定に臨んだ。バイデン委員会は,両党の溝が比較的浅い裁量的経費の削減──向こう10年間で約1兆ドルの支出削減──については早々に合意したものの,さらに踏み込んだ赤字削減策をめぐっては,いかなる増税措置をも認めない共和党と,義務的経費プログラムの擁護で譲らない民主党との対立で膠着状態となり,結局エリック・カンター(Eric Ivan Cantor, R-VA)共和党下院院内総務がバイデン委員会からの離脱を表明することで決裂した。

バイデン委員会の交渉決裂を受け,超党派交渉の舞台は,同時並行的に水面下で進められていた,オバマ,ベイナーのトップ会談に移る。しかし,この交渉もまた,両党間の深いイデオロギー対立に加えて,オバマ,ベイナー双方がその内部に政治的妥協を許さない事情を抱えていたため,難航を極めた。ベイナー率いる下院共和党は,2010年中間選挙で台頭したティーパーティー運動の影響を強く受けた議員を抱えていた。ティーパーティー派の議員たちは,オバマ政権や議会民主党とのいかなる政治取引をも拒否し,増税措置がわずかなりとも入るくらいなら債務不履行の現実化の方が望ましいとの立場に固執した。また,ティーパーティー派に属さない共和党議員も,その多くが自身の予備選挙においてティーパーティー運動からの圧力にさらされていた。そのため,共和党指導部はオバマおよび民主党との政治取引に容易には応じられない状況にあった。

対するオバマ政権もまた,義務的経費の擁護を求める議会民主党からの支持を調達しなければならなかった[6]。また,アメリカの統括者としての大統領という立場が交渉における非対称的な制約条件として課されていた。「大統領として,アメリカ経済をどう動かしているかを国際社会に説明できなければならない。」「一部の議員とはちがって,債務不履行も選択肢としてあり得るというそ

第3章 財政政策

表3-2 BCAの立法過程とその後の主な財政立法

年	月/日		PL
2010	11/2	中間選挙（下院で共和党が多数派奪還）	
	12/10	ボウルズ＝シンプソン委員会報告	
	12/17	減税・失業保険再授権・雇用創出法（ブッシュ減税の2年間延長）	111-312
2011	2/14	オバマ予算教書（10年間で1.2兆ドルの赤字削減案）	
	4/13	オバマ政権が赤字削減プラン提示（12年間で4兆ドル）	
	4/14	2011年度包括歳出予算法成立	112-10
	4/15	下院予算決議採択（10年間で4兆ドルの赤字削減）	
	5/5	バイデン委員会第1回目会合	
	5/11	ベイナールール発表	
	6/22	オバマ，ベイナー会談開始	
	6/23	カンターの離脱によりバイデン委員会決裂	
	7/22	ベイナーの離脱によりオバマ，ベイナー会談決裂	
	7/29	BCA 共和党案下院で可決（同日上院で否決）	
		BCA オバマ・民主党案上院で可決（30日下院で否決）	
	7/31	バイデン，リード，マコーネルが代替案に合意	
		BCA 超党派案上程	
	8/2	BCA 成立	112-25
		債務上限引き上げ（第1段階）	
	8/5	S&Pが米国債を格下げ	
	9/22	債務上限引き上げ（第2段階）	
	11/21	スーパーコミッティー追加赤字削減案提出を断念	
	12/23	2012年度包括歳出予算法成立	112-74
2012	1/18	債務上限引き上げ（第3段階）	
	11/6	大統領・議会選挙（オバマ再選）	
2013	1/2	ATRA（アメリカ納税者救済法）「財政の崖」回避	112-240
	2/4	No Pay No Budget Act（債務上限効力一時停止法）	113-3
	3/1	裁量的経費強制一律削減発動	
	3/26	2013年度包括歳出予算法成立	113-6
	10/1	連邦政府機関閉鎖（～16日）	
	10/17	2014年度暫定歳出予算法成立（政府機関再開）	113-46
	12/26	2013年超党派予算法	113-67
2014	1/17	2014年度包括歳出予算法成立	113-83
	2/15	債務上限効力一時停止	
	11/7	中間選挙（上下両院で共和党多数派に）	
	12/16	2015年度包括歳出予算法成立	113-235
2015	4/30	両院予算決議採択	
	9/28	ベイナー議長辞任表明	
	10/29	下院議長選挙：ライアン選出	
	11/2	2015年超党派予算法（債務上限効力一時停止）	114-74
	12/18	2016年度包括歳出予算法成立	114-113

出所：筆者作成。

ぶりを見せることはできない。」オバマにはこうした自覚があった。[7]

　結果として，オバマ，ベイナーのトップ会談は，債務不履行期限まで1週間余りという段階で，ベイナーが交渉からの離脱を宣言することで決裂した。超党派合意なきまま，双方ともに自身の掲げる赤字削減予算法を上程するものの，下院共和党案は上院で，オバマの意向を踏まえた上院民主党案は下院で，それぞれ否決される。債務不履行まであと数日を残してすべての提案が潰えた段になり，いったんは店ざらしにされていたバイデン委員会のプランが急遽取り上げられ，これに「追加赤字削減策は新設される超党派委員会での議論に委ねる」との妥協案が加えられ，これがBCAとして，民主，共和両党で相当数の離反者を出した形で採択，期限間際の成立となった（ウッドワード［2013：389-471］）。

（2）BCAの主要規定
　BCAの主要規定は，以下3点に要約できる。[8]

法定債務上限の引き上げ
　第1に，焦眉の課題であった法定債務上限は以下の3段階で引き上げることとされた。まず，BCA成立直後に無条件で4000億ドル引き上げる。第2段階として，同年秋に，議会両院が法定債務上限引き上げの拒否決議を挙げないことを条件に，5000億ドル分引き上げる。第3段階は，議会が均衡予算の憲法修正条項を採択するか，後述する追加的赤字削減措置に応じて，第2段階と同じく議会の拒否決議のないことを条件に1.2～1.5兆ドル分の引き上げがなされる。

　段階的な法定債務上限の引き上げについては，共和党に再度債務上限引き上げ交渉の余地を与えることになるとの懸念から，オバマは拒否し続けてきた。しかしながらその内実を見ると，第2段階，第3段階での引き上げ中止の条件とされた議会両院での拒否決議は，民主党が過半数を制していた上院で成立する見込みはなく，両院で3分の2以上の採択が必要となる均衡予算憲法修正に至ってはなおさらそのハードルは高かった。また，第3段階の追加赤字削減措置に基づく引き上げについても，その内容や成否によらず最低1.2兆ドルの法定債務上限引き上げが保証されていたから，BCAは実質的には最低2.1兆ドルの引き上げを約束していた。当時の財政推計によれば，連邦債務残高が3度の

引き上げ後の法定債務上限に達するのは2012年末以降であり,「大統領選挙前に債務上限交渉はやりたくない」とのオバマの主張は実質的に保証された形となっている。とはいえ,それも当座大統領選挙までのことであり,後述するように,第2期オバマ政権下では再び法定債務上限の引き上げをめぐって激しい予算バトルが繰り返されることとなった。

財政赤字削減策とスーパーコミッティー

第2に,法定債務上限引き上げの条件として実施される財政赤字削減策については,当初のバイデン委員会での合意を主内容とする,向こう10年間で1.1兆ドルの裁量的経費の削減が定められた(国防費,民生裁量的経費で折半)。この削減措置を保障するため,裁量的経費には,国防費,民生裁量的経費の別に支出上限額(CAP)が設けられた(図3-3の折れ線部分)。

第3に,さらなる追加赤字削減措置は,臨時に新設される議会両院合同財政赤字削減委員会(Joint Select Committee on Deficit Reduction)に委ねられることとなった。同委員会は,議会両院,両党から各3名ずつ,計12名の超党派委員会として構成され,2011年11月までに追加的赤字削減法案を議会に提示するものとされた。委員会には,BCA策定において両党間の対立で盛り込まれなかった,税制,義務的経費を含めた赤字削減プランの策定が期待されていた。そのため,同委員会が提示する法案には,難航必至の議会での審議を円滑に進めるため,両院での修正案や上院でのフィリバスターを認めないという強力な権限が与えられた。このことから同委員会は一般にスーパーコミッティーと称された。また,スーパーコミッティーによる追加赤字削減策が立法化されなかった場合には,国防費,民生裁量的経費折半による1.2兆ドルの追加削減がCAPに加えられ,歳出予算がこの修正CAPを上回った際には強制一律削減により,自動的に支出カットを実施することとされた(2013年1月から開始)。

しかし,スーパーコミッティーは,期日までに赤字削減策をまとめることができず,与えられた特権を使うことすらなく解散した。この結果,当初のCAPをさらに下回る厳しい歳出予算の上限額が設定されることとなった(図3-3の棒グラフグレー部分)。バイデン委員会での合意に基づくCAPが裁量的経費の個別プログラムごとの削減計画に依拠していたのとは異なり,裁量的経費の追加削減分については,単に支出削減総額(1.2兆ドル)を定めただけで,

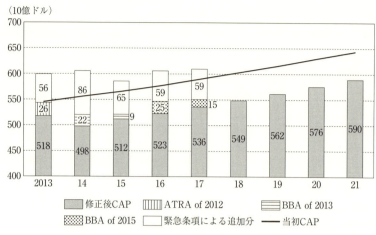

図3-3(1) 裁量的経費CAP：国防費

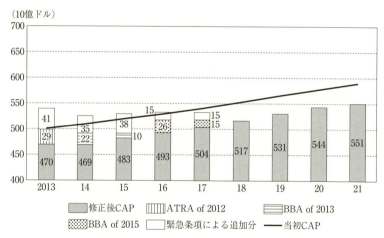

図3-3(2) 裁量的経費CAP：非国防費

注：金額はすべて予算権限ベース。
出所：U. S. House, Committee on Budget [2011] *Concurrent Resolution on the Budget : Fiscal Year 2012*, Report 112-58, Apr. 11, pp. 33-35 ; Austin [2014：15-16]； CBO [2014] *An Update : Budget and Economic Outlook*, p. 14 ; CBO [2015] *An Update : Budget and Economic Outlook*, p. 78 ; OMB [2015] *OMB Sequestration Update Report to the President and Congress for Fiscal Year 2016*, Aug. 20, pp. 4-5 ; U. S. House [2015：1-2]，より作成。

何らの具体的な削減計画もなかった。

（3）BCA の特徴と課題

これまで見てきた BCA の立法過程と主要規程を踏まえて評価するならば，BCA は，その場しのぎ的な性格が強く，財政構造やその意思決定過程の不安定化をもたらした。この点について，赤字削減策の内容，政治構造，予算ルールという3つの側面から検討していく。

義務的経費，税制のオミット

第1に，BCA の財政赤字削減策の内実を見れば，税制および義務的経費という財政再建の本丸とも言うべき課題に手がつけられなかった結果，赤字削減の負担は裁量的経費に集中した。現行の財政構造において裁量的経費の占める割合は，国防費，民生裁量的経費合わせて財政支出総額の3割程度であり，将来的にも増加傾向が必至とされる社会保障年金，公的医療プログラム（それぞれ支出総額の24％を占める）をはじめとした義務的経費プログラムにいかに対処するのかを抜きに財政再建を論じることはできない（前掲の図3-1を参照）。その方途をめぐっては，共和党がこれらプログラムの大規模な削減を主張するのに対して，民主党がこれらプログラム維持のために増税を求める，という財政改革をめぐる保守とリベラルとの伝統的対立がある。BCA の立法過程，さらにはその後のスーパーコミッティーの追加削減策の失敗にあっては，こうした両党の対立が妥協を許さない形で展開された結果，義務的経費削減，増税ともにまったく盛り込むことができなかった。その結果，財政再建は裁量的経費の削減に過度に依存した形になっている。

超党派リーダーシップの困難

第2に，政治構造の側面から見れば，BCA は，民主，共和両党のイデオロギー的対立によってのみならず，両党ともに政府外からの世論の影響を受けた内部分派を抱え，その統御の必要ゆえに超党派間の合意がままならないという構図であった。この点はとりわけティーパーティー派議員の統御に苦心した下院共和党指導部において顕著であった。

BCA の制定にあたって，オバマもベイナーも，同法が満足のいくものとはとうてい言いがたいがやむを得ないものだと評した（CQ [2012 : 3-15]）。こう

した発言の背後には,両陣営が抱えたフラクションの鬱積した不満があった。それゆえ,内部矛盾を抱えた両陣営の妥協なき対立,決められない政治,不満の鬱積とさらなる対立,という悪循環がその後の予算政治を支配することとなる。

GRH 方式の復活

第3に,予算過程の側面から言えば,BCA は,法定債務上限や強制一律削減という財政規律の機械的・強制的適用が,予算の意思決定過程を支配するメカニズムを備えていた。この点で BCA の財政規律は前節にみた GRH 方式と共通している。GRH 方式が財政赤字の絶対額を財政規律の目標値とするのに対して,BCA の場合法定債務上限額,裁量的経費の上限(CAP)が財政規律の対象とされる点で両者は異なる。しかし,BCA 制定の背景として活用された法定債務上限,さらには BCA により復権を果たした強制一律削減という財政規律のルールは,予算の政治的決定を機械的に拘束するという点で GRH 方式の典型でありその復活である。

法定債務上限を予算過程に持ち込んだティーパーティー派ら共和党保守の発想は,現行の肥大化する連邦予算に対する不信に依拠していた。また,BCA 策定の最終盤になって盛り込まれた強制一律削減は,当座の財政合意がままならない現状を前に,具体的な赤字削減合意を将来のスーパーコミッティーに丸投げした上で,その場において政権と議会の各派を政策合意に向かわせるため,誰もがその発動を好まない装置として組み込まれた。その誰もが好まない状況が現実のものとなってしまったわけである。

1980年代後半の GRH 法下の予算過程においては,赤字削減目標を達成するために,支出を後年度に移転したり,強制一律削減の対象除外プログラムに経費分類を付け替えたりといった,とうてい赤字削減とは言いがたいその場しのぎのやりくりが頻発した。さらに,予算過程はいかに赤字削減目標を達成するかのみに焦点が当てられて短期的視野を強め,最終的に赤字削減目標が達成できない段になると,当該目標を延期するといった事態が相次いだ。Schick [1990] は,こうした当時の混乱した予算過程を「その場しのぎの予算編成 (improvisational budgeting)」と呼んでいる。BCA の制定自体が政策決定の混乱と紛争を極めたのみならず,BCA によって敷かれた法定債務上限,CAP,強

表 3-3　主要経費別財政支出の伸び率：2008年度＝100（名目値）

年度	裁量的経費		義務的経費			国債費	支出総額
	国防費	民生費	社会保障年金	医療関連経費	その他義務的経費		
2008	100	100	100	100	100	100	100
2009	107	111	111	115	188	74	118
2010	112	126	114	122	125	78	116
2011	114	124	118	129	138	91	121
2012	109	118	125	122	138	87	119
2013	102	110	132	129	117	87	116
2014	97	111	138	140	109	91	118
2015	95	112	144	158	124	88	124

出所：CBO［2016］より作成。

制一律削減の脅威は，GRH 時代にも増して予算過程のその場しのぎ的性格を強めることとなった。

3　BCA 下の財政運営

前節で見たような財政運営は BCA 制定後にも継承された。以下では，財政構造，財政の意思決定過程の別に考察していこう。

（1）強制一律削減の脅威と裁量的経費の抑制・削減

財政構造の面からみると，BCA はもっぱら裁量的経費に財政赤字削減の負担を課することに繋がった。表3-3はオバマ政権期の主要経費分類別の財政支出の動向を伸び率で見たものだが，BCA が適用された2012年度予算以降，国防費，民生裁量的経費ともに支出総額の伸び率を下回っている。裁量的経費に厳しい CAP がかけられた結果である。

CAP の施行開始年度の2013年度予算では，CAP 枠内での予算編成が適わず，国防費の7.8％，民生費の5.1％の強制一律削減が実施された。強制一律削減は，個々のプログラムの必要性を一切顧慮することなく，すべての対象プログラムの経費を一律に削減するところに特徴がある。後述するように，その後は強制

一律削減を回避するために政権と議会指導部は CAP の引上げ・緩和に奔走するが，CAP が厳しい予算制約を課している状況に変わりはない。

BCA 以前から対テロ戦争でかさむ戦費に対して緊縮予算を迫られていた国防省は，CAP によるさらなる予算制約に対して，緊急性を理由に CAP の対象外とされた対テロ戦費（図 3 - 3(1)の棒グラフ白抜き部分）への予算の付け替え，現役兵力の一時的縮小，兵器調達計画の延期など，その場しのぎ的な対応を余儀なくされている（Belasco [2015]）。

民生費についても CAP の重しが深刻な影響を及ぼした。超党派シンクタンクのピーター・ピーターソン基金（Peter G. Peterson Foundation）は，BCA 下で実施された裁量的経費の削減は，GDP 成長率を年率0.7％低下させ，失業率を0.8％上昇させ，120万人の雇用を奪う経済効果を及ぼしたとして裁量的経費削減に偏った緊縮財政を批判している（Macroeconomic Advisers [2013]）。さらに，これまで緊縮財政の唱道者であった IMF までもが，BCA 下での裁量的経費に過度に依存した赤字削減策が物的・人的資本双方での将来投資を停滞させ，中長期的な経済成長を阻害すると指摘している（IMF [2014]）。

CAP による支出削減の影響はマクロ経済面に限られない。リベラル系シンクタンクのアメリカン・プログレス・センター（Center for American Progress）は，民生費への厳しい CAP のために，州・地方政府への教育補助金や上下水道への補助金，アフォーダブル住宅への補助，大学生への給付制奨学金，等が削減ないし抑制され，貧困家庭の厳しい生活環境，水環境の劣悪化，住環境の劣化，学生の高学費とローン負担の増加といった，大不況後に進行している社会問題に対して，連邦政府が何らの対策も打ててないばかりか，問題を逆に大きくしていると批判している（Stein [2015]）。

(2) その場しのぎの予算編成

財政の意思決定過程についてみれば，赤字削減の実質合意が適わないまま緊縮財政のフレームワークが課されたために，既存の予算編成が機能不全に陥り，その場しのぎの予算編成が常態化した。

法定債務上限の再引き上げ

第1に，法定債務上限が引き続き財政の意思決定に対する制約としてのしか

かった。オバマ再選直後の2012年末には，連邦債務残高はBCAによって引き上げられた法定債務上限額に近づいた。これを受けて政権と議会は，No Budget, No Pay Act（予算なくして支払いなし法）の制定で応じたが，同法は，BCAを含めこれまでの法定債務上限引上げという方法をとらず，一定期間について法定債務上限の効力を一時的に停止させる（suspension）形で対応した。停止期間中，財務省は法定債務上限の制限なしに国債発行を認められ，停止期間中に議会が新たな法定債務上限を制定しなければ，停止期間終了時点までに財務省が発行した国債残高が新たな法定債務上限となる。[12]

同法制定以降，(1)法定債務上限に手をつけることなく停止期間が終了，(2)財務省が停止期間中の債務残高を新たな法定上限額として確定すると同時に，以後の債務不履行を回避するための臨時的な会計操作による資金調達に移行，(3)財務省の資金枯渇時期の宣言，(4)債務不履行を回避するための政権・議会による新たな停止期間の立法化，が繰り返されることになった。こうした事態は，法定債務上限をめぐる交渉がマスト・パス法として財政過程に組み込まれるとともに，政権と議会が法定債務上限の制定においてもすでに合意が適わず，財務省にその責任を投げ出したことを意味する。いまや停止期間終了が近づくにつれ，法定債務上限をめぐる両党間の紛糾が恒例行事となっている。[13]

歳出予算過程の機能不全

第2に，スーパーコミッティーの失敗によって課された裁量的経費へのCAPは，国防費，民生費の別に支出上限総額を定めただけで，いかなるプログラム経費の削減により上限内の予算を策定するかは歳出予算編成によるものとされたため，毎年の予算編成はどのプログラム経費を削減するかをめぐって紛糾した。CAPを達成できるような支出削減予算の策定は，分極化した議会においておよそ不可能であった。このため，オバマ政権と議会指導部は，強制一律削減の発動を回避するため，CAPの引上げ・緩和を模索することになる。CAPの引上げには共和党内の保守派が強行に反対したため，CAP引上げに代替する何らかの赤字削減措置が必要となり，これをめぐってまた両党の対立が繰り広げられた。さらに，政権と議会はこの点でも合意に至らず，赤字削減措置はもっぱら後年度への削減策の延期という対応に終始した。[14]

厳しいCAPが敷かれる下，毎年の予算は，政権と議会指導部との合意によ

る CAP 引上げを待ってしか編成作業に入れなくなった。このため通常の歳出予算過程は機能不全をきたし，会計年度開始を相当期間過ぎてようやく予算策定がなされるという事態が常態化した。[15]

　CAP による厳しい予算制約と両党間の激しい党派間対立の結果，BCA 制定以降の財政の意思決定過程は機能不全が常態化し，流動性，不透明性を増している。こうした事態が国民の政治不信に繋がっている。つまり，政府への不信に依拠した財政規律の厳格化が財政運営の機能不全を招き，財政運営の停滞が国民の政治不信を高めるという悪矛盾の構図が定着しているわけである。

4　オバマ政権期財政の評価と新政権の課題

（1）政策裁量と財政ルール

　オバマ政権と議会共和党による財政運営を支配した原理を突き詰めると，ジョイスが GRH 方式として特徴づけた，政策過程における政治の排除とルールの強制に行き着く。こうした発想は，保守派財政思想のバックボーンをなす，ジェームズ・ブキャナン（James McGill Buchanan, Jr.）らの公共選択論にその源流を見出すことができる。ブキャナンは，財政赤字は民主主義政治において不可避的に生じる病理であり，その克服には均衡予算ルールを憲法に盛り込んで政策決定者に強制することが必要だと論じた（ブキャナン＝ローリー＝トリソン［1990：9］）。

　しかし，政治に対する財政規律の優位を主張するのは保守の専売特許ではない。Meyers［2014］によれば，超党派政策センター（Bipartisan Policy Center），責任ある連邦予算を求める委員会（Committee for Responsible Federal Budget），ピーター・ピーターソン基金といった，中道派・リベラルからなるシンクタンク——彼らはボウルズ＝シンプソン委員会のブレーン的役割を果たした——もまた，政治合意を導くための財政ルールの厳格化を唱えている。彼らの考え方の根底にあるのもまた大規模な赤字削減という困難な選択に政権と議会は取り組めないだろうという政治決定に対するペシミズムである。Meyers［2014］はこうした左右双方に共通した傾向を財政規律のオートノミーへの盲目的傾斜と「政治的意思」の放棄だとして批判する（Meyers［2014：14-18］）。

これまでの検討で明らかなように，法定債務上限と赤字削減とのリンケージ，強制一律削減に裏付けられたCAP，といった財政規律の強制が，財政運営のその場しのぎ的な性格を強め，通常の予算過程の機能不全を招いている現実を踏まえれば，彼の指摘は的を射たものといえよう。財政ルールはあくまでも道具であり，道具を使うのは政治家という人である（Nussle［2011：6］）。GRH方式の失敗を教訓にBEA方式へと転換した1990年と同じく，新政権と議会は今一度この原則を思い起こすべきだろう。

（2）財政の資源配分と財政規律

BCA下での財政運営の評価にあたっての今一つ視角は，歳出予算過程と財政規律との関係である。財政運営の中軸をなす予算編成は，既存の財政資源をどのような政府機能に配分するかという課題と，財政の中長期的持続可能性の保証という課題とに区別される。前者の課題を担うのが歳出予算過程であり，後者の課題を担うのが財政規律である。BCA下の財政運営で露呈されたのは，財政規律のルールが法定債務上限や強制一律削減を組み込んだCAPという形で政策過程を支配した結果，歳出予算過程の機能が麻痺するという事態であった。さらに，BCA下での厳格な財政規律は，財政再建実現のための本丸である税制や義務的経費の改革を捨象して進められたため，当座の赤字縮小を実現したとはいえ，財政の中長期的持続可能性を保証するものではない。

それゆえ，単に財政規律の手法という観点のみならず，財政資源配分と財政規律との2つの課題の関係のあり方についても再考が求められている。この点について，本章では課題提示に留まらざるを得ないが，まずは財政資源の配分という歳出予算過程こそが財政の本質的機能であるという至極当然の原則が想起されるべきだろう。また，財政再建の本丸である税制，義務的経費プログラムの改革手法についても再考の余地がある。実質的に定着した過去の抜本的な財政改革はいずれも財政再建とは切り離された形で立法化された。1986年税制改革法（Tax Reform Act of 1986）の策定では，税収中立，赤字中立の原則を貫いたことが立法化に寄与した（U.S. Senate［2010：17-20］）。1983年社会保障年金改革法（Social Security Amendments of 1983）では，他の連邦プログラムとは切り離して課題を社会保障年金に限定して議論が進められた。こうした教訓を

表 3-4　2011年以降の主要財政立

法律名	PL	下院採択日	賛成 共和党 ①うちティーパーティー系＊	②うち予備選苦戦議員¥	①+②#	小計	民主党	合計
BCA	112-25	2011.8.1	37	36	64	174	95	269
2012年度包括歳出予算法	112-74	2011.12.16	30	35	60	147	149	296
ATRA	112-240	2013.1.1	9	22	30	85	172	257
No Budget, No Pay Act	113-3	2013.1.23	53	34	79	199	86	285
2013年度包括歳出予算法	113-6	2013.3.21	53	38	83	203	115	318
2013年超党派予算法	113-67	2013.12.12	32	28	56	169	163	332
2014年度包括歳出予算法	113-76	2014.1.15	34	27	57	166	193	359
2014年債務上限延期法	113-83	2014.2.11	3	7	8	28	193	221
2015年度包括歳出予算法	113-235	2014.12.11	31	26	55	162	57	219
2015年超党派予算法	114-74	2015.10.28	8	12	20	79	187	266
2016年度包括歳出予算法＋	114-113	2015.12.17 2015.12.18	70 26	47 27	106 52	241 150	77 166	318 316
賛成/反対の比率（平均：％）			44.8	58.0	52.1	63.8	72.2	67.6

注：＊共和党のうち「ティーパーティー系」とは，第112・113議会においてティーパーティー会派に
　　¥「予備選苦戦議員」は，各期の連邦下院議会の共和党予備選挙における獲得票が60％未満で当
　　#「ティーパーティー系」議員と「予備選苦戦議員」は一部重なるため，両者の合計は単純加算
　　＋2016年度包括歳出法案は，下院において，同法採択にこぎ着けるための下院両党指導部の方針
　　　領の署名時には両条項を1本化した形で立法化された。
出所：Poole, Keith T., *Voteview, Roll Call Data* (http://voteview.com/dwnl.htm, 2016年1月17

踏まえれば，今日の税制，義務的経費の改革もまた，財政再建という課題からいったん切り放して議論する方が，遠回りのように見えてむしろ功を奏するように思われる。

（3）政治的リーダーシップの機能不全

　最後に，財政運営を担う政治の側はどうか。本章の分析で明らかになったのは，政権・議会指導部による超党派合意に抗う党内分派の存在であり，これら党内分派の統治に腐心する政権と議会指導部の姿であった。表3-4は，BCA下で制定された主要財政立法に関する下院の各党各派の投票行動を見たものである。下院で多数派の地位にあった共和党指導部が，これら財政立法――全て

第3章 財政政策

法における下院の投票行動

反対						棄権	備考
共和党				民主党	合計		
①うちティーパーティー系*	②うち予備選苦戦議員¥	①+②#	小計				
41	26	56	66	95	161	3	
43	27	55	86	35	121	16	
67	40	89	151	16	167	8	「財政の崖」への対処法
18	11	25	33	111	144	3	法定債務上限の一次停止
18	7	21	27	82	109	4	
39	15	46	62	32	94	7	法定債務上限の一次停止とCAP引上げ
37	16	45	64	3	67	7	
66	34	91	199	2	201	10	法定債務上限の一時停止
40	13	45	67	139	206	10	
63	38	89	167	0	167	2	法定債務上限の一時停止とCAP引上げ
1	2	2	3	106	109	6	
44	23	56	95	18	113	5	
55.2	42.0	47.9	36.2	27.8	32.4		

属するか，ないしは第114議会においてフリーダム会派に属したことのある議員を対象とした。
選した議員を対象とした。
とは一致しない。
により，租税条項と歳出予算条項とに分割した形で採決がとられた。その後，上院および大統

日閲覧）より作成。

　超党派交渉の上で下院共和党指導部によって上程されたものである——のほぼすべてにおいて過半数を党内でまとめることができていない。1990年代に定着したBEA方式は政権と議会指導部による超党派のリーダーシップを前提としていたが，党内からの反発ゆえに超党派合意が困難となっているのが目下の政治構造の特徴である。[18]

　さらに同表の賛成／反対比率（各立法の平均）を見ると，ティーパーティー系および予備選挙において苦戦した議員の反対比率が高くなっている。ティーパーティー運動に典型的な近年の保守主義運動がまずは共和党内の変革を目指して展開されたことを踏まえれば，こうした世論に親和的，ないしは曝されやすい議員ほど指導部の政治取引に反発しているものと推察される。そうだとす

れば，超党派合意の困難と政策停滞の背後には，藤木［2017］が指摘する通り，分極化した世論とそれに対してヴァルナーブルとなった「開放的な政治」がある。

　今日の予算政治は，未だインハウス政治が支配的であった議会において政治取引を駆使して政策形成を進めたレーガン政権，両党間の対立に対して自身を第3の極として位置づけて臨んだクリントン政権，もっぱら保守の地盤固めにより政策遂行を図ったG. W. ブッシュ政権，といった過去のどの手法をも色あせさせる新たな段階にある。オバマ政権は世論に対して直接的に「アメリカの宥和」を呼びかけたが，自身を政治的フラクションに貶める結果となり，政策形成は滞った。それゆえ，新政権と議会指導部には，開放化が支配的となった下での統治という，オバマ政権が乗り越えられなかった新たな課題が待ち構えている。

注
(1)　オバマ政権初期の財政運営については，河音［2012：101-104］，を参照されたい。
(2)　G. W. ブッシュ政権の「負の遺産」について，より詳しくは河音［2008：63-65］，を参照されたい。
(3)　GRH法，BEAについて，より詳しくは河音［2006：75-76, 114-122］，を参照されたい
(4)　この時期の緊縮財政への転換の，国債ファイナンスをはじめとした経済面からの必要性については，本書第7章及び菅原［2016：17-19］，を参照されたい。また，菅原［2016］は，BCA制定以降の財政赤字削減が，議会共和党によるものなのか，オバマの意向によるものなのかという重要な論点を提起している（菅原［2016：19］）。この問いに答えうる実証的な検討は別途に譲るが，本章ではオバマ政権も議会共和党も大規模な赤字削減の実施で合意しつつも，その内容で合意できない事態が繰り返された結果，財政運営の混乱を招いた点に着目している。
(5)　BCAの立法過程の記述は，主にウッドワード［2013］，CQ［2012］に依拠している。
(6)　ブルードッグ連盟（Blue Dog Coalition）をはじめとした民主党内の中道・財政再建重視派が凋落する一方で，リベラル派民主党議員の増加が民主党内のとりまとめを困難にし，オバマ政権の統治能力を低下させていた。
(7)　ウッドワード［2013：252］。引用は，ホワイトハウスでのオバマの発言に対するジャック・ルー（Jacob Joseph "Jack" Lew）行政管理予算局長官（当時）の回顧述懐

第3章 財政政策

> **コラム3　予算の分類と予算編成プロセス**
>
> 　アメリカの予算編成は，大統領，議会がそれぞれ大統領予算教書，議会予算決議という，予算の全体像を示すことから始まる。予算教書，予算決議は大統領，議会が志向する財政改革を盛り込んだ形で提示されるものの，その拘束力は弱い。すなわち，予算教書は，予算編成の権限が議会にあるアメリカではあくまでも参考資料に過ぎない。予算決議は税収，財政支出総額，財政収支といった総額レベルでその後の予算編成を制約するが，個々の予算配分の内訳に関しては拘束力を持たない。
>
> 　予算編成の中軸となるのは，歳出予算法の策定である。議会は通常，政府機関ごとに分かれた12本の歳出予算法を審議・立法化する。ただし，歳出予算法の対象となる経費は予算全体の3割程度に過ぎない。歳出予算法によって定められる経費は，毎年の議会の予算統制の管轄下にあるという意味で裁量的経費と呼ばれるのに対し，歳出予算法の対象とならず，毎年度の支出額が自動的に決まる経費は義務的経費と呼ばれる。
>
> 　たとえば，社会保障年金の支出総額は，年金を受け取る権利を有している人数（受給資格者数）と，受給者が受け取る年金の給付額によって決まる。誰が受給資格者となりどれだけの年金給付を受け取るのかは社会保障法によって定められており，毎年の予算編成でその支出額を左右できない。義務的経費の支出水準を政策的に変更するためには，それを規定している実定法を改正しなければならない。この点では税制も同じであり，税収水準を政策的に変更するには税制を規定している租税法を改正しなければならない。

による。
(8) BCA の諸規定について，より詳しくは，Hennif, et. al.［2011］を参照されたい。
(9) BCA での CAP は，BEA のそれと同じく裁量的経費総額の上限目標を定めたものだが，BEA 方式の CAP が個別プログラムの支出削減合意に基づき，かつ時々の景気動向に応じて調整可能な目標額であったのに対して，BCA の CAP は，何らの支出削減プランももたず，景気調整もなされない絶対額として設定されている点で本質的に異なる。
(10) 誰が強制一律削減を BCA に盛り込んだのかについては論争がある。Sargent［2013］，Bernstein［2013］は，ポール・ライアン（Paul Davis Ryan, Jr, R-WI，下院予算委員長：当時），ベイナーの発言を基に強制一律削減を下院共和党指導部の発想だとするのに対して，Woodward［2013］は，自著ウッドワード［2013］の取材に

依拠して，強制一律削減を最初に持ち込んだのは当時ホワイトハウスのスタッフであったルー，ロブ・ネイバーズ（Robert L. "Rob" Nabors II）であったことを明らかにしている（ウッドワード［2013：433-434］）．

(11) Schick［1990：160-162］．本章での「その場しのぎ」という表現は，同書の定義に基づいている．

(12) 法定債務上限のルール変更について詳しくは Austin［2015］を参照されたい．

(13) 前述の No Budget, No Pay Act を含め，これまで3度の停止期間が設定されている（表3-2を参照）．現在は，2015年超党派予算法（Bipartisan Budget Act of 2015）により2017年3月15日まで法定債務上限の効力が停止され，新政権・新議会成立までは政権と議会は債務上限問題への対応を猶予されている．

(14) CAPの引上げ・緩和は強制一律削減の本格発動を目前に控えた2012年末に初めて本格的に議論された．この課題はブッシュ減税の時限失効への対応を含めて「財政の崖」と呼ばれたが，政権と議会は CAP 引上げで合意することはできず，強制一律削減の発動を2ヵ月間延期したにとどまった．さらに，延期期間中の CAP 引上げ交渉も決裂し，2013年度において強制一律削減が発動された．その後，2013年超党派予算法（Bipartisan Budget Act of 2013），2015年超党派予算法という立法措置により，2014—17年度についての CAP 引上げが実施されている（Austin［2014：15-16］，U. S. House［2015：1-2］）．図3-3棒グラフの各種網掛け部分が各立法による CAP 引上げ額である．

(15) その場しのぎの予算編成は歳出予算過程に限られない．紙数が限られているため本章では論じることができないが，税制改正もまた，時限条項が頻発する中で毎年のように対応を迫られ，予算政治の交渉材料として組み込まれることにより，その場しのぎ的な性格を強めている（U. S. Senate, Committee on Finance［2010：16-17］，Faler［2015］）．

(16) 予算論では，前者はミクロ予算編成，後者はマクロ予算編成と呼ばれる（LeLoup［1988：23-24］，河音［2006：175-176］）．

(17) 安井［2014］は，オバマ政権期の財政運営を，「決められない政治」であったがゆえに財政健全化が進んだと評しているが，本章で明らかにしてきた財政運営の流動性，財政再建策の内実に照らせば，安井の評価は楽観的に過ぎるというのが筆者の見解である．

(18) 岡山［2015］は，利益団体の政党化という視角から有権者と政党の関係を捉え，党派間対立の激化が従来考えられてきたのとは逆に政党内の不統一を高めている点に今日の政党政治の特徴を見ている．こうした岡山の指摘は本章での予算政治の分析結果にも整合している．

参考文献

ボブ・ウッドワード［2013］『政治の代償』伏見威蕃訳，日本経済新聞出版社．

岡山裕［2015］「アメリカ二大政党の分極化は責任政党化につながるか」日本比較政治学会編『政党政治とデモクラシーの現在（日本比較政治学会年報第17号）』ミネルヴァ書房．

河音琢郎［2006］『アメリカの財政再建と予算過程』日本経済評論社．

――――［2008］「租税・財政政策――財政赤字への再転落の含意」河音琢郎・藤木剛康編著『G・W・ブッシュ政権の経済政策』ミネルヴァ書房．

――――［2012］「財政政策――巨額の財政赤字をどうするのか」藤木剛康編著『アメリカ政治経済論』ミネルヴァ書房．

菅原歩［2016］「オバマ政権期アメリカの対外経済関係」Tohoku Economic Research Group, *TERG Discussion Paper,* No. 347, 4月．

藤木剛康［2017］「決められない政治――政策形成プロセスの変容と経済政策」谷口明丈・須藤功編『現代アメリカ経済史――問題大国の出現』有斐閣（近刊）．

ジェームズ・M・ブキャナン，チャールズ・K・ローリー，ロバート・D・トリソン［1990］『財政赤字の公共選択論』加藤寛監訳，文眞堂．

安井明彦［2014］「米国における財政健全化」財務省財務総合政策研究所『フィナンシャル・レビュー』第4号，9月．

Austin, D. Andrew [2014] *The Budget Control Act and Trends in Discretionary Spending,* Congressional Research Service, RL34424, Apr. 2.

―――― [2015] *Debt Limit Since 2011,* Congressional Research Service, R43389, Mar. 9.

Belasco, Amy [2015] *Defense Spending and the Budget Control Act Limits,* Congressional Research Service, R44039, June 3.

Bernstein, Jared [2013] "'Obama's Sequester?' Pure Nonsense," *On the Economy: Jared Bernstein Blog,* Feb. 21 (http://jaredbernsteinblog.com/obamas-sequester-pure-nonsense/, retrieved on Apr. 21, 2016)

Congressional Budget Office (CBO) [2016] *The Budget and Economic Outlook: 2016 to 2026,* Jan. 25.

Congressional Quarterly (CQ) [2012] "Default Avoided at Eleventh Hour," *CQ Almanac 2011,* CQ Roll Call Inc.

Department of Defense (DoD) [2014] *Quadrennial Defense Review 2014,* Mar. 4.

Faler, Brian [2015] "Meet the Tax Extenders: How an Odd-ball Collection of Temporary Tax Breaks Became an Unkillable $85 Billion Ritual," *Politico,* Oct.

21.
Henniff Jr., Bill, Elizabeth Rybicki, and Shannon M. Mahan [2011] *The Budget Control Act of 2011*, Congressional Research Service, R41965, Aug. 19.

International Monetary Fund (IMF) [2014] *World Economic Outlook : Legacies, Clouds, Uncertainties*, Oct. 14.

Joyce, Philip G. [2011] Statement of Philip Joyce, in U.S. House, Committee on Budget [2011].

LeLoup, Lance T. [1988] "From Microbudgeting to Macrobudgeting: Evolution in Theory and Practice," in Rubin, Irene S. (ed.), *New Direction in Budgetary Theory*, State University of New York Press.

Macroeconomic Advisers [2013] *The Cost of Crisis-Driven Fiscal Policy*, Peter G. Peterson Foundation, Oct.

Martin, Carmel [2015] "Fixing Sequestration and Improving the Budget Process," Testimony before the U.S. House, Committee on Budget, Hearing, *First Principles of Congressional Budgeting*, 114th Congress, 1st Session, July 28.

Meyers, Roy T. [2014] "The Implosion of the Federal Budget Process: Triggers, Commissions, Cliffs, Sequesters, Debt Ceilings, and Shutdown," *Public Budgeting and Finance*, Vol. 30, Issue 4, Dec.

National Commission on Fiscal Responsibility and Reform [2010] *The Moment of Truth : Report of the National Commission on Fiscal Responsibility and Reform*, Dec. 1.

Nussle, Jim [2011] Statement of Jim Nussle, in U.S. House, Committee on Budget [2011].

Sargent, Greg [2013] "The Party of Reagan, or the Party of the Club for Growth ?," *The Washington Post*, Feb. 6.

Stein, Harry [2015] *Setting the Right Course in the Next Budget Agreement*, Center for American Progress, Sept.

White, Joseph [2005] "Making Connections to the Appropriations Process," in Paul S. Herrnson, Ronald G. Shaiko and Clyde Wilcox (eds.), *The Interest Group Connection : Electioneering, Lobbying, and Policymaking in Washington*, CQ Press.

Woodward, Bob [2013] "Obama's Seqiester Deal-Changer," *The Washington Post*, Feb. 22.

U.S. House [2015] *Bipartisan Budget Act of 2015 : Section-by-Section Summary*,

Oct.

U. S. House, Committee on Budget [2011] Hearing, *The Broken Budget Process : Perspectives from Budget Experts,* 112th Congress, 1st Session, H-Hrg. 112-16, Sept. 22.

U. S. Senate, Committee on Finance [2010] Hearing, *Tax Reform : Lessons from the Tax Reform Act of 1986,* 111th Congress, 2nd Session, S-Hrg. 111-1093, Sept. 23.

第4章　医療保障政策
　　　──市場に潜む不安定性と「リヴァイアサン」──

櫻　井　　　潤

> 　アメリカの医療保障政策の課題は，「アフォーダブル（低負担で手に届く）医療保険」に加入する機会を国民に提供し，先進諸国の中で最も高い医療費負担の軽減と国民皆保険を目指すことである。アメリカには全国民を対象とする公的医療保障制度がなく，医療保険市場において販売されている民間保険に加入することが保障を得るための主な手段である。しかし，年を追うごとに高騰する医療保険料が支払えずに保険に加入できない人々はワーキングプアを中心に増え続け，確実な医療保障を持たない無保険者は約5000万人にまで増加した。
> 　この課題を解決するためにオバマ政権期に可決・成立した2010年医療保険改革法は，政党の内外や利害関係者との間のいかなる合意，対立，妥協を経て成立し，どのような特徴を有していたのか。医療保険改革は当初の計画通りに実施され，期待通りの成果をもたらしたのか。本章では，オバマ政権期の医療保険改革の背景，医療保険改革法の成立過程，成立後の動向を検討し，それを通して市場重視型の医療保障政策の様相とその持続可能性について考える。

1　医療保障政策の課題──「アフォーダブル医療保険」

（1）医療費負担の増加

　アメリカの医療費の水準は先進諸国の中でも突出して高く，個人・企業・政府の医療費負担は年を追うごとに高まる一方である。特に，2000年代には連邦支出の大幅な拡大に主導されて医療費が膨張した。
　表4-1に示されるように，国民医療支出は1980年代に続いて1990年代にも急速に増加し，1990年から2000年にかけて，民間よりも政府の支出が大きく増える形で約1.8倍に膨張した。支出総額に占める民間支出の割合はこの期間に67.7％から64.5％に3.2ポイント低下したが，それに対して連邦支出と州・地

表 4-1 国民医療支出の経済主体別構成の推移

(10億ドル, %)

		1990	1995	2000	2005	2010	2011	2012	2013	2014
金額	民間部門	488	641	884	1,227	1,445	1,506	1,581	1,618	1,673
	企業	171	234	336	470	519	547	572	582	606
	家計	261	328	444	619	751	778	812	827	844
	その他民間財源	57	79	104	137	175	182	197	209	222
	政府部門	233	381	486	798	1,151	1,191	1,218	1,262	1,359
	連邦政府	124	215	261	450	731	731	730	756	844
	州・地方政府	109	166	226	348	420	460	488	506	515
	合計	721	1,022	1,370	2,025	2,596	2,697	2,799	2,880	3,031
構成比	民間部門	67.7	62.7	64.5	60.6	55.7	55.8	56.5	56.2	55.2
	企業	23.7	22.9	24.5	23.2	20.0	20.3	20.4	20.2	20.0
	家計	36.2	32.1	32.4	30.6	28.9	28.8	29.0	28.7	27.8
	その他民間財源	7.9	7.7	7.6	6.8	6.7	6.7	7.0	7.3	7.3
	政府部門	32.3	37.3	35.5	39.4	44.3	44.2	43.5	43.8	44.8
	連邦政府	17.2	21.0	19.1	22.2	28.2	27.1	26.1	26.3	27.8
	州・地方政府	15.1	16.2	16.5	17.2	16.2	17.1	17.4	17.6	17.0
	合計	100.0	100.0	100.0	100.0	100.0	100.0	100.0	100.0	100.0
国民1人当たり (ドル)		2,843	3,806	4,857	6,856	8,402	8,666	8,927	9,115	9,523
対GDP比率 (%)		12.1	13.3	13.3	15.5	17.3	17.4	17.3	17.3	17.5

出所：U. S. Department of Health and Human Services, Centers for Medicare and Medicaid Services, *National Health Expenditure Data* より筆者作成。

方政府支出の同割合はそれぞれ1.9ポイントと1.4ポイント上昇した。政府支出が拡大した主な要因は，1990年代初頭の経済停滞の下で，貧困者や一部の低所得者等を対象として州政府と連邦政府によって合同で運営されている医療扶助のメディケイド（Medicaid）の加入者数が増え，その支出が増えたことであった。

1990年代後半の経済成長は医療扶助の加入者数を減らす要因になったが，複数の州で実施されたメディケイドの対象拡大や1997年均衡予算法（Balanced Budget Act of 1997）による子ども医療保険加入支援制度（Children's Health Insurance Program；CHIP）の創設が加入者数の増加をもたらして支出の増加要因として強く作用した結果，国民医療支出に占める政府支出の割合が高止まりした。

2000年から2010年までの10年間にも国民医療支出は膨張し続けて1.6倍になり，支出総額に占める企業支出の割合が低下した一方で，連邦支出の同割合が

19.1%から28.2%に9.1ポイントも大幅に上昇した。連邦支出を拡大させた主な要因は，2003年メディケア処方薬改善現代化法（Medicare Prescription Drug, Improvement, and Modernization Act of 2003）によって，65歳以上の高齢者（一部の障害者を含む）を対象とする公的医療保険のメディケア（Medicare）における処方薬給付等の充実策が実施されたことであった（櫻井［2012］）。

　このような公的制度の改革と並行して，1990年代以降には数多くの民間企業の雇用主が，自らの被用者に対して民間医療保険に加入する機会を提供する雇用主提供医療保険という企業福利制度の改革を行った。すなわち，保険を提供する被用者の対象範囲の限定またはその提供自体の廃止が行われるとともに，医療費水準が高まる中で雇用主が保険料の拠出額を固定化させることによって雇用主拠出の実質的な引き下げや被用者への保険料負担のシフトが進められた（長谷川［2010］）。その結果，2000年から2010年までの間に国民医療支出に占める企業支出の割合が24.5%から20.0%に4.5ポイントも低下した。

　とはいえ，保険料は1990年代と2000年代に続いて2010年以降にも増加し，個人と企業の負担も増え続けている。雇用主提供医療保険に関して単身者が支払った保険料の年額の全米平均は，2000年には3481ドルであったが2013年には5571ドルになり，13年間に2090ドルも増加し，年平均で4.8%も増えた。被用者の拠出額は同期間に606ドルから1170ドルに564ドルも増え，保険料の総額に占める被用者拠出の割合が17%から21%に4ポイントも上昇した。その結果，個人の中位所得に占める保険料の負担額の割合は同期間に14%から21%に7ポイントも高まった。2000年代には雇用主から被用者への保険料負担のシフトが進んだとはいえ，雇用主の拠出額も同期間に2875ドルから4401ドルに1526ドルも増えた（Collins et al.［2014：2-5］）。

（2）医療保障の不安定性の高まり

　医療費の膨張と並行して民間保険の保険料水準は高まり続け，それはワーキングプアを中心に多くの国民が十分で確実な医療保障を得る機会を減少させている。

　他の多くの先進諸国とは異なり，アメリカにはすべての国民を対象とする公的医療保障制度がなく，国民は主として医療保険市場において販売されている

表4-2 医療保障の制度別加入状況の推移

(万人, %)

		1990	2000	2010	2011	2012	2013	2014
人数	民間医療保険	18,214	20,279	19,615	19,732	19,881	20,196	20,860
	雇用主提供医療保険	15,022	17,944	16,937	17,010	17,088	16,902	17,503
	個人加入医療保険	N/A	2,680	3,035	3,024	3,062	3,453	4,617
	公的医療保障	6,097	6,904	9,553	9,950	10,149	10,758	11,547
	メディケイドとCHIP	2,426	2,953	4,853	5,084	5,090	5,408	6,165
	メディケア	3,226	3,774	4,491	4,692	4,888	4,898	5,055
	軍人関連の医療保障	992	910	1,293	1,371	1,370	1,415	1,414
	無保険	3,472	3,843	4,995	4,861	4,795	4,195	3,297
	合計	24,889	27,952	30,655	30,883	31,112	31,340	31,617
構成比	民間医療保険	73.2	72.5	64.0	63.9	63.9	64.4	66.0
	雇用主提供医療保険	60.4	64.2	55.3	55.1	54.9	53.9	55.4
	個人加入医療保険	N/A	9.6	9.9	9.8	9.8	11.0	14.6
	公的医療保障	24.5	24.7	31.2	32.2	32.6	34.3	36.5
	メディケイドとCHIP	9.7	10.6	15.8	16.5	16.4	17.3	19.5
	メディケア	13.0	13.5	14.7	15.2	15.7	15.6	16.0
	軍人関連の医療保障	4.0	3.3	4.2	4.4	4.4	4.5	4.5
	無保険	13.9	13.7	16.3	15.7	15.4	13.4	10.4
	合計	100.0	100.0	100.0	100.0	100.0	100.0	100.0

注：複数の保障を得ている者がいるので，各項目を足し合わせた人数と合計が異なる。
出所：U. S. Census Bureauのウェブサイトより筆者作成。

民間医療保険を購入することによって医療保障を獲得し，その保険給付を通して医療サービスを利用している。すなわち，アメリカの医療保障制度の特徴は，医療保険市場と医療サービス市場の役割を最も重視している点にある。表4-2は，アメリカの医療保障制度別の加入状況とその推移を整理したものである。

第1に，雇用主提供医療保険は医療保障制度の主軸であり，連邦政府はその保険料負担への租税優遇措置を通して雇用主に被用者への保険の提供を促し，この福利給付に医療保障の意味合いを持たせている。租税優遇措置に伴う租税支出の規模を政府支出と単純に比較することはできないものの，この租税支出の規模は連邦医療支出においてメディケアとメディケイドの支出に次いで大きく，それが民間主導の医療保障制度を強力に支えている（Howard [2007]）。多くの大企業の雇用主は保険を提供し，保険料の全額または一部を拠出しているが，その主な対象はフルタイムで働く正規雇用の被用者であり，パートタイムなどの非正規雇用の被用者はしばしば，雇用主提供保険に加入する権利を持た

ない。被用者数が50人未満の小企業や零細企業では，保険の提供率，雇用主拠出の有無，保険料負担の総額に占める雇用主拠出の割合が全体として低く，特にそれらの企業に勤める非正規雇用の被用者にとっては雇用主提供保険に加入する機会が相対的に乏しい（U. S. Census Bureau のウェブサイト）。後に詳しく検討する医療保険改革法に基づく改革が本格的に実施される直前の2013年には，65歳未満の現役世代を中心に国民の53.9%が雇用主提供医療保険に加入していた。なお，人々は個人単位で民間保険に加入することもできるが，保険料がかなり高額であることから多くの人々にとって加入は難しく，2013年には国民に占める加入者の割合は11.0%に過ぎなかった。

　第2に，公的医療保障制度の中心は公的医療保険のメディケアと医療扶助のメディケイド・CHIP であり，2013年にはそれぞれ国民の15.6%と17.3%がこれらの制度を通して保障されていた。多くの州の医療保険市場では，人々の既往症の有無や年齢などに応じて保険料が設定されていた。高齢者は傷病リスクが65歳未満の人々よりも高いとみなされ，相対的に高額の保険料負担を求められがちである一方，低所得者や貧困者は保険料の支払いが難しい。政府は主に，これらの民間保険への加入が困難な人々を対象に公的制度を運営している。ただし，これらも医療保険市場と医療サービス市場を土台として構築され，それらの市場における取引慣行や価格水準などを尊重しながら実施されている。

　第3に，雇用主提供医療保険を中心とする民間保険と公的制度のどちらからも保障されず，確実な医療保障を持たない無保険者（uninsured）の数は2013年には約4200万人にも上り，国民の13.4%を占めていた。無保険者の多くは，医療扶助の保障を得られるほどには低所得ではないが，民間保険の保険料を支払う余裕がないワーキングプアである。保険に加入している人々も含め，十分な保障を持たない人々（underserved）の数は次第に増加している。

　2000年代には，すでに述べたような雇用主提供医療保険の改革が実施され，IT バブルの崩壊と世界金融危機による大不況が断続的に続くとともに民間保険の保険料水準が高まり続けた結果，全国民に占める雇用主提供医療保険の加入者の割合が大きく低下し，無保険者や不十分な保障しか持たない人々の数が急速に増加した。全国民に占める雇用主提供医療保険の加入者の割合は2000年には64.2%であったが2010年には55.3%になり，10年間で8.9ポイントも低下

した。一方で，医療扶助を通して保障を受ける人々が大きく増え，医療扶助の加入者の同割合は同期間に10.6％から15.8％に5.2ポイント上昇したが，その上昇幅は雇用主提供医療保険の低下幅を下回った。その結果，国民に占める無保険者の割合は同期間に13.7％から16.3％に2.6ポイントも上昇し，2010年の無保険者数は約5000万人にも上った。

以上のように，市場重視型の医療保障制度における医療費負担の増加と医療保障の不安定性の高まりが，オバマ政権にとっての与件であった。オバマ政権期の医療保障政策の課題は，「アフォーダブル（低負担で手に届く）医療保険（affordable health insurance)」に加入する機会をすべての国民に対して提供し，それを通して医療費負担の抑制と十分で確実な医療保障を両立させることであった。

2 医療保険改革法の成立過程

(1) 基本合意——市場重視型の現行制度を土台とする医療保険改革

民主党のバラク・オバマ（Barack Hussein Obama II）は医療保険改革を公約に掲げて大統領選挙に勝利し，オバマ政権が発足した直後に本格的な審議が開始された。それは，第111議会において最も大規模で内容も多岐にわたる議題になった。

オバマ政権は，医療保険改革法案の作成と審議を議会主導で進めることを重視し，議会の審議においては，最有力の医療保険団体である全米医療保険プラン（America's Health Insurance Plans），全米医師会（American Medical Association），全米病院協会（American Hospital Association），アメリカ研究製薬工業協会（Pharmaceutical Research and Manufacturers of America）など，医療保障を取り巻く利益集団の見解や利害が大いに尊重されることになった。こうした政権のスタンスは，クリントン政権期の医療保険改革の失敗を教訓とした上での政治戦略であった。すなわち，クリントン政権期に医療保障法案の作成を統括した民主党のヒラリー・クリントン（Hillary Rodham Clinton）はホワイトハウスに特別作業班を設置し，その作業班の方針が議会での審議よりも優先される形で法案の作成が進められた。このような閉鎖性が民主党議員を含む数多くの

議員から批判され、さらには利益集団からの協力も得られず、改革は失敗したのである (Hacker [1997])。オバマ政権はこのような失敗を繰り返さないために、立案の段階から議会での審議を最も優先する姿勢を示した。

　医療保険改革の基本方針は、既存の医療保険市場と医療サービス市場を土台として、効果的かつ効率的な医療保障を実現するための市場規制や財政支援とそれらの適切な組み合わせを模索することであった。この方針は、2009年3月5日にこれらの市場に関わる利害団体の代表を招いて開催された「医療保険改革フォーラム」において、主たる団体との間でほぼ合意されていた。つまり、これらの代表は審議の早い段階で、市場に投入される財政資金の増額を伴う改革によって新規の顧客を獲得できることを見越して市場規制の強化を容認していたのである (Jacobs and Skocpol [2013：70-71])。それと引き換えに、主な団体の代表は後に改革を支持する旨の文書に署名し、自主的な費用削減を政権に約束したが、それが行われる保証はなく、不透明な約束でしかなかった。

(2) 医療保障制度における連邦政府の役割——上院財政委員会の「円卓会議」
医療保険改革への大筋での合意と市場規制の容認

　このような基本合意の下で、市場重視型の医療保障制度における連邦政府の役割が最大の論点として掲げられ、議会での審議が進められた。以下では、「医療保険改革フォーラム」に続いて、2009年5月5日に主要な利害団体の代表を招いて開催された上院財政委員会の「医療保障の拡大に関する円卓会議」の証言記録を手掛かりに、医療保険改革法の審議過程とその意義を明らかにする。

　数々の利害団体の代表は、個人への保険加入の義務化、市場規制、医療保険取引所の創設、保険給付に関する連邦ガイドライン、保険料負担への連邦補助など、後に可決・成立した医療保険改革法の主要な部分に大筋で合意する姿勢を示した。特に、全米医療保険プランの代表兼CEOのカレン・イグナグニ (Karen Ignagni) は、個人保険市場においてすべての人々に対して保険に加入する機会を保証するために、保険規制を主として担う州政府に対して連邦政府がガイドラインを示し、既往症を抱えている人々への保険加入の拒否や健康状態に応じた保険料率の設定を禁止するという「市場全体に及ぶ改革」を全面的に支持すると証言し、保険団体の代表としての立場から市場規制の強化を容認

した（U. S. Congress, Senate, Committee on Finance［2009：60-61］）。

公的保険プランの導入案

これらに加えて，医療保険改革の性質を最も強く規定したのは，民主党リベラル派の議員が強く主張していた公的保険プラン（Public Option；以下「PO」とする）の導入案が採用されず，改革を民間主導で進める方針が徹底されたことであった。PO 案とは，連邦政府または州政府が独自の保険プラン（PO）を設計し，それを他の民間保険と同様に医療保険市場で販売するというものであり，第111議会では連邦政府がこの役割を担うことの是非について大々的に審議された。保険会社は PO の保険料をふまえて自らの保険プランの保険料を設定し，医療保険市場において保険会社と連邦政府が競争することが想定された。PO 導入の目的は医療費負担の抑制であり，医療保険取引所において競争が活発になることを通して保険料の水準が引き下げられ，多くの人々が「アフォーダブル医療保険」に加入できるようになることが期待されていた。

民主党リベラル派のデビー・スタベノー（Deborah Ann "Debbie" Greer Stabenow, D-MI）は，PO の導入を強く主張した。スタベノーは，政府が消費者のニーズに対応した「消費者主導型の公的保険プラン（a consumer-driven public option）」を導入することによって，政府と保険会社の間で公正な市場競争が活発に行われ，それが医療サービスの提供や保険運営などに関する費用の節約効果を高める結果，保険料の引き下げと医療の質の向上が期待できると述べた（*Ibid.*［65-66］）。

共和党議員による公的保険プラン導入案への批判

この提案に対して，保守派の共和党議員やイグナグニは強く反発し，PO の導入が不公正であり，むしろ政府の負担を高める要因になると主張した。

共和党のジョン・コーニン（John Cornyn III, R-TX）は，イグナグニに問いかける形で以下のように発言した。

イグナグニ氏に対する私の質問は，いわゆる「公的保険プラン」に関するものである。公的保険プランが今や消費者主導型医療保険プランと呼ばれていることが興味深い。私が思うに，それはワシントン主導型の不公正な競争をもたらす保険プラン（Washington-directed unfair competition plan）と呼ぶ

ほうが（内容を）うまく説明できる。なぜなら，政府は（保険会社にとって）公正な競争相手ではないからである。（それが導入されれば，医療保険市場と医療サービス市場において）公定価格が設定される。それは負担すべき金額を知らせてくれると同時に，あなたが得られるものと得られないものを明確にする。このことは，現在のメディケアやメディケイドに付随する問題である。なぜなら，（これらの公的制度においては）保障の約束が行われるものの，あなたは政府が支払いたい価格を受け入れる医師を見つけ出すことができず，（医療機関への）アクセスが存在しないという問題が生じているからである（文中の括弧内の言葉は引用者による補足。他の引用も同様）(*Ibid.* [65-67])。

すなわち，コーニンは，現行のメディケアとメディケイドにおいて連邦政府や州政府から保険診療の対価として医療機関に支払われる診療報酬が，市場における標準的または慣習的な報酬よりも少ない金額に設定されていると主張している。その結果，自身が選出されたテキサス州内の数多くの地域を含む非都市圏の地域を中心に，メディケアやメディケイドの保険診療を引き受ける医療機関が存在しない空白の地域が生じ，加入者が保険診療を受けられないという問題が発生していると述べている。コーニンはそれを念頭に置いて，POが市場における消費者の立場や保険会社と医療機関の契約関係から遠く離れた連邦政府やホワイトハウスに主導される側面が強く，その導入がメディケアやメディケイドと同様の問題をもたらすことを懸念している。この問題を回避するためには，連邦政府や州政府は診療報酬を引き上げざるを得ず，コーニンはそれによって財政負担が増えるとして，PO案を批判しているのである。

医療保険団体による公的保険プラン導入案への反発

イグナグニは，コーニンからの質問に対して以下のように回答した。

> コーニン議員，あなたはとても重要な（議論の）枠組みを設定したと思う。…（中略）…政府は，現時点では（医療機関との間で妥当な）診療報酬について交渉するインフラを持たない（*Ibid.* [70]）。

さらに，イグナグニはPO案に関する議論の過程で以下のように証言し，

PO案に反対する意向を改めて示した。

　政府は疾病管理を行う能力も持たず，（効果的な治療やケアを行うための）医療機関の連携の組織化もできず，実質的に有効な（治療や予防などの）成果に応じた診療報酬（pay for performance）も設定できず，我々が民間医療保険プランにおいて好成績を実現してきた他の方策も実行することができなかった。それゆえに，我々は現行のシステムが機能していないという前提を受け入れる。それは改革される必要があり，実際に，我々は明快で具体的かつ効果的な政府の規制を必要としているのである（Ibid.［73］）。

　以上のように，イグナグニはPO案に反対する論拠にとどまらず，現行制度の問題が主に政府に起因するものであるという認識を表明した。すなわち，政府は医療保険を有効に運営するためのノウハウを持たず，POの導入は医療費負担の抑制と医療保障の充実・拡大を実現しないことから，医療保険は民間の保険会社によって運営されるべきであり，そのような民間主導の医療保障制度をベースにした改革が望ましいと主張したのである。保険業界や医療産業がいくつかの市場規制を受け入れる意向を示したのは，それらが民間主導の現行制度の枠組みを壊すものではないと判断したからである。イグナグニは，現行制度を保持した上で適切な市場規制を行えば課題を解決することが可能であると主張し，そのような改革に賛成する意志を表明したのである。

公的保険プラン導入案に関する超党派合意の不成立

　共和党議員やイグナグニからの反発に加えて，民主党の穏健派や財政保守派の議員も，PO案に対して消極的または批判的であった（Staff of Washington Post［2010：25］；天野［2013：118-119］；山岸［2014：184-186］）。

　なかでも，民主党のマックス・ボーカス（Max Sieben Baucus, D-MT）は業界団体との駆け引きや様々な立場の議員との交渉に長けたベテランの調整役であり（Jacobs and Skocpol［2013：62］），多くの財政保守派の下院議員が所属する「ブルードッグ連盟（Blue Dog Coalition）」という民主党の院内会派やリベラル派の議員とも交渉を進めることが期待されていた。ボーカスは上院財政委員会の委員長を務めるとともに円卓会議でも議長として活躍し，法案の審議過

程において主導的な役割を担った人物の1人である。さらに，ボーカスは「ギャング・オブ・シックス（Gang of Six）」と呼ばれる上院財政委員会の超党派集団にも属しており，チャック・グラスリー（Charles Ernest "Chuck" Grassley, R-IA），マイク・エンヅィ（Michael Bradley "Mike" Enzi, R-WY），オリンピア・スノー（Olympia Jean Snowe, R-ME），ジェフ・ビンガマン（Jesse Francis "Jeff" Bingaman, Jr., D-NM），ケント・コンラッド（Kent Gaylord Conrad, D-ND）とともに，改革の実現に向けて超党派での合意を取りまとめようと奔走した。

ボーカスは激しい党派間対立の下で法案の成立を最も優先させたがゆえに，議会の内外でPO案への反発が強まると，彼自身もPO案への反対姿勢を強めていった。ボーカスのPO案に関する本音が賛成と反対のどちらに近かったのかについてはやや評価が分かれるところであるが，いずれにせよ，彼がPOの導入によって医療費負担が高まることを強く懸念していたことが，円卓会議における発言などから明確に読み取れる。円卓会議においてボーカスは進行役に徹し，POに関して具体的な見解は示さなかったものの，冒頭陳述では，「医療保障は改革の一部に過ぎ」ず，「我々は高騰し続けている医療費の問題も扱わなければならず，財政改革に関する責任ある持続可能な方法を見出さなくてはならない」と発言し（U. S. Congress, Senate, Committee on Finance [2009：58]），医療費負担の抑制が改革に不可欠である点を強調した。彼は法案の成立に向けてこの点を特に重視したがゆえに，後に上院案をまとめる過程で医療・教育・労働・年金委員会から示された改革案にPO案が盛り込まれていたことについても，「（共和党議員だけでなく多くの民主党議員も反対している）PO案が付随した法案のために，我々が賛成の60票をどうやって集めたらよいのか，誰も示すことができていない。私は成立にまで辿り着ける法案を求めている」と批判的に述べ，法案に反対票を投じた（Starr [2013：226]）。

公的保険プラン導入案の不採用

このような審議を経て，PO案は，11月7日に財政保守派などの民主党議員の39票を含む反対215票に対して賛成220票で可決された下院案には盛り込まれたものの，12月24日に反対39票に対して賛成60票で可決された上院案では採用されなかった。下院案には1名の共和党議員が賛成票を投じたものの，上院案にはすべての共和党議員が反対した。2010年3月にオバマ政権によってまとめ

られた法案も，下院案よりも総じてリベラル色が弱い上院案をベースとするものであり，POの導入は見送られた。なお，民主党のリベラル派の議員からはメディケアの対象年齢を55歳以上に拡大する案も出されたが，イグナグニや保守派の共和党議員はPO案と同種のものであるとして強く反発し，これも不採用に終わった（Jacobs and Skocpol [2013：82]）。

以上のように，PO案は議会での審議の全体を通して，アメリカの市場重視型の医療保障制度において連邦政府が果たすべき役割から逸脱するものであるという見方が大勢であった。連邦政府に期待される役割とは，自らが市場を主導するのではなく，民間組織によって主導される市場が有効に機能するように公的規制や財政支援などを通して支援することであった。PO案の不採用は，そのような医療保険改革法案の性質を象徴するものであった。

(3) 党派間対立の下での予算調整法を伴う可決・成立

それに加えて法案の性質を強く規定したのは，オバマ政権および民主党優位の議会が共和党との激しい対立の下で，連邦財政赤字を増やさないことを条件に法案の成立を目指したことであった。こうした手続きは，民主党の上院議員のエドワード・ケネディ（Edward Moore "Ted" Kennedy, D-MA）が逝去した後に行われた2010年1月の補欠選挙において，共和党のスコット・ブラウン（Scott Philip Brown, R-MA）が，改革に強く反対する草の根の保守集団のティーパーティー（Tea Party）から支援を受けて当選したことによって不可避なものと判断された。なぜなら，この選挙によって上院の民主党議員の議席数が59議席に減り，民主党が単独で法案を可決させるために必要な60票を下回ったからである。そこで，医療保険改革法案は，単純過半数の51票の賛成票で可決することが可能な予算調整法案と一体的なものとしてまとめられた。予算調整法案は連邦財政赤字を増やさないことを条件とするものであり，上院の「ギャング・オブ・シックス」が主な調整役になり（Ibid. [114]），後述する数々の増税案や支出抑制案が盛り込まれることによって法案がかろうじて成立した。これらの最終段階での法案に対して，共和党議員から賛成票は投じられなかった。

かくして，2010年3月に2010年患者保護アフォーダブルケア法（Patient Protection and Affordable Care Act of 2010）と2010年医療教育アフォーダビリティ

第 4 章　医療保障政策

表 4-3　医療保険改革法の主な規定と施行スケジュール（2016年 1 月現在）

2010年	19歳未満の子どもへの既往症の有無や健康状態に基づく保険引受の拒否や給付制限の禁止（9月） 26歳未満の子どもが親の加入している保険に加入する権利の保障（9月） 加入者への保険給付に関する年間上限設定の禁止（9月・2014年まで段階的導入） 加入者への生涯にわたる保険給付に関する上限設定の禁止（9月・2014年まで段階的導入） 小企業の雇用主への保険提供税額控除（フルタイム相当被用者※25人未満） メディケアの診療報酬の改革（2011年以降にも複数の支出抑制策を実施）
2011年	メディケアの処方薬給付の充実 ブランド薬を取り扱う製薬会社と輸入会社への課税
2013年	医療保険取引所を通した保険加入の受付開始（10月） 高所得者に対するメディケアの社会保障税の増税
2014年	既往症の有無や健康状態や性別に基づく保険引受の拒否，差別的な料率設定，給付制限の禁止 個人に対する保険加入の義務化 保険料税額控除と患者一部負担補助 メディケイドの対象拡大（州政府の裁量） 保険非加入者への課税 保険会社への加入者数でみた市場シェアに応じた課税
2015年	雇用主に対する保険提供の義務化（フルタイム相当被用者100人以上） 保険非提供の雇用主への課税（2016年まで段階的導入）
2016年	雇用主に対する保険提供の義務化（フルタイム相当被用者55人から99人）
2018年	保険料が高額な医療保険プランに関する保険会社への課税

注：※　1 週間当たりの平均の労働時間が30時間以上または 1 ヵ月当たりの平均の労働時間が120時間以上の被用者をフルタイム被用者として換算することで算出される被用者数。以下同様。
出所：Commonwealth Fund のウェブサイト（http://www.commonwealthfund.org/interactives-and-data/health-reform-resource-center）；Henry J. Kaiser Family Foundation のウェブサイト（http://healthreform.kff.org/timeline.aspx）より筆者作成。

調整法（Health Care and Education Affordability Reconciliation Act of 2010）が可決・成立し，市場を土台とする医療保険改革が実施されることになった（以下，これらの 2 つの法律を「医療保険改革法」と総称する）。

3　医療保険改革法の枠組みと連邦財政

（1）市場規制と連邦支出による医療保障の拡大

医療保険改革法に基づく改革は多岐にわたり，表 4-3 に示されるように，

その要となる部分は2013年10月から実施されることになった。

　第1の改革は市場規制の強化であり，医療保険市場と医療サービス市場への全米一律の連邦規制が，州規制に加わる形で2010年から段階的に行われた。

　第2はメディケイドの拡大であり，2014年から成人の所得要件に関する連邦ガイドラインが連邦貧困ライン(1)の138％に引き上げられた。医療保険改革法の当初の規定では，この拡大を実施しない州政府はメディケイドに関する連邦補助金の全額を打ち切られることになっていたが，後述するように，後の最高裁判決に基づいてこの規定が廃止され，州政府による選択制という性質が強まった。

　第3は，医療保険取引所の創設と保険加入を促すための補助金の支給である。医療保険取引所を通して販売される保険プランの給付内容や保険料収入に対する保険給付の割合などは，連邦最低基準に基づいて標準化され，保険会社はそれに独自の給付などを加えることによって保険プランを開発する。州政府と連邦政府は専用のウェブサイトを開設し，個人や企業が複数の保険プランの保険料，給付内容，保険診療を行う医療機関などを比較しながら保険を選択することを支援している。同時に，自らの所得が連邦貧困ラインの100％から400％までに該当し，医療保険取引所を通して保険に加入する人々は，保険料税額控除と患者負担補助を受けられる。これらは，加入者の所得が少ないほど手厚くなる。保険料税額控除は還付可能な税額控除（refundable tax credit）であり，加入者の保険料負担額に加えて税額控除の金額が保険会社に支払われる。

　第4に，2014年から不法滞在者や施設入所者などを除くすべての個人が，連邦課税権を背景に，医療保険への加入を実質的に義務付けられた。ある年に3ヵ月間を超えて保険に加入していなかった者は，連邦税に相当する「ペナルティ」を賦課され，一定額または所得に応じた金額を納めなくてはならない。

　第5に，2014年から被用者数が50人以上の企業の雇用主は，連邦課税権を背景に被用者への医療保険の提供を実質的に義務付けられることになった。ある年に適格被用者に保険を提供しなかった雇用主は，適格被用者1人当たり2084ドルの「ペナルティ」を納めなくてはならない。ただし，この規定が適用される年は後に2016年に延期された。なお，被用者数が50人未満の小企業や零細企業には，雇用主の保険料拠出に充てるための税額控除が付与される。

表4-4 医療保険改革法が65歳未満の人々の医療保障の制度別加入状況に及ぼす影響に関する議会予算局の試算[※1]

(100万人, %)

	2014	2015	2016	2017	2018	2025
【改革しない場合 (A)】						
雇用主提供医療保険	156	154	156	157	158	162
メディケイドとCHIP	35	38	38	38	38	40
メディケア等	24	26	26	26	27	28
無保険	54	52	52	51	51	52
合計	270	270	271	272	274	282
【改革した場合 (B)】						
雇用主提供医療保険	156	153	150	150	150	155
医療保険取引所	6	11	21	24	24	22
保険料税額控除あり	5	8	15	18	18	16
保険料税額控除なし	1	3	6	6	6	6
メディケイドとCHIP	42	48	50	50	50	54
メディケア等	23	23	22	22	23	24
無保険	42	35	29	27	27	27
合計	270	270	271	272	274	282
【改革の影響 (B-A)】						
医療保険取引所	6	11	21	24	24	22
メディケイドとCHIP	7	10	12	12	12	14
雇用主提供医療保険	※2	-1	-6	-7	-8	-7
メディケア等	-1	-3	-4	-4	-4	-4
無保険	-12	-17	-23	-24	-24	-25

注：※1　2014年の人数は2014年4月推計，2015年以降の人数は2015年3月推計に基づいている。
　　※2　マイナス50万人超0万人未満。
出所：U. S. Congressional Budget Office [2014]；[2015a] より筆者作成。

　議会予算局は合同課税委員会との連名で2010年3月に発表した報告書において，医療保険改革法に基づく改革によって2014年には800万人が医療保険取引所を通して保険に加入し，2019年にはその加入者数が2400万人に達するという試算の結果を示した。メディケイド拡大の効果などもあわせると，2019年には無保険者の数が2300万人になり，改革が行われなかった場合の5400万人の半数以下になると試算された（U. S. Congressional Budget Office [2010]）。その後，議会予算局は経済変動，雇用情勢の変化，後述する医療保険改革法の修正をふまえて報告書の改訂版を発表しているが，表4-4の通り，改革が医療保障の状況を大きく改善するという見通しは基本的に堅持されている。

（2）医療保険改革法と連邦財政

　議会予算局は，医療保険改革法による改革の費用を2010年度から2019年度までの10年間で9380億ドルと見積もったが，改革によって連邦財政赤字は同期間に1240億ドルも削減されると試算した。表4-5に示されるように，10年間で3820億ドルの直接支出は，保険料税額控除の総額から受給者への還付を超える支出，患者負担補助，メディケイド拡大などの費用から，後述するメディケア支出の抑制額や在宅支援を軸に新たに創設される介護保険制度の保険料収入を差し引いたものとして算出された。5250億ドルの収入は，メディケアに適用されている社会保障税の富裕層への増税に加えて，製薬会社，医療機器製造業者，保険会社への事業税などの課税による収入の増加に，主に保険料税額控除の還付の結果として生じる収入減を加味したものである。収入から支出を差し引き，教育改革の影響を除くと，財政赤字が1240億ドルも削減されることになる。2013年度までは収入と支出の規模は小さいが，改革が本格的に実施される2014年度以降には支出が大きく増える。しかし同時に，2014年度以降には支出抑制の効果が大きく表出するとともに主な増税の開始や増収の規模が拡大することによって，財政収支が悪化しないと試算された。

（3）医療保険改革法への反発――「オバマケアはリヴァイアサン」

　しかし，この試算の根拠となる支出抑制策や増税の実施は困難であるという指摘が多く，特に保守派の議員や保守的な立場の研究者はその妥当性を大いに疑問視している。ジョージ・W・ブッシュ（George Walker Bush）政権期に議会予算局の局長を務めたダグラス・ホルツイーキン（Douglas James Holtz-Eakin）らは，この試算が非現実的な前提に基づいており，改革がむしろ財政赤字を増やすと批判した（Holtz-Eakin and Ramlet [2010]）。

　特に，メディケア支出抑制策は過去に類を見ない大がかりな内容であり，給付の充実に伴う支出の増加分を差し引いても2010年度から2019年度までの10年間に4550億ドルもの純支出が抑制されると試算されたが，その実現可能性には党派を超えて強い疑問が呈されている。支出抑制策の柱は，診療報酬や保険会社への委託料のこれまでにないほど大幅な段階的引き下げであった。

　医療保険改革法への保守派の反発は，それが連邦政府の本来の役割から逸脱

第4章 医療保障政策

表4-5 医療保険改革法が連邦財政に及ぼす影響に関する議会予算局の試算(2010年3月推計)

(10億ドル, %)

		2010	2011	2012	2013	2014	2015	2019	2010-14	2010-19
直接支出	教育（A）	※4	※4	4	-6	-3	-5	-2	-5	-19
	医療保険取引所	0	2	2	2	15	33	88	21	358
	保険料税額控除と患者負担補助	0	0	0	0	14	32	88	14	350
	改革の実施に関する支出	※4	※4	※4	1	※4	※4	0	2	2
	その他	0	1	2	2	1	※4	0	5	5
	再保険とリスク調整の支払い※1	0	0	0	0	11	18	21	11	106
	メディケイドとCHIPの拡大	※4	-1	-2	-4	29	56	97	22	434
	メディケア等の規定	2	-2	-11	-17	-42	-50	-108	-71	-455
	メディケアの診療報酬の抑制	※4	-1	-5	-9	-13	-19	-51	-28	-196
	メディケアの民間委託料の抑制	0	-2	-6	-9	-13	-17	-25	-30	-136
	医療機関への連邦補助金（DSH）※2	0	0	※4	※4	-1	-4	-11	※4	-36
	その他	2	1	※4	※4	-16	-11	-22	-12	-87
	その他の規定	2	6	2	-4	-5	-7	-7	1	-40
	在宅生活支援サービスと関連援助	0	0	-5	-9	-10	-11	-7	-24	-70
	その他	2	6	8	5	5	4	※4	26	30
	合計（B）	4	5	-5	-28	6	44	90	-20	382
収入	医療保険改革	※4	-1	-2	-5	1	6	7	-8	46
	保険料税額控除	0	0	0	0	-5	-11	-26	-5	-107
	再保険とリスク調整の収入※1	0	0	0	0	12	16	22	12	106
	小企業の雇用主への税額控除	-2	-4	-5	-6	-5	-3	-4	-21	-37
	保険非提供・非加入者への課税	0	0	0	0	3	9	14	3	65
	高額保険料プランに関する課税	0	0	0	0	0	0	20	0	32
	その他	※4	-1	-2	-5	1	6	7	-8	46
	製薬会社や保険会社への課税	0	2	3	5	12	15	18	22	107
	メディケアの社会保障税の増税	0	0	1	21	17	29	39	38	210
	その他の規定	※4	7	8	13	22	4	14	49	103
	合計（C）	-3	3	5	27	57	65	104	89	525
収支	全体の収支（D=B-C）※3	6	1	-10	-56	-51	-20	-15	-109	-143
	教育の規定を除く収支（E=D-A）※3	N/A	N/A	-14	-50	-48	-15	-13	-104	-124
	1人当たり保険料税額控除（ドル）	—	—	—	—	—	5,200	6,000	N/A	N/A

注：※1 加入者の属性に応じたリスク調整と高額保険給付の再保険に関する連邦支出または保険会社等からの収入。
　　※2 患者の一定割合が無保険者や医療扶助の加入者等である医療機関への連邦補助金。
　　※3 プラスの金額は財政赤字の増加，マイナスの金額は財政赤字の減少を示す。
　　※4 マイナス5億ドル超5億ドル未満。
出所：U. S. Congressional Budget Office［2010］より筆者作成。

しており，過大な連邦権限と連邦財源がもたらされるというものである。保守系シンクタンクのヘリテージ財団（Heritage Foundation）において政府問題研究部長を務めるマイケル・G・フランク（Michael G. Franc）は，2011年12月13日付の『ナショナル・レヴュー』（National Review）誌において，「オバマケア：リヴァイアサンの台頭（Obamacare: Leviathan Rising）」と題する論考を公表した。「オバマケア」とは，特に保守的な立場の人々が医療保険改革法を批判する際に，それが連邦主導の強権的な改革であるという批判的な意味合いを持たせて用いられる用語である。この論考は，保険加入の実質的な義務化やメディケイドの拡大が，巨額の連邦支出だけでなく，新たな連邦税の導入や連邦補助金の打ち切りを手段として強権的に進められようとしており，そのような「オバマケア」を，際限なく強大に成長していく怪物にたとえて「リヴァイアサンの台頭」と表現している（Franc [2011]）。すなわち，医療保険改革法によって連邦支出や連邦権限が拡大する結果，これまで「小さな政府」を志向してきたアメリカ型福祉国家が「大きな政府」の方向に向かうことが危惧されているのである。それは単なる保守的な見解にとどまらず，数多くの国民も同様の懸念を抱えており，法案の成立後にも医療保険改革の展開が大きく注目されている。

4　医療保険改革をめぐる党派間対立と超党派合意

（1）激しい党派間対立と医療保険改革法の存続

医療保険改革法への大枠での合憲判決と2012年大統領選挙

　医療保険改革法の成立後にも激しい党派間対立が続き，過半数の州の州知事や個人などが同法のいくつかの規定を合衆国憲法に違反するものであるとして訴訟を提起したほか，下院の共和党議員が同法の撤回を求める数十もの法案を続々と提出した。しかし，2012年6月28日の連邦最高裁判所の判決では，医療保険改革法に基づくメディケイドの拡大を拒否する州政府に対してメディケイドの連邦補助金の交付をすべて打ち切るという規定が違憲とされたことを除けば，同法の根幹となる部分が合憲とされた。撤回法案も，2010年11月の議会選挙で共和党が下院の過半数の議席を獲得してから勢いを増し，下院で法案が

次々に可決されたものの，民主党優位の上院で否決された。

2012年の大統領選挙における共和党の敗北は，多くの国民が医療保険改革法の撤回を望んでいなかったことを示すものであった。共和党のミット・ロムニー（Willard Mitt Romney）は，財政保守派のポール・ライアン（Paul Davis Ryan, Jr., R-WI）を副大統領候補に選び，医療保険改革法の撤回を公約に掲げるなど，保守的な色彩を強めて選挙に挑んだ。ロムニーの医療保障改革案は，下院予算委員長のライアンによって2011年に策定された2012年度予算案を土台とする内容であった。予算案は2012年以降にもほぼ同じ内容で提出され，いずれも上院で否決されて成立しなかったものの，共和党の代表的な改革案として大きな影響力を持った。それは連邦支出の大幅な削減を軸に財政赤字の削減を目指すものであり，医療保険改革法の撤回を前提に，メディケアの給付開始年齢を67歳に引き上げ，民間委託型の保険プランに加入するオプション制度をメディケアの全体に適用してプライバタイゼーションを一挙に進めるとともに，民間保険プランの保険料に充てるために加入者に一定額を補助するバウチャー制度を導入する。メディケイドについても，州政府に交付される連邦補助金を，連邦政府が各州の所得水準などに基づいて支出の一定割合を補助する現行のマッチング補助金から，所得水準や支出額などにかかわりなく各州に一定額を交付する包括補助金に変更することが提案された（U. S. Congress, House, Committee on Budget [2011]）。議会予算局は，この予算案の通りに改革が実施された場合，2050年度にはメディケアとメディケイドおよびCHIPの連邦支出が，この試算の時点で予定されていたすべての財政改革が実施されることを想定したケースよりも大幅に抑制されると試算した。そして，同年度の財政赤字の対GDP比率は，財政改革の実施を想定したケースの90％よりも80ポイントも少ない10％にまで大幅に低下する見通しであった（U. S. Congressional Budget Office [2011]）。しかし，ロムニーとライアンは選挙に敗北し，保守色の強い改革案は多くの国民に支持されなかった。この敗北によって，医療保険改革法の全面的な撤回の可能性は後退したといえよう。

党派間対立の下での医療保険改革法の存続

共和党は2012年の議会選挙でも下院の過半数の議席を維持し，党派間対立が続くことによって，医療保険改革のあり方に関する超党派での審議はいっそう

停滞した。オバマ政権と共和党は2013年11月15日までの暫定歳出予算案をめぐって対立し，下院では医療保険改革の実施を 1 年延期することを盛り込んだ暫定歳出予算案が可決されたが上院では否決され，延期を強硬に主張する共和党の側もそれを拒否する政権側も妥協の姿勢を示そうとしなかった。その結果，暫定歳出予算が成立しないまま期限の 9 月30日が過ぎ，一部の政府機関が閉鎖する事態に陥った。10月16日には2014年 1 月15日までの暫定歳出予算案が両院で可決され，政府機関は復旧したものの激しい対立は続いた。

その後も，共和党は2014年の議会選挙において上院と下院の両方で過半数の議席を獲得したが，上院で獲得した54議席は大統領の拒否権を覆すための67議席にも，法案を単独で可決するための60議席にも届かず，医療保険改革法の撤回または大幅な修正の可能性は高まっていない。それに，医療保険取引所を通した保険プランの給付が開始された2014年以降には撤回法案に賛成票を投じる共和党議員への批判が強まっており（Brill［2015：390］），オバマ政権期に撤回や大幅な修正が行われる可能性は低い見通しである。

（ 2 ）党派間対立と超党派合意の方向性
メディケアの診療報酬の引き上げに関する超党派合意

党派対立が続く一方で，2015年 4 月には超党派合意に基づいてメディケア・アクセス・CHIP 再承認法（Medicare Access and CHIP Reauthorization Act of 2015；MACRA）が賛成多数で可決・成立し，党派を超えて長年の懸案事項であったメディケアの診療報酬制度の改革が 7 月から行われることになった。

メディケアの医師の診療に対して支払われる診療報酬は，支出の抑制をねらいとして1997年均衡予算法によって導入された持続可能改定率（Sustainable Growth Rate；SGR）という方式に基づいていた。SGR とは，医師への診療報酬を国民 1 人当たり実質経済成長率や平均患者数の増減幅などに基づいて設定される目標額に見合うように改定するというものであった。2002年以降には実際の支出額が目標額を超えたが，数多くの医師が SGR に基づく診療報酬の引き下げに強く反発し，2003年以降は議会での度重なる立法を通した承認手続きを経て報酬の改定が留保されていた。その留保に伴う財政支出の増加は医療保険改革法の枠外で処理されていたものの，留保分の改定を一挙に行うとすれば

2015年には診療報酬を21％も引き下げなくてはならず，そうなればメディケアの保険診療に関する連邦政府との契約を打ち切る医師が続出することが予想され，各地域の市場に大きな反発や混乱がもたらされる懸念があった。

MACRA は SGR を廃止し，診療報酬を2015年から2019年まで１年当たり0.5％ずつ引き上げるとともに，医療行為の成果に応じた報酬体系（pay for performance）を取り入れた新たな診療報酬制度を導入した。その他の規定も，時限立法である CHIP の財源措置を，2009年アメリカ復興・再投資法（American Recovery and Reinvestment Act of 2009）によって2015年度まで延長したことに続いて2017年度まで再び延長するなど，医療保険改革法が成立する以前の医療保障制度の枠組みを基本的に維持する内容であった。

党派間対立と医療保障制度の持続可能性への懸念

この改革は，新たな連邦支出を行う場合にはそれに見合う歳出の削減または増税を行わなければならないというペイ・アズ・ユー・ゴー（PAYGO）原則の適用を除外するものとして成立し，それは医療保険改革法とは逆にメディケア支出の増加を実質的に容認するものであった。議会予算局は，MACRA の改革によって連邦支出が2015年度から2025年度までの10年間に1447億ドルも増える一方で連邦収入は37億ドルしか増えず，財政赤字が同期間に1410億ドルも増加する見通しを示した（U. S. Congressional Budget Office [2015b]）。

これに加えて，医療保険改革法の成立後には主として財政収支を悪化させる方向への規定の変更や廃止が相次いでおり，制度の持続可能性を疑問視する見方が強まっている。すなわち，保険に加入しない個人や被用者に保険を提供しない雇用主への課税が延期されたことによる財政収入の減少や，新たに創設される予定であった介護保険制度の廃止によって当初に見込まれていた保険料収入が喪失するなどの影響があり，医療保険改革法が連邦財政収支をむしろ悪化させる方向に進んでいくことが懸念されている。

さらに，超党派合意が実現したとはいえ党派間対立は続いており，下院では撤回法案が引き続き提出されるとともに，連邦政府によって運営されるウェブサイトを通して保険加入を申請した人々に保険料税額控除や患者負担補助を行うことは違法であるとする訴訟が提起された。2015年6月25日に連邦最高裁判所はこの件を合憲とする判決を下したが，対立の融和ムードはみられず，その

対立が財政問題として表面化しながら予断を許さない状況が続いている。

5　医療保険改革の実績と課題

（1）保険料補助とメディケイド拡大による医療保障の拡大

2013年10月に各州の医療保険取引所を通して保険加入の手続きが開始され，2014年には議会予算局の予測を上回る保険加入が実現した。保健福祉省の報告書によると，第1期の加入申請期間が終了した2014年4月19日の時点で，802万人が医療保険取引所を通して加入手続きを行った。その数は，前出の表4-4に示されるように，議会予算局が2014年4月に発表した最新の推計結果である600万人を約200万人も上回った。加入者の大部分の85％が保険料税額控除と患者負担補助のいずれかまたは両方を受け，連邦財政支援によって保険加入が強力に促された。19歳から34歳までの若年層の人々は加入者の28％を占めており，申請受付の開始直後よりも，それが終了する直前の3月以降に申請手続きを行う者が多かった（U. S. Department of Health and Human Services [2014a]）。

数多くの加入者の保険料負担が保険料税額控除によって大幅に軽減され，それが保険加入を促した。連邦政府の報告書によると，加入申請期間において36州の医療保険取引所が連邦政府によって運営されていた。これらを通した保険加入者に適用された保険料の月額の平均は346ドルであり，加入者が受けた保険料税額控除の平均は264ドルにも上った。保険料から控除額を差し引いた加入者の保険料負担は82ドルであり，連邦税額控除によって負担が大幅に軽減された（U. S. Department of Health and Human Services [2014b]）。

メディケイドの加入者数も大きく増え，それもあわせると数多くの無保険者が連邦政府からの財政支援を受けて医療保障を獲得した。保健福祉省の報告書とは集計方法が異なるものではあるが，センサス局による集計結果をまとめた前出の表4-2に示されるように，医療保険取引所の保険プランを含む個人保険の加入者数は，2013年の3453万人から2014年には4617万人に1164万人も増えた。メディケイドまたは CHIP の加入者数も，1年間に5408万人から6165万人に757万人も増えた。2種類以上の制度から保障されている者がいるので重複もあるが，これらが医療保障の拡大に寄与した結果，無保険者数は2013年の

4195万人から898万人も減少して2014年には3297万人になり,国民に占める無保険者の割合は13.4％から10.4％に3.0ポイントも低下した。

2015年にも,医療保険取引所を通した保険加入はおおむね順調に進んだ。第2期の申請期間が終了した2015年2月15日には,加入手続きを行った者の数は議会予算局による1100万人という最新の予測に匹敵する1169万人を達成した(U. S. Department of Health and Human Services [2015])。

(2) 健康な若年者とミドルクラスの保険加入の促進

医療保険改革の課題は,医療保険取引所において健康な若年者とミドルクラスの加入を促し,連邦負担を抑えながら加入者を増やすことである。第1に,若年層は全体として中年層や高齢層よりも健康であり,医療のニーズを身近に感じていないことなどから,貧困かどうかにかかわらず無保険の状態で生活している者も多い。保険会社にとって,健康な若年者は保険給付費が少なくて済むことから高い利益に結び付く顧客であり,医療保険取引所において若年者の獲得に向けた保険引受の競争が活発化し,保険料の引き下げが実現することが期待されている。第2に,ミドルクラスに付与される保険料税額控除はワーキングプアよりも少額であり,その保険加入が進めば連邦負担を抑えながら加入者の増加が達成される。これらの人々の保険加入を促すためには,医療保険取引所に関する情報提供や申請手続きなどの支援が重要であり,全米の各地域における多様なコミュニティ組織の支援活動に期待が寄せられている(コラム4)。

ただし,このように保険加入が進む保証はなく,改革の先行きは不透明である。第3期の加入申請期間を迎える2016年には,個人に課されるペナルティの増額,雇用主へのペナルティの導入,小企業の雇用主向けの医療保険取引所の全面的な実施が予定されており,しかも11月には大統領選挙を控えていることから,医療保険改革の動向にいっそう注目が集まるであろう。

6 市場重視の医療保障政策の行方──市場に潜む不安定性と「リヴァイアサン」

(1)「小さな政府」志向の医療保障制度の持続可能性

オバマ政権期の医療保障政策は,市場重視の従来路線を継承し,それを前提

に市場規制の強化と大規模な財政支援を行うことで問題の解決を試みた。アメリカ経済と雇用の回復が十分には進まない状況の下では，雇用主提供医療保険に加入するワーキングプアが安定して増加するという期待は持てなかった。政治的な解決にも至らず，医療サービス市場や医療保険市場を取り巻く業界団体の了承を取り付けるために，従来の政策対応よりも強く踏み込んだ連邦介入を通して「アフォーダブル医療保険」に加入する機会を高めようとする PO の導入案は不採用になった。さらに，激しい党派間対立の下で，連邦支出の拡大を伴う改革に関する合意の形成も困難であった。これらの帰結として，医療保険改革法は市場重視の制度の基本的な枠組みを維持した上で，直接支出の増加ではなく税額控除という手段を駆使した内容になったが，結局のところ，改革の柱は事実上の多額の財政出動にならざるを得なかった。

　市場への連邦政府の介入または関与は，既存の医療保障制度における民間組織の主導性を保持した上で行われ，保険加入者の増加が連邦支出の拡大を強力な推進力として実現した。しかし同時に，連邦負担による保険加入の促進が財政収支を悪化させ，財政収支が悪化するほどに制度の持続可能性が損なわれるという不安定性が強まる可能性が懸念されている。すなわち，保険加入の促進が連邦負担を増加させる一方で医療費抑制が実現しなければ，連邦財政と医療保障の両方が悪化する可能性がある。改革は市場の効率化によって医療保障の充実・拡大と「小さな政府」を志向するものであったが，それが逆説的に医療保障の不安定性を高め，あるいはアメリカ型福祉国家を「大きな政府」の方向に向かわせることが強く懸念されているのである。

（2）市場重視型の医療保障政策と「リヴァイアサン」

　すでに述べたように，保守派の論客は医療保険改革法を「リヴァイアサンの台頭」とみなし，強権的な連邦政府と連邦財政の肥大化がもたらされるとして反発しているが，実際にそれは改革の実施によって現実のものとなるリスクをはらんでいる。市場に強く規定された医療保障制度における連邦介入と連邦財政の拡大という「リヴァイアサン」傾向をいかに抑えるかが，改革の成否を占うとともに，その持続可能性を担保するための鍵であるといえよう。

　オバマ政権に続く次の政権は，医療費負担の抑制と十分で確実な医療保障と

いう同じ課題に対処するのであり，医療保障財政のあり方が最大の論点になるはずである。市場重視の解決を目指すアメリカにおいてこれらの困難な問題が解消され，医療保障と財政が両立する方向に向かうかどうかという点に，今後も世界中から注目が集まるであろう。

コラム 4　市場重視型の医療保障制度におけるコミュニティの役割

　医療保険改革法は，医療保険取引所を通した保険加入を促すことを目的に，全米の各地域においてそれぞれ異なる課題に取り組んでいるNPOや住民組織などのコミュニティ組織の支援活動を大胆に導入している。

　ブルックリン・アライアンス（Brooklyn Alliance）はブルックリン商工会議所を母体とするNPOであり，ニューヨーク市ブルックリン区の全域で保険加入を促すための活動を行っている。活動内容は，医療保険取引所や保険料税額控除に関する情報提供と保険加入や医療扶助の申請の呼びかけに加えて，保険加入や医療扶助の申請や更新の手続きの支援，保険料税額控除や患者負担補助の資格要件に関する相談受付，対象者の医療ニーズをふまえた保険プランの選択の支援，企業の雇用主による被用者への保険提供に関する相談受付などである。すべての住民が支援の対象であるが，このNPOはブルックリン商工会議所と地元の小企業の雇用主や被用者および個人事業主との間に築かれた関係性を最大限に活用し，それらの人々へのアプローチを得意としている。州政府は，医療保険改革法に基づく連邦政府からの補助を受けて対面支援者・ナヴィゲーター制度（In-Person Assistor/Navigator Program）を創設し，州内の各地域のコミュニティ組織に対する財政支援や広報活動を行い，支援活動を促している。こうした活動が，ワーキングプアやミドルクラスの個人事業主や小企業の被用者とそれらの人々の家族の保険加入に結び付くことが期待されている。

　アメリカ社会の基底にはこのような強靭なコミュニティが存在しており，各地域の市場を土台とするアメリカ型福祉国家はコミュニティを積極的に取り込むことを不可欠な条件として成り立っている。国民の生活基盤であるコミュニティの役割が明確に位置づけられているからこそ，個人の自立を厳しく追及するアメリカ型福祉国家が多くの国民に受容されているのかもしれない。

注

(1) 連邦貧困ライン（Federal Poverty Line）とは，連邦政府によって貧困の状態にあると認定される所得水準であり，公的扶助などの資格要件に用いられる。その金額は世帯人数などに応じて1年ごとに設定されており，2014年の4人家族に適用される連邦貧困ラインは2万3850ドルであった。

参考文献

天野拓［2013］『オバマの医療改革——国民皆保険制度への苦闘』勁草書房。
櫻井潤［2012］『アメリカの医療保障と地域』日本経済評論社。
長谷川千春［2010］『アメリカの医療保障——グローバル化と企業保障のゆくえ』昭和堂。
山岸敬和［2014］『アメリカ医療制度の政治史——20世紀の経験とオバマケア』名古屋大学出版会。
Brill, Steven [2015] *America's Bitter Pill : Money, Politics, Backroom Deals, and the Fight to Fix Our Broken Healthcare System*, Random House.
Collins, Sara R., David C. Radley, Cathy Schoen, and Sophie Beutel [2014], "National Trends in the Cost of Employer Health Insurance Coverage, 2003-2013", *Commonwealth Fund Issue Brief*.
Franc, Michael G. [2011] "Obamacare: Leviathan Rising", *National Review*, December 13.
Hacker, Jacob S. [1997] *The Road to Nowhere : The Genesis of President Clinton's Plan for Health Security*, Princeton University Press.
Holiz-Eakin, Douglas and Michael J. Ramlet [2010] "Health Care Reform is Likely to Widen Federal Budget Deficits, Not Reduce Them", *Health Affairs*, 29 : 6, pp. 1136-1141.
Howard, Christopher [2007] *The Welfare State Nobody Knows : Debunking Myths About U. S. Social Policy*, Princeton University Press.
Jacobs, Lawrence R. and Theda Skocpol [2012] *Health Care Reform and American Politics : What Everyone Needs to Know* (Revised and Expanded Edition), Oxford University Press.
Staff of the Washington Post [2010] *Landmark : The Inside Story of America's New Health-Care Law — The Affordable Care Act — and What It Means for Us All*, PublicAffairs.
Starr, Paul [2013] *Remedy and Reaction : The Peculiar American Struggle Over*

Health Care Reform (*Revised Version*), Yale University Press.

U. S. Congress, House, Committee on Budget [2011] "The Path to Prosperity: Restoring America's Promise (Fiscal Year 2012 Budget Resolution) ", by Chairman Paul Ryan of Wisconsin.

U. S. Congress, Senate, Committee on Finance [2009] "Roundtable on Expanding Health Care Coverage".

U. S. Congressional Budget Office [2010] "Letter to Honorable Nancy Pelosi, Speaker of U. S. House of Representatives (An Estimate of the Direct Spending and Revenue Effects of an Amendment in the Nature of a Substitute to H. R. 4872, the Reconciliation Act of 2010) ".

――― [2011] "Long-Term Analysis of a Budget Proposal by Chairman Ryan".

――― [2014] "Updated Estimates of the Effects of the Insurance Coverage Provisions of the Affordable Care Act, April 2014".

――― [2015a] "Insurance Provisions of the Affordable Care Act: CBO's March 2015 Baseline".

――― [2015b] "Letter to Honorable John A. Boehner, Speaker of U. S. House of Representatives (Re: Cost Estimate and Supplemental Analyses for H. R. 2, the Medicare Access and CHIP Reauthorization Act of 2015) ".

U. S. Department of Health and Human Services [2014a] "Health Insurance Marketplace: Summary Enrollment Report for the Initial Annual Open Enrollment Period".

――― [2014b] "Premium Affordability, Competition, and Choice in the Health Insurance Marketplace, 2014".

――― [2015] "Health Insurance Marketplaces 2015 Open Enrollment Period: March Enrollment Report".

［追記］　本章は，公益財団法人かんぽ財団平成26年度調査研究助成を受けた研究の成果の一部である。

第5章　年金政策
――公的年金の調整案と貯蓄支援の革新案――

吉田健三

　年金政策は，バラク・オバマ（Barack Hussein Obama III）大統領が掲げた「変化」，そして「ミドルクラス経済の復活」の試金石であった。結果のみ見れば，華々しい業績を残した医療改革と異なり，この領域でオバマ政権は目立った成果を上げていない。だが，その内実を見れば，「変化」の萌芽は確かに存在している。その第1は，公的年金改革における超党派的議論の開始である。個人勘定化を掲げ，党派間の分断を促進した前ブッシュ政権と異なり，最終的な合意には至らなかったものの，オバマ政権期には給付抑制，負担増大手段をめぐる超党派間での具体的な調整が進展した。第2は，雇用主提供年金における政策的対立軸の出現である。「ミドルクラス経済」の変質とともに重要性を増しつつある貯蓄支援税制については，高所得者優遇の制度であるという批判が以前よりなされていたが，このような批判に対応した政策イノベーションを初めて掲げたのがオバマ政権であった。

1　「変化」の試金石

　オバマ政権は，アメリカ社会の「変化」を掲げて登場し，「ミドルクラス経済の復活」を国内政策のビジョンとして掲げてきた。年金政策は，その重要な試金石と言える。なぜなら退職後の経済的困窮は，アメリカ政治に「変化」を求めた経済格差の拡大，すなわち『貧困大国』化の象徴の1つだからである。この問題は，2007年の世界金融危機に端を発する経済不況によりいっそう深刻化していた。
　年金政策は，また直前のブッシュ政権からの「変化」の内容を評価する格好の材料でもある。それは，国内政策において前任のジョージ・W・ブッシュ（George Walker Bush）大統領が最も注力した領域だったからである。彼は「オーナーシップ社会」の実現を掲げ，社会保障年金の一部個人勘定化，および退

職貯蓄における租税優遇措置の強化を提案していた。これらの政策構想の多くは，公的なプログラムの解体や個人所有を通じた自助努力の促進など「小さな政府」と呼ばれる共和党の党派的志向が色濃く，それゆえに頓挫した。

オバマ政権の登場は，年金政策にどのような「変化」をもたらしたのだろうか。結果のみからいえば，オバマ政権は，この分野において目だった業績を上げることはなかった。「オバマケア」を実現した医療保険の分野とは対照的に，年金分野における具体的な改革成果はほとんど見られない。ただ，この結果のみを以って，年金分野においてオバマ政権は無為であり，この政権期は年金政策史上なんらの意義や特徴もない「空白期間」だった，と断定することも早計である。

オバマ政権の年金政策は，どのような「変化」を目指し，何に頓挫したのか，という点を慎重に分析することは，オバマ政権の歴史的な性格を見きわめる上で非常に重要な課題であると考えられる。このような問いを念頭に，この章ではアメリカの年金システムの全体像と課題を確認した上で，社会保障年金と雇用主提供の退職プランそれぞれについての諸提案やその帰結を分析し，オバマ政権期の年金政策の特色や歴史的位置づけを明らかにしていきたい。

2　年金システムの全体像と課題

(1) 年金システムの全体構造

年金システムは，オバマ政権が重視する「ミドルクラス経済」，ひいては自由を奉じるアメリカ社会を構成してきた重要な柱である。勤勉に働くことにより，特段の才覚や幸運に恵まれない大衆であっても，豊かで自立した生活を得ることができる。この意味でのアメリカンドリームが説得力を得るためには，老後の経済的安定は欠くことはできない。アメリカでは公私二層のシステムを通じてその実現が図られてきた。図5-1のように，それは第1階部分として低所得者を含む幅広い階層に基礎的な年金給付を提供する公的な社会保障年金と第2階部分として国民に退職後所得を提供する企業年金等の雇用主提供年金から成っている。[1]

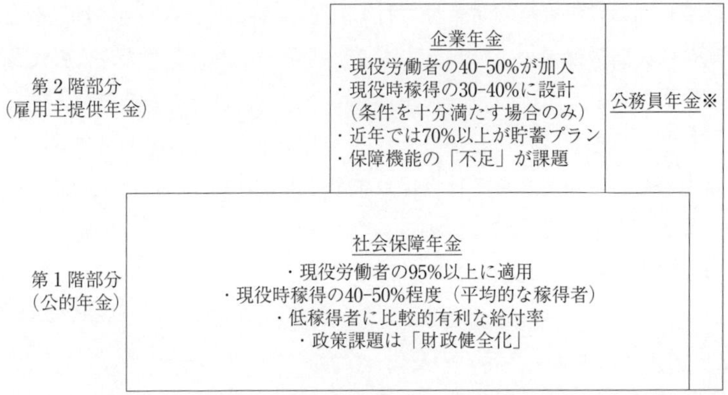

第5章　年金政策

```
                            ┌─────────────────────────────┐
                            │          企業年金              │
   第2階部分                 │ ・現役労働者の40-50%が加入     │
  (雇用主提供年金)            │ ・現役時稼得の30-40%に設計    │ 公務員年金※
                            │   (条件を十分満たす場合のみ)    │
                            │ ・近年では70%以上が貯蓄プラン   │
                            │ ・保障機能の「不足」が課題     │
                            └─────────────────────────────┘

                    ┌─────────────────────────────────────┐
                    │            社会保障年金                │
   第1階部分         │   ・現役労働者の95%以上に適用         │
   (公的年金)        │   ・現役時稼得の40-50%程度（平均的な稼得者）│
                    │   ・低稼得者に比較的有利な給付率        │
                    │   ・政策課題は「財政健全化」           │
                    └─────────────────────────────────────┘
```

図5-1　アメリカ年金システムの概要

注：※　一部の州・地方政府においては社会保障年金の給付部分も代替している。
出所：吉田［2012］ほか，各種資料より筆者作成。

社会保障年金

　第1階の社会保障年金は，アメリカ国民全体に対する基礎的な退職後所得の提供を目的とした連邦政府の制度である。原則としてすべての稼得者は，この制度の強制的な適用対象とされ，稼得に12.4％の社会保障税が課せられる。同税は，被用者であれば労使折半で負担し，自営業者なら全額を自己負担する。給付額は，現役時代の平均所得水準に対応したものであり，平均的な稼得者は現役時代の実質稼得額のおおよそ4割程度の給付が受けられる設計となっている。ただ，その比例関係は厳格なものではなく，相対的には低所得者に有利となるよう傾斜がかけられている。社会保障年金は，低所得者を含め，幅広い国民に基礎的な退職所得を提供する制度として定着している。

雇用主提供年金

　第2階の雇用主提供年金は，企業年金や公務員年金など，雇用主が被用者に対して提供する退職後所得保障の枠組みである。社会保障年金による給付は，幅広い国民にとって重要な所得源となっているものの，現役時稼得の4割という給付水準は，豊かな退職生活のためには十分とはいえず，さらに中流層以上の稼得者の給付水準は，より低い。したがって退職後に従前の生活水準を維持するには，個人貯蓄や雇用主提供年金が重要となる。その中心である企業年金は，雇用主の任意により，多くの場合に雇用主の負担で被用者に提供され，給

付内容や条件の設定も雇用主単位で行われる。実際，企業年金に加入している者の割合は民間労働者の半分程度である。給付額は，企業年金によって異なるものの，典型例として，現役時代を通じて一定規模以上の企業でフルタイム労働者として勤務を続けることができれば，現役時代の稼得額の3割かそれ以上の水準を得ることができる。社会保障年金と併せれば，これは現役時代の生活を維持するのに十分な水準と言える。ただ，以上はあくまで，安定した賃金と長期の雇用を前提にした話である。

（2）アメリカ年金システムの変化

社会保障年金と雇用主提供型の年金プランとの構成を中心としたアメリカの年金システムは，1970年代末より劇的に変化する。それは，企業年金における確定給付型の年金プランから確定拠出型の貯蓄プランへの転換である。

確定給付の年金プランは，たとえば勤続1年につき平均給与の1％の給付額といった形式で示される給付算定式に基づき，退職後の給付を決定する制度である。それはかつての標準的な年金形態であり，今日でも「年金プラン」（pension plans）という語は，多くの場合，確定給付型のプランを指す言葉として用いられる。確定拠出型の貯蓄プランは，各被用者の口座に雇用主および被用者が資金を拠出し，その拠出額と資産の運用次第で将来の受給額が決定される制度である。それは個人の貯蓄勘定に類似した枠組みであり，通例として「貯蓄プラン」（saving plans）とも表記される。その中で，被用者拠出金への租税優遇措置が認められたものは，特に「401(k)プラン」と呼ばれている。

年金プランから貯蓄プランへの転換は，20世紀の終盤に進行した。年金プランは，1975年時点で民間正規被用者の企業年金加入者の9割近くを占めていた。しかし，産業転換の波に伴い，伝統的な年金プランもまた再編，淘汰の対象となり，21世紀には加入者に占める割合は4割以下となっている。その変化の中心にあったのが401(k)プランである。2013年では，基幹的なプランとしては企業年金の71％が401(k)プランとなっている。補足的なプランを含めれば企業年金を提供する雇用主のうち84％が401(k)プランを提供している（Elice, Munnell, and Eschtruth (2014)）。

年金プランから貯蓄プランへの転換は，アメリカにおける伝統的な「ミドル

クラス」の変化を象徴する現象と言える。製造業を中軸とした大企業における長期的な雇用を前提に，安定した退職後所得保障を提供する年金プランは，勤労に報いる「ミドルクラス経済」を象徴する存在であった。しかし，貯蓄プランへの転換に伴い，企業の責任による集団的な保障は，個人の自己責任による退職準備へと変質する。ほとんどの年金プランでは，年金資産を準備する責任，すなわち原資の拠出や資産運用リスクは雇用主が負っていた。これに対し，個々人別に資産形成を行う貯蓄プランでは，資産運用リスクはもちろん原資の拠出負担も被用者が負う。雇用主の役割は，所得保障から，資産運用環境の整備，そしてマッチングと呼ばれる個人拠出への補助へと変化している。一方で，退職資産の移管が比較的容易な貯蓄プランは，中途での転職者にとって有利であり，産業再編に伴うリストラや企業淘汰が繰り返される経済には適合した制度と言われている。この変化をどのように評価するにせよ，今日のアメリカにおける「ミドルクラス」の退職後生活は，この貯蓄プランの機能の成否にかかっている現実には相違がない。

(3) 年金システムにおける課題
第1階部分における財政問題

社会保障年金をめぐる最大の政治的課題は財政問題である。社会保障年金は，連邦政府の一般財源とは別の独立した会計によって運営されている。その財政状態は，スタグフレーションが進む1970年代に危機的な状況に陥ったが，1977年および1983年の二度にわたる超党派協議に基づく年金改革により，その「危機」は回避された。しかし，長期的には，その財政健全化は必ずしも完全なものではなく，またその後の高齢化の進行，経済状況の変化等により，1990年代以降，年金財政の長期的な見通しは再び悪化しつつあった。

前クリントン，G. W. ブッシュ政権の時代には社会保障年金の財政健全化が，再び大きな政策課題となっていた。クリントン政権は，社会保障諮問委員会を組織し，1996年には，給付維持案，個人勘定化案，個人勘定追加案の3つの改革の選択肢を提示している。また，G. W. ブッシュ政権は，第2期発足にあたり社会保障年金は「現在の軌道のままでは破綻の方向に向かっている」と強調し，「オーナーシップ社会」構想に基づく同制度の一部個人勘定化を提案し，

キャンペーンを展開した。

　オバマ政権期には，社会保障年金の財政状況はより悪化している。一般に，アメリカの社会保障年金の長期的な財政健全性は，毎年この制度の信託基金から発表される，75年間での収支ギャップ，そして積立基金の枯渇予測年を以って論じられることが多い。G. W. ブッシュ政権が年金改革を訴えた2004年においては，75年間の赤字は社会保障税率に換算して1.89％，枯渇時期は2042年とされていた。オバマ政権成立後の2010年の報告では，75年間で1.92％の赤字，積立基金の枯渇年は2037年であり，2015年報告では収支ギャップは2.68％に拡大し，枯渇年は2034年に前倒しされている。2015年の推計では，資金枯渇後には，現行法で予定年金給付から21％の給付削減が必要となる。

第2階部分における「不足」

　年金システムの第2階部分における政治的課題は，国民的な退職後所得保障の柱としての「不足」である。ボストン大学の退職後調査センターの研究によれば，現役勤労世帯のうち退職後に生活水準を維持できなくなる蓋然性は，1980年代には30％程度であったが，その後漸増を続け，2007年には47％，2010年には53％に達している（Elice, Munnell, and Eschtruth (2014))。これは，貯蓄プランを中心とする雇用主提供年金の機能不全の帰結と見ることができる。貯蓄プランを中心とする雇用主提供年金は，アクセス，給付水準，安定性の3つの点で難を抱えている。

　第1に，企業年金へのアクセスは非常に限定されている。社会保障年金の場合，原則としてすべての稼得者の加入が義務付けられているのに対し，雇用主提供年金は，労務管理上の目的あるいは労使交渉など，当事者の任意や合意で設立されてきた。その結果，雇用主提供年金は大企業や金融機関の被用者や労働組合員，公務員など，限られた労働者が加入する制度となった。企業年金の加入者数は，第2次世界大戦後順調に拡大したものの，その加入率は1970年代以来おおむね40％から45％程度の水準で停滞している。特に小規模企業の被用者，パートタイム労働者，低所得者の年金被提供率は2，3割程度と低い。これらの労働者は，退職後に社会保障年金からの年金給付のみで生活せざるを得ない。

　第2に，企業年金による退職後所得の水準は非常に多様である。その典型的

なモデルである勤続30年の勤務で退職前所得の30％という数字は，あくまで一例でしかない。実際に企業の給付算定式は多様であり，また伝統的な年金プランにおいては，転職を繰り返すことで年金額は低下する。そもそも30年間企業年金を提供する職場で働ける保障はない。さらに，すでに述べたように，今日の企業年金の中心は，伝統的な年金プランから401(k)プランなどの貯蓄プランに移行している。そこでは，被用者による加入や拠出の多寡，さらに運用のあり方も多様である。特に，稼得額の乏しい低所得者は，プランが提供されても，実際に加入するものは半数程度にすぎず，年金加入率は1～2割程度に止まる。また，加入した場合でも，彼らの拠出期間は短く，拠出額は低く，資産運用成績も低い傾向にある。これらの行動の多様性の結果，多くの労働者は退職直前となっても貯蓄プランを通じた十分な資産形成を行えていない（Elice, Munnell, and Eschtruth (2014)）。

第3に，金融商品としての不安定性，不透明性である。ある労働者が，幸いにも現役時代を通じて貯蓄プランに加入し，勤勉に資産の積み立てを行ってきたとしても株式市場の暴落などに直面すれば，退職後の資産は大きく損なわれることになる。いま主流の貯蓄プランでは，被用者個人が資産運用の責任を負うからである。このリスクは，21世紀のG. W. ブッシュ政権，オバマ政権はそれぞれ政権発足当初に顕在化した。従業員給付研究所の調査によれば，401(k)プラン加入者の平均資産残高は，1990年代の好景気終了時の1999年から2002年にかけて平均値で28.1％，中央値で17.5％低下し，世界金融危機が発生した2007年から2008年には平均値で30.5％，中央値で33.2％も急減している（VanDerhei, Holden, and Alonso (2010)）。この資産額は，暴落翌年には全体としてある程度回復するが，退職直前の労働者はより大きな損失を受ける傾向にあり，また彼らには資産を回復する手段にも乏しい。

3 社会保障年金をめぐる政策

年金分野におけるそれぞれの政策課題に対して，オバマ政権はどのように対処しようとしたのか。本節では，第1階部分の社会保障年金に関して，次節では第2階部分の企業年金に関して，それぞれの政策動向を見ていきたい。

表5-1　オバマ政権期の社会保障年金改革諸案

		収支ギャップの改善効果※1	ボウルス=シンプソン提案	ドメニチ=レビン提案	ガルストン=マクギナス案	初期ライアン案
			財政責任・改革委員会	超党派政策センター	ブルッキングス研究所	ライアン議員（共和党）
支出減	連鎖式CPIの導入	25-6%	○	○	○	×
	富裕層給付削減	50%	○	○	×	×
	退職年齢の引上※2	18%-44%	○（69歳）	△※3	○※5	○（70歳）
	累進的物価調整	50%	×	×	○	○
収入増	州・地方政府適用	8-10%	○	○	○	×
	課税上限引上※2	35%	○	○	×	×
	税率各1％引上※4	64%	○	×	×	×
その他	貧困層給付増大	▲8-10%	○	○	○	○
	制度変更	-	×	×	炭素税による代替 / 個人勘定的（追加的, 強制）	個人勘定化（代替的, 選択的）
	財政改善効果に占める支出抑制の割合		約65%		約90%	100%

注：※1：75年間の収支ギャップに占める割合。
　　※2：段階的な引き上げであり，その速度により効果は変化する。
　　※3：給付算定式と平均寿命を連動させる制度である。
　　※4：20年かけて段階的に6.2%から7.2%に引き上げた場合。なお2015年更新版では53%に低下している。
　　※5：67歳までの引上加速と平均余命と自動調整。
出所：AARP [2012]；Domenici and Revlin [2010]；Galston and MacGuineas [2010]；The National Commission on Fiscal Responsibility and Reform [2010]；Ryan [2010] より筆者作成。

（1）社会保障年金改革をめぐる諸案

　オバマ政権期において，社会保障年金の改革議論を喚起する契機となったのは，連邦政府の財政赤字問題であった。連邦政府の累積債務への対処はオバマ政権期における国内政治における大きな争点となっており，このような状況を背景に，2010年には様々なグループから提案が発表されていた。その主なものは，超党派政策センター（Bipartisan Policy Center）の債務削減タスクフォースによる「ドメニチ=リブリン提案」，ブルッキングス研究所（Brookings Institusion）による「ガルストン=マクギナス提案」，ポール・ライアン（Paul Davis

Ryan Jr., R-WI）下院議員（共和党）による「未来へのロードマップ」すなわち「ライアン提案（初期）」[2]，そしてオバマ政権下で組織された「全米財政責任・改革委員会（National Commission on Fiscal Responsibility and Reform）」（ボウルス＝シンプソン委員会）による最終報告書案，いわゆる「ボウルス＝シンプソン提案」である[3]。これら諸案はすべて，社会保障年金の財政健全化を連邦政府の財政赤字対策の一部として含めている。以下，表5-1をもとに，これらの諸案を検討していきたい。

ボウルス＝シンプソン提案

ボウルス＝シンプソン提案は，オバマ政権下で組織されたボウルス＝シンプソン委員会から提出された最終報告書案である。同委員会は，民主党政権下の組織ではあるものの，アラン・シンプソン（Alan Kooi Simpson）上院議員以下8名の共和党員とアースキン・ボウルズ（Erskine Boyce Bowles）大統領首席補佐官以下10名の民主党員から構成される超党派組織であった。

この最終報告書案では，年金財政を2050年より黒字化させ，長期的に持続可能とすることを目標に，以下の支出抑制，収入増大策が提案されている。

支出抑制の第1は，連鎖式消費者物価指数（Chained CPI）の適用である。連鎖式CPIとは，国民の消費パターンの変化を考慮した物価指数である。社会保障年金においては，退職時に給付額が確定した後もインフレーションを考慮した生計費調整が行われる。ただ，このときに用いられる物価指数は，国民の消費パターンの変化を考慮しないものであり，そのため物価上昇がより過大に評価される。消費パターンの変化を考慮した連鎖式CPIの導入により，年金給付水準は現行制度から10年で3％，30年で8.5％に抑制されるとされる。

第2は，給付算定式の段階的な変更による給付抑制である。そこでは，高稼得者の給付がより大きく抑制される。一方，低稼得者には新たな最低特別給付等の特別な配慮の強化が提案されている。上記の連鎖式CPIの導入と併せ，給付推計額は，稼得5分位の最高位のもので現行法の予定額から2050年時点で18.7％，2070年時点で26.7％減少し，5分位で中位の所得階層は8.7％から12.25減少する。最も所得の低いものは3.8％，2.8％とむしろ増額する。

第3は，支給開始年齢の引き上げである。1983年の改革により，現在社会保障年金の標準的な支給開始年齢は66歳であり，将来的には67歳まで引き上げら

れることが予定されている。ここでは，さらに2075年までに段階的に69歳へ引き上げることが提案されている。早期受給の選択により，支給開始年齢を揃えたとき，この変化による年金給付水準の減少は13.3％である。

収入増大策の第1は，課税対象稼得の上限引上げである。社会保障税は，稼得額に対して課税されるが，その課税ベースには上限が設けられている。たとえば，2010年の時点では10万6800ドルである。ここでは，2020年の上限を現行法が予定する16.8万ドルから19.0万ドルまで引き上げることが提案されている。すでに見たように，社会保障の年金給付は高稼得部分に比較的不利に設定されているため，課税上限の引上げは，長期的な財政改善効果があるとされる。

第2は，州公務員への適用範囲の拡大である。州政府・地方政府は，これまで社会保障年金の強制適用の対象外であったが，最終報告書では2020年以降の新規採用者を強制適用とすることが提案されている。これにより，カリフォルニア州等，現在社会保障年金が適用されていないいくつかの州・地方政府公務員の稼得が課税対象となり，年金財政の収支改善が見込まれる。課税適用範囲の拡大が，将来の給付増額による支出増大を上回って財政改善効果を持つのは，州公務員が一般的に比較的高い賃金水準を安定して享受する相対的な富裕層であると考えられ，上記の課税上限と同様の効果が見込まれるからである。

ボウルス＝シンプソン提案では，これらの措置等により，75年間の社会保障年金の収支ギャップが112％改善するとされている。その内訳は，支出抑制策としては連鎖式CPIにより26％，給付算定式の変更により45％，退職年齢の引き上げにより18％の改善，また最低給付等による低所得者向けの配慮の強化により16％の悪化，収入増大策としては，課税上限引き上げで35％，州地方公務員の適用強化で8％である。つまり，収支ギャップの改善効果は，支出抑制で73％，収入増大で43％，この提案に占める割合に換算すれば支出抑制が約65％，収入増大が約35％となる。

ドメニチ＝リブリン提案

ドメニチ＝リブリン提案は，上院予算委員会の元議長であったピート・ドメニチ（Pietro Vichi "Pete" Domenici）上院議員，クリントン政権期に予算管理局の元局長であったアリス・リブリン（Alice Mitchell Rivlin）を中心に，超党派政策センターの債務削減タスクフォースによって作成された。同センターは，

第 5 章　年金政策

断絶する党派政治への懸念から2007年にハワード・ベーカー（Howard Henry Baker, Jr.），トム・ダッシェル（Thomas Andrew "Tom" Daschle）ら両党の重鎮が中心となって組織したシンクタンクである。

　ここでは，支出抑制策として，連鎖式CPIの導入，富裕層への給付削減，そして給付算定式と平均寿命との連動が提案されている。算定式と平均寿命の連動は，平均寿命の伸長に伴い現役者の将来給付の調整がなされるというものであり，給付水準の面からいえば，自動的な退職年齢引き上げ措置と同種の政策と言える。なお，これらの痛みの緩和措置として最低給付の強化も盛り込まれている。一方，収入増大策としては，課税上限の引き上げ，州地方公務員への適用範囲の拡大が挙げられている。

ガルストン＝マクギナス提案

　ガルストン＝マクギナス案は，ブルッキングス研究所に所属するウィリアム・ガルストン（William A. Galston），そして「責任ある連邦予算会議」の所長マヤ・マクギナス（Maya MacGuineas）の共著となっている。ブルッキングス研究所はリベラル寄りの機関と見なされがちであるが，伝統的に超党派的にアイデアを提供し続けてきたシンクタンクであり，「責任ある連邦予算会議」は，財政問題に特化した超党派的な非営利組織である。

　同提案で挙げられている支出抑制策は，支給開始年齢の引上げ，連鎖式CPIの導入，累進的物価調整（progressive price index）である。支給開始年齢は，現行の67歳への引き上げ速度の加速，さらにその後は平均寿命と連動して引き上げるとされている。累進的物価調整とは，現在現役労働者が退職する際の給付算定における生計費調整の方式変更である。社会保障年金では，退職後の生計費調整には物価指数を用いているが，退職時の給付算定には賃金指数が用いられている。一般に賃金の上昇速度は物価指数より高いため，これを物価指数に切り替えることは，給付抑制に繋がる。累進的というのは，稼得区分に応じて物価指数への代替率を調整することである。たとえば，高稼得者には物価指数が完全に適用される。この方式による給付抑制効果，ひいては財政改善効果は，連鎖式CPIのおよそ2倍，給付ギャップの50％である。なお，ここでも給付抑制への緩和措置として，低稼得者向けの最低給付や高齢者補助が提案されている。

他方，収入増大策は，州・地方公務員への適用拡大のみ提案されている。
　また同報告では，既存の社会保障税とは別に税率2％分を追加的，強制的に拠出させる個人勘定制度の創出と連邦政府による所得再分配的な補助が提案されている。さらに，新たに炭素税を導入し，社会保障税の一部を代替することも提案に含まれている。

ライアン提案（初期）

　ライアン提案（初期）は，共和党のライアン下院議員が提示し，2008年，2010年の二度にわたり法案として提出したものである。気鋭の共和党議員によって作成された同提案は，少なくとも形式において超党派色を打ち出している他の3案に比べて最も共和党色の強い提案と言える。
　同案の年金財政の改善策は，第1に累進的物価調整方式の導入である。上記のように，これは退職時の年金算出に用いる生計費調整の指数を，稼得額に応じて賃金から物価に変更するものである。具体的には，退職時給付算定において年間2万7700ドル以上の稼得部分に段階的に物価調整が導入される。もう一つは，支給開始年齢の引き上げである。現行法で2026年に67歳まで引き上げられたのちも，2年に1カ月ずつ，72年かけて70歳まで支給開始年齢を引き上げる提案である。また，これらの給付削減の影響を緩和するため，低所得者向けの年金給付の強化は盛り込まれている。また，55歳以下の労働者にのみ影響するとしている。なお，収入増大の方策は提案されていない。
　ライアン提案（初期）にはまた，この収支改善策の他に大きな制度改革案が含まれている。それは，個人勘定化である。この提案では，国民は，社会保障税の一部を別の個人勘定に拠出することが選択できることになる。その資金は，株式や債券などを組み込んだファンドに投資される。投資先のファンドは，政府が認可した金融商品から国民各自が選択する。この投資リターンにより，国民は現行制度が約束する給付より高い給付が期待されるという。それは，政府の社会保険を，民間の401(k)プランに類似したものに変更する提案であった。ただし，ファンドの運用リスクに対しては，政府がその実質価値を保証する。なおこの資産は，個人の財産として子孫等に相続することも可能である。社会保障税の振り分けの上限は当初は2％とし，10年単位で緩和を行い，2042年には8％の振り分けが可能となる。

（2）改革諸案の比較

次に，これら4つの改革提案の特徴を，表5-1に基づき検討したい。

第1の比較軸は，支出抑制と収入増大のバランスである。両者のバランスに最も配慮されているものは，ボウルス＝シンプソン提案，ドメニチ＝リブリン提案である。両者とも，保険料収入を拡大させる事実上の増税措置を盛り込むことで，財政改善計画における支出抑制への依存を約65％に止めている。ガルストン＝マクギナス提案は，またより急進的な給付抑制策である累進的物価調整を導入し，収入増大を加入範囲拡大に限定することで，健全化の90％を支出抑制へ依存している。ライアン提案（初期）は，累進的物価調整と支給開始年齢引き上げといった給付抑制のみで財政健全化を図るものであった。

社会保障年金の給付水準という点からは，ボウルス＝シンプソン提案，ドメニチ＝リブリン提案が現状維持派であり，ガルストン＝マクギナス提案，ライアン提案（初期）は「小さな政府」派と言える。ただし，ここでの現状維持派でさえ，財政健全化の主力は支出抑制に置いており，直接的な増税を回避している点は注意が必要である。政府の試算によれば，労使各1％を段階的に引き上げることで，社会保障年金の収支ギャップは64％も解消するという。しかし，このような直接的な増税案はいずれの提案にも盛り込まれていない。

第2の比較軸は，特に個人勘定の活用である。代替的かつ選択的な個人勘定を軸としたライアン提案（初期）は，細部における発展はあるものの，「オーナーシップ社会」を掲げた前ブッシュ政権の改革案とほぼ同じ提案であった。一方，追加的かつ強制的な個人勘定化を盛り込んだガルストン＝マクギナス提案は，クリントン政権期に提示された3つの改革選択肢の1つ，個人勘定（Individual Account）案を土台としたものである。なお，炭素税の導入については，炭素税提案自体の当座の実現性や具体性の乏しさから，試論的なものと考えられる。一方，現状維持派のボウルス＝シンプソン提案，ドメニチ＝リブリン提案は，これら構造改革を退けている。

（3）オバマ政権の年金政策

政府債務問題を契機として，社会保障年金の改革議論が活発化する中，オバマ政権は実際にどのような政策を選択したのであろうか。オバマ政権は，第1

期大統領選挙から政権発足当初にかけ，社会保障年金の給付削減による支出抑制には消極的であった。上記の諸案では，自政権下で検討されたボウルス＝シンプソン提案が最もその考えに近いものであったが，この提案さえ大統領の志向からは遠いものだったようである。同提案を含む最終報告書案は，公式提案として議会に提出されるためには委員会18名中14票の賛成が必要であったが，2010年12月の最終投票で11票しか賛成を得られず却下された。大統領は同案への支持を表明せず，反対7票のうち4票は民主党員によるものであった。

　2011年上旬に提出された2012年度大統領予算教書では，社会保障年金について，「民営化」「将来世代への給付切り込み」「現役世代の基本給付の削減」への否定的態度を明確にしている。しかし，その後の共和党多数議会における予算交渉の一環として，2012年12月には給付抑制策として連鎖式CPIの受容をジョン・ベイナー（John Andrew Boehner, R-OH）下院議長と合意，翌年初旬に提出された2014年大統領予算教書では，連鎖式CPIがほぼすべての改革案に含まれている提案であることに触れ，「物価上昇のより正確な測定法」と論及している。ただ，このような妥協的態度も次年度予算教書では撤回されている。その後，大幅な社会保障年金改革をめぐる議論は，膠着ないし停滞を続けている。

　一方，前G. W. ブッシュ政権提案のリバイバルであったライアン提案（初期）も，2008年，2010年に「アメリカの未来へのロードマップ」という法案として提出されて以来，立ち消えとなっている。ライアン議員本人は，のち2015年に下院議長に選出されるなど，共和党主流派の中心人物となるが，彼が下院予算委員会議長として取りまとめ，2012年に下院で承認された予算決議，いわゆる「ライアン提案」においては，社会保障年金の個人勘定化について記載はない。それはあまりに先鋭的な主張として，共和党内でさえ多数の合意を得る過程において切り捨てざるをえなかったものと考えられる。

　包括的な年金改革議論が膠着する一方，オバマ政権期には部分的ではあるが社会保障年金に関わる政策もいくつか実施されている。年金財政の健全化という課題に照らせば，これらの提案は，いずれも当面の国民負担を抑制するため，その健全性をさらに傷めるものであったと言える。

　その第1は，社会保障税の暫定的な減税である。上記のように，社会保障年金は，稼得額に対して労使それぞれ6.2％，合計12.4％の社会保障税を財源と

第 5 章　年金政策

して成立している。オバマ政権期には，景気刺激策の一環として，2010年12月にこの税率のうち労働者負担の6.2%を4.2%に減税する法律が成立した。それは富者優遇と批判されたブッシュ政権下での所得税減税と対照的に，1億600万人もの幅広い労働者に恩恵を与えるミドルクラス減税政策であった。この政策は，当初1年限りの時限措置であったが，ブッシュ減税とオバマ減税の減税失効に伴う租税負担の急増，いわゆる「財政の崖」をめぐる減税延長攻防を経て，2013年まで2度にわたり延長された。この減税分は，一般財源から補塡され，労働者の将来の年金給付には影響しない。しかし，それは社会保障税のみを財源としてきたこの制度の自立的な財政的健全性を一時的とはいえ損なう政策であった。

　第2は，障害年金への財政補塡である。社会保障年金（Social Secuirty）とは，厳密にいえば高齢者遺族保険（OASI）と障害保険（DI）の2つの別会計の制度から成り立っている。社会保障税の12.4%もまた，高齢者遺族保険に10.6%，傷害保険に1.8%と割り振られている。2015年に提示された予算教書によれば，社会保障年金全体の危機枯渇時期は2033年であったが，障害年金単体での枯渇は目前の2016年度であった。基金枯渇後は，障害年金給付は自動的に相当額削減されることとなる。このような事態を受け，オバマ政権は2016年度予算教書で保険料の配分変更を提案した。その提案は，2015年末の超党派予算法により2年間の時限立法として実現した。この結果，障害保険の基金枯渇時期は，2022年まで先送りされた。このような財政調整を給付抑制努力なしに進めることに関しては，議会共和党から批判が行われていた。

4　企業年金をめぐる政策

（1）「ミドルクラス報告」における諸提案
　国内政策においてオバマ政権が提示したビジョンは，「ミドルクラス経済」の復活である。アメリカの年金システムの第2階部分は，製造業労働者を中軸とするかつてのミドルクラス経済の豊かさの象徴であり，その所得保障機能の後退，さらに世界金融危機による打撃は看過できない課題の1つであった。オバマ政権下，ジョー・バイデン（Joseph Robinette "Joe" Biden Jr.）副大統領を

表5-2 オバマ政権期の企業年金政策

		オバマ政権の取り組み	財政負担の推計額(10年間の合計)	(参考)ブッシュ政権期の関連政策
ミドルクラス報告の提言	①自動加入IRA	予算教書で提案(毎年)※	104.9億ドル※(2011-2020年)	2006年年金保護法 自動加入401(k)の法整備(雇用主:任意提供)(被用者:自動加入(任意脱退))
	②貯蓄者税額控除の強化	予算教書で提案(2011年まで)	297.7億ドル(2011-2020年)	2001年減税で創設(2006年年金保護法で恒久化)
	③401(k)プラン規制改革等	労働省通達・手数料開示ルール(2011年)・投資アドバイザーの受託者義務(2016年)	-	2006年年金保護法(緩和政策)
	④安全な投資商品	・財務省「myRA」認可(2015年)	-	-
その他	①401(k)やIRAの拠出上限	予算教書で提案(2016, 2017年度)	▲299.8億ドル(2017年-2026年)	2001年減税で貯蓄支援拡張(2006年年金保護法で恒久化)
	②パートタイム労働者への退職プラン適用義務化	予算教書で提案(2016, 2017年度)	5.1億ドル(2017-2026年)	

注:※:2011年より支援措置の追加。
出所:大統領予算教書ほか,各種資料より筆者作成。

議長とする「ミドルクラスに関するタスクフォース」が2010年2月に提出した年次報告書(以下,「ミドルクラス報告」)は,「今日,ミドルクラスの労働者の退職生活は安定とは程遠い」として,退職貯蓄の強化を重要な課題として位置づけ,その改善策としていくつかの具体的政策案を展開している。以下,この報告書を起点にオバマ政権期に展開された企業年金政策を検討していきたい。表5-2は,その概要を整理したものである。

自動加入IRA(Automatic IRA)の創設

自動加入IRAとは,現在退職プランを提供していない雇用主に自動加入の貯蓄プランの提供を義務付ける制度である。この貯蓄プランは従来から存在し

ている個人退職勘定（Individual Retirement Accounts：以下「IRA」）を利用したもので，対象となる企業の被用者は，自動的に給与の一部がこのIRAに引き落とされることとなる。もちろん，被用者個々人の選択は任意である。

　この政策のねらいは，退職プランへのアクセスの改善である。すでに見たように，民間労働者の半数以上，特に低所得者層は，退職プランを提供されていない。また貯蓄プランが提供されている場合においてもその加入や資金拠出を行わないケースも数多い。自動加入IRAは，その提供を義務化し，また「惰性（inertia）」の効果により労働者に貯蓄プランへの自然な加入，拠出を促すものである。2010年の予算教書では，この方法により低および中所得階層の貯蓄プランへの加入率が15％から80％に上昇すると推計されている。

貯蓄者税額控除の強化

　貯蓄者税額控除（Saver's Credit）は，401(k)プランやIRAに対する拠出金について単身者で1000ドル，夫婦で2000ドルを上限に，一定割合の税額控除，たとえば1ドル拠出につき50セント，を与える制度である。401(k)プランやIRAといった通常の租税優遇措置の場合，軽減される租税負担は貯蓄者の限界所得税率分であり，高所得者に相対的に有利であるが，この税額控除は低所得者により手厚い租税優遇措置である。この制度は，2001年のブッシュ政権の減税政策の一環として設立され，2006年に恒久化されたが，その利用率は全納税者の2割以下であり，適格者に対しても60％に留まっていた。

　オバマ政権の提案は，第1に，この税額控除額が所得税額を上回る場合，現金で還付できるもの（redundable）とし，もともと十分な所得税を納めていない低所得者にも，その減税効果が行き渡るようにすること，第2に，中所得者への利用を促進するため，彼らへの控除率および適用上限を倍近く引き上げること等である。これらの措置により，同制度への財政負担は，当時の10億ドルから2012年に30億，2018年には90億ドルへと拡大すると試算されていた。

401(k)プランの規制改革等

　第3の論点は，401(k)プランの改善である。上記の自動加入IRAや貯蓄者税額控除は，中・低所得者を念頭においた貯蓄プランへのアクセス拡大策，また加入や拠出の行動の多様性に対応した促進策である。一方，この改善策は現行の加入者にとっての制度の不安定性，不透明性に対応した提案であった。

401(k)プランの改善策の具体的な内容は次の通りである。第1は，401(k)に関するビジネスの情報公開である。これには，401(k)を運営する機構や投資信託手数料の内訳，また金融商品に関する情報公開が含まれている。第2は，401(k)加入者に提供される投資アドバイスをめぐる「利益相反」の防止である。具体的には，投資アドバイスの提供業者が，特定の金融機関の運用商品を変更して推奨する事態の回避が念頭に置かれている。

　その他，この報告書では行政府の課題として，小規模雇用主にとっての自動加入型の401(k)プランやSIMPLEと呼ばれる零細企業向けの個人退職勘定の利用促進，租税還付金の受け取り方法の改善，退職貯蓄に関する政府webサイトの改良等が挙げられている。

安全な投資商品

　最後に，ミドルクラス報告書では，世界金融危機による市場暴落を念頭に，安価で安全な投資商品の提供を課題として挙げている。従来のような株式や債券ファンドに投資するだけではなく，このような商品への投資を促進し，資産運用等に伴う401(k)プランのリスクの低減を図るものである。そこでは，財務省インフレ保証型証券やI貯蓄債といった政府保証の低リスク，インフレ連動型の商品の提供が例に挙げられている。また，このような商品への投資を組み込んだ保障付退職勘定のような制度も提案されている。

（2）オバマ政権における政策展開
「ミドルクラス報告」の踏襲

　雇用主提供年金をめぐるオバマ政権の政策は，表5－2が示しているように，おおむね「ミドルクラス報告」の路線に沿って展開された。

　第1の提案であった自動加入IRAは，政治的には最も実現可能性のある政策であった。それは，「オバマケア」と同様，退職プランを持たない雇用主の義務強化という急進的な政策手法であったが，個人勘定への資金拠出の義務はなく，雇用主の負担はごく限定的なものにすぎなかった。2011年予算教書の提案では零細企業は適用除外としている。また，連邦財政に与える負担も比較的小さい。2011年の予算教書によれば，貯蓄者税額控除の拡充による10年間の財政負担は298億ドルであったのに対し，自動加入IRAは後述する中小企業向け

税額控除と合計しても，その約3分の1の104.1億ドルであった。

　自動加入IRAは，2008年の大統領選挙において，この政策は民主党オバマ候補，共和党ジョン・マケイン（John Sidney McCain III, R-AZ）候補の双方から支持され，2012年にも下院歳入委員会，上院金融委員会で民主党議員，共和党議員に提案されていた。それはオバマ政権にとっても，もっとも粘り強く提案してきた政策でもあった。2010年度から2017年大統領予算教書で毎年提案が繰り返されている。しかし，党派的な対立が激化する議会において可決に至ることはなかった。この政策は，各州議会においても提案，検討され，2016年までにイリノイ州議会で可決している。

　第2の貯蓄者税額控除の強化は，別の租税優遇措置に変化した。この提案自体は，政権発足当初の大統領予算教書には盛り込まれていたが，2012年以降の予算教書からは姿を消している。それとほぼ入れ替わりの形で2011年より追加されたのは，中小企業のための年金設立税額控除の倍増である。自動加入IRAの導入に伴う中小企業の負担緩和を図ることで，その政治的実現性を高める方策であったと考えられる。税額控除の活用方法としてみた場合，それは政府負担額の大幅縮小，受益者の加入者から雇用主への変更であった。

　第3の401(k)プランの規制改革は，二期にわたるオバマ政権において最も着実な成果のあった領域と言える。そこでは，新たな立法が行われたわけではないが，オバマ政権第1期には401(k)プラン手数料の情報公開が，第2期には投資アドバイザーを含めたプラン関係者の受託者義務についての具体的な規制の整備が労働省によって進められた。

　第4の政府保障による安全な投資商品を促進する立法は，少なくとも既存の401(k)プランやIRAには導入されなかった。しかし，このような志向の政策は，低所得者向けの貯蓄促進政策の一環として，行政権を活用することによって一部実現した。それは，2015年11月に財務省によって認可された「myRA」である。これは，年間稼得額19.1万ドル以下の世帯のものが最低5ドルから拠出可能なIRAであり，手数料は課されず，積立金はすべて国債に投資される。オバマ政権の説明によれば，この制度は，加入者には連邦公務員向けの退職貯蓄プランと同等のリターンが期待される。

貯蓄支援税制への制限強化

オバマ政権は，第2期には「ミドルクラス報告」が示した施策と異なる方向の提案も行うようになっている。第1は，401(k)プランやIRAなどの貯蓄支援税制への上限設定である。2016年以降の予算教書では，これらの租税優遇措置が富裕層への課税の不公平な抜け穴となっているとして，資産340万ドル以上の口座についての追加拠出の停止が提案されている。ミドルクラス報告で挙げられた諸提案が基本的には減税政策であったのと異なり，これは10年間で299.8億ドルもの増収が見込まれる増税政策であった。

第2は，401(k)プランなど退職プランへのパートタイマーの加入資格の拡大義務化である。2016年以降の予算教書では，401(k)プラン等の企業年金に対して，3年間500時間以上勤務したパートタイマーに加入資格を付与することを義務付けることが提案されている。同教書によれば，この措置により新たに約100万人の個人が新たに退職プランへのアクセスを得るという。ただし，自動加入IRAと同様，雇用主拠出は強制されない。これによる財政負担も，10年で5.1億ドルとごくわずかである。

(3) オバマ政権の企業年金政策

企業年金の領域において，オバマ政権が提案や展開してきた政策からどのような方向性が見出せるであろうか。ここでは，再び表5-2を参照しつつ，ブッシュ政権からの継承と変化という点から見ていきたい。

まず，オバマ政権の政策は，ブッシュ政権が敷いた路線を大枠において継承するものであった。それは，401(k)プランを含む退職貯蓄への加入促進，および優遇税制の拡張である。具体的に見ても，オバマ政権が追求した自動加入IRAは，ブッシュ政権期2006年年金保護法で整備された自動加入401(k)プランの手法を拡張したものである。それは，人間の行動には「惰性」の作用があるという行動経済学の知見を応用し，プランの初期設定を加入状態におくとで被用者へ強制することなく，加入や拠出を促進するものであった。また，貯蓄税額控除についても，その元となる制度は2001年にブッシュ政権下での減税によって創設されたものである。

一方，オバマ政権の年金政策は前政権の路線からの転換を含んでいた。

その第1は，租税優遇措置の再分配機能への強化である。ブッシュ政権における貯蓄支援税制は，401(k)プラン等への拠出上限や条件の緩和をするものであり，それはしばしば高所得者優遇税制と批判されてきた。これに対し，オバマ政権は，自動加入IRA，貯蓄者税額控除，myRAなどいずれも従来租税優遇措置の恩恵を受けていない層，主に低所得者を対象とするものであった。第2期末に提案された401(k)プランの拠出上限の厳格化は，高所得者層への増税によってこの逆進性の是正を図るものであり，従来の貯蓄支援政策からの大きな転換と言える。

第2は，この領域における「大きな政府」の追求である。ブッシュ政権期に認可された自動加入401(k)プランは，あくまで民間雇用主の自発性に基づき導入されるものである。これに対し，自動加入IRAは，如何にその負担は軽減されているとはいえ，この新制度の導入を新たに雇用主に義務付けるものである。これは，「皆保険」を掲げた医療保険改革の場合と同様，アメリカの退職後所得保障政策の歴史において，相当にラディカルな提案であったと言える。政権末期の予算教書で提案しているパートタイマーへの受給資格付与も同様である。また，政府による規制の強化，安全な金融商品の提供といった政策，その応用であるmyRAも，それまで民間で行われてきた活動領域において，政府の介入，役割と責任の拡大を志向した政策と言える。

5　「変化」の萌芽

年金政策は，オバマ政権が掲げた「変化」，そして「ミドルクラス経済の復活」の試金石となりうる領域であった。華々しい成果を残した医療改革と異なり，この領域において，オバマ政権は目立った業績を残していない。しかし，この章で検討してきたように，政治過程や内実を個別具体的に見るならば，この領域における幾つかの「変化」の萌芽を見ることができる。

第1に，社会保障年金における超党派的議論の開始である。結果を見れば，オバマ政権は，社会保障年金の財政健全化議論を先送りし，また景気回復や当面の給付削減回避のため，その規律や財政状況を幾分か悪化もさせた。しかしながら，いわゆる「非難回避政治（politics of blame avoidance）」の力学により

「痛み」の伴う措置を先送りしたのは前ブッシュ政権，クリントン政権も同様である。さらにいえば，クリントン政権が提示した改革提案は，かなり性質の異なる複数の選択肢の列挙にすぎず，そのうち最もラディカルな個人勘定化に固執したブッシュ政権は年金改革議論における超党派的合意を著しく遠ざけた。一方，オバマ政権期には，負担抑制と給付削減の方策について超党派間で議論が行われ，共和党も全体として個人勘定案を事実上放棄するなど，議論や政治取引の焦点が比較的明快な数量問題へ収束しつつある。具体的なバランス自体については，給付維持を重視するオバマ政権は，共和党はおろか自政権下のボウルス・シンプソン提案とさえ折り合いをつけることはできなかった。だが，改革への方策は俎上に確かに出揃い，年金改革に向けた政治的対立の軸数は減少し，その幅は狭くなりつつある。

　一方，雇用主提供年金におけるオバマ政権の「変化」は，政治的対立軸を新たに出現させることにあった。同政権は，貯蓄支援税制を通じた退職保障の強化というそれまでの政策路線を当初は踏襲しつつ，再分配的な公正，および提供義務化等の政府介入を志向する政策の提案を続けた。党派色の強いこれらの提案，特に二期に追加された増税提案，は政治的現実性には乏しい。しかし，かつての年金プランに象徴される「ミドルクラス経済」の変質とともに，重要さを増してきた貯蓄支援政策という比較的新しい領域において，従来とは異なる手法，アイデアや方向性が政権側から提示された意義は小さくない。401(k)プランやIRAなどの貯蓄支援税制はその恩恵が一部の富者に限定される問題はかなり以前から知られていた。しかし，このような批判に対応し，その普及と公平化を図る具体的な政策パッケージを具体的に提示し，ともかくも政治的俎上に載せたのはオバマ政権が初めてである。いわば，オバマ政権は民主党的な代替政策を示すことで，この分野における政治的対立点を可視化した。それは，「ミドルクラス」の再編に適合した退職所得保障政策の健全な発展に必要なステップといえよう。

注
(1) アメリカ年金システムの構成に関する詳細は，吉田（2012）を参照。
(2) 一般に「ライアン提案」とは，後に下院予算院長となったライアン議員が取り

コラム5 「サードレール」としての社会保障年金

アメリカといえば,『貧困大国』あるいは「新自由主義」の発信源として,社会保障の不十分な国として理解されることが多い。実際,社会保障年金の目標とする給付水準(現役時所得比約40%)は,かつてのわが国の公的年金である厚生年金加入者の水準(約60%)と比べれば低い。だが,一方でそれは普遍性,再分配性,安定性などに優れた年金でもある。まず,わが国では自営業者,非正規雇用者の多くは,定額保険料で給付水準の低い国民年金のみ適用されるが,社会保障年金はこのような稼得者にもユニバーサルに適用される。また,その給付設計は再分配的であり,低所得者の稼得がより大きく給付に反映される。わが国では,いわゆる「3号被保険者」制度として,厚生年金等の加入者のみ配偶者加算がなされるが,社会保障年金の加入者の配偶者はすべて配偶者給付の有資格者となる。また,わが国の公的年金は高齢化に伴う相次ぐ改革により,その給付水準はアメリカ社会保障年金のそれに接近しつつある。

社会保障年金は,退職後の貧困リスクに応じた社会保険としてアメリカ国民に広く受容されている。それは連邦政府最大の社会プログラムであるにもかかわらず,人種,地域,政党を超えて広く支持されている。あの「ティーパーティー運動」のメンバーでさえ,給付維持のための増税を支持するといわれている。それだけに,その給付削減を含む財政健全化努力は,政治家にとって多くの国民を敵に回しかねない危険な論点である。社会保障年金は,しばしば鉄道の「サードレール」,触れれば感電死する送電用レールに喩えられ,その改革には,超党派での慎重な協議と合意が重要となる。

まとめ,2012年に下院を通過した予算決議「繁栄への道程」(The Path to Prosperity)を指して用いられる。ここでは,そのライアン提案と区別するため,「ライアン提案(初期)」という表記を用いる。

(3) 各報告書の正式名称と具体的内容は,参考文献に記された各資料を参照。

参考文献

吉田健三[2012]『アメリカの年金システム』日本経済評論社。

AARP [2012] *The Future of Social Security : 12 proposals You Should Know About.*

Board of Trustees of the Federal Old-Age and Survivors Insurance and Disability

Insurance Trust Funds [2004, 2010, 2014] *Annual Report of the Board of Trustees of the Federal Old-Age and Survivors Insurance and Disability Insurance Trust Funds,* General Printing Office.

Office of Management of Budget [2010-2017] *Budget of the U. S. Government.*

Domenici, P. and A. Rivlin [2010] *Restoring America's Future : Reviving the Economy, Cutting Spending and Debt, and Creating a Simple, Pro-growth Tax System,* Bipartisan Policy Center.

Elice, C., A. Munnell, and A. Eschtruth [2014] *Falling Short : The Coming Retirement Crisis And What To Do About,* Oxford University Press.

Galston, W. and M. MacGuineas [2010] *The Future Is Now : A Balanced Plan to Stabilize Public Debt and Promote Economic Growth,* Governance Study at Brookings.

Ryan, P. [2010] *A Roadmap for America's Future version 2.0 : A Plan to Solve America's Long-Term Economic and Fiscal Crisis.*

The National Commission on Fiscal Responsibility and Reform [2010] *The Moment of Truth. Report of The National Commission on Fiscal Responsibility and Reform.*

White House Task Force on the Middle Class [2010] *Annual Report of the White House Task Force on the Middle Class.*

VanDerhei, J., S. Holden and L. Alonso [2010] "401(k) Plan Asset Allocation, Account Balances, and Loan Activity in 2009", *EBRI Issue Brief,* No. 350, Employee Benefit Research Institute.

第6章　移民政策
――移民制度改革をめぐる党派対立と大統領令――

中島　醸

　現代のアメリカ経済にとって，移民労働者は欠かせない存在となっている。しかし，現行の移民制度の下では，就労ビザの発行枠は必要な労働力需要を満たすものとはなっておらず，非正規滞在移民（undocumented immigrant）が1000万人以上に上っている。そのため，経済界や移民権利擁護団体などを中心に移民制度改革の必要性が謳われる。同時に，移民の増大に対する文化的，経済的不満から反移民感情も根強いものがあり，近年，移民改革立法をめぐり推進派と反対派とが激しく対立してきた。オバマ政権は，前ジョージ・W・ブッシュ（George Walker Bush）政権に引き続いて移民制度改革を重要課題の1つとして取り組んできたが，政権最終年を前にしても立法化できず，大統領令による事実上の移民政策の変更を目指した。本章では，移民政策の立法化の行き詰まりをオバマ政権と議会の動きを中心に考察する。第1節では，オバマ政権が直面する移民問題の様相を概観し，その後第2節以降では，時系列的に移民制度改革をめぐる議会での法案審議と政権の対応について考察する。

1　移民労働力の増大と行き詰まる移民制度改革

　オバマ政権は包括的な移民制度改革を目指したものの，議会を通じて本格的な移民改革法案を成立させることはできなかった。ただそれはオバマ政権に限らず，その前の共和党 G. W. ブッシュ政権も，包括的移民制度改革を追求しながらも実現はできなかった。G. W. ブッシュは共和党のなかでも改革に積極的であり，議会では超党派議員集団によって何度となく包括的移民改革法案が提出されてきた。しかし，それらの法案は，保守派からの強硬な反対の下に成立することはなかった。G. W. ブッシュ政権からオバマ政権にかけて，移民制度改革は最重要課題の1つに位置づけられながらも，その実現は2つの政権を通して暗礁に乗り上げた状態となっている。本節では，移民制度改革の内容とそ

表6-1 産業ごとの市民権区分別労働力構成比率（2013年）
(％)

産業	市民権区分			
	アメリカ生まれ	帰化市民	外国籍（市民権なし）	帰化市民＋外国籍
合　計	83.6	7.5	8.9	16.4
農林水産業・狩猟業	78.1	3.1	18.8	21.9
鉱　業	93.2	3.1	3.7	6.8
建設業	75.8	6.6	17.6	24.2
製造業	81.7	7.9	10.4	18.3
卸売・小売業	86.0	6.7	7.3	14.0
運輸・公益事業	83.8	9.0	7.2	16.2
情報産業	88.7	5.6	5.7	11.3
金融活動	86.6	8.1	5.3	13.4
専門・ビジネスサービス業	80.5	8.1	11.4	19.5
教育・健康サービス	87.0	7.9	5.1	13.0
レジャー・ホスピタリティ	77.6	7.6	14.8	22.4
その他サービス業	78.4	9.3	12.3	21.6
公　務	92.3	5.9	1.8	7.7

出所：U. S. Bureau of the Census [2013] Table 1.8; Industry of Employed Civilian Workers 16 Years and Over by Sex, Nativity and U. S. Citizenship Status: 2013 より作成。

の対立構図を理解するために，アメリカ経済にとっての移民労働力の重要性，反移民感情の高まり，移民政策をめぐる対立構図，包括的移民制度改革に含まれる3つの政策という4点について考察する。

（1）アメリカ経済にとって不可欠な移民労働力

経済界は安定した移民労働力の確保を求め制度改革を追求してきたが，その背景には移民労働力がアメリカ経済にとって不可欠な存在となっていることが挙げられる。アメリカ国内全産業の雇用者数における移民労働力比率は，1970年の4.9％から90年の9.3％，2010年の16.4％と増えている（Singer [2012]）。一部の産業では移民労働力の比率がさらに高い。表6-1は2013年時点での市民権の区分別に産業ごとの労働力比率を示したものである。ここに見られるように，農林水産業・狩猟業，建設業，レジャー・ホスピタリティ産業，その他サービス業といった産業では，帰化市民と外国人の労働力比率が20％を超えている。それ以外でも，製造業では約18％，専門・ビジネスサービス業では約19％となっている。先の4つの産業と製造業では，主に低技能の移民労働者が仕事

を担っている一方で，専門・ビジネスサービス業では高技能移民労働者が重要な労働力となっている。さらに，移民が多い地域での移民労働力の比率はより高くなる。たとえば，職種ごとの数値であるが，カリフォルニア州では2000年時点で，外国生まれヒスパニックの比率は，乾壁工（drywallers）で約56％，衣服労働者（garment workers）で約63％，清掃労働者（janitors）で約63％であった（Milkman [2006：108]）。また，合法移民以外に非正規滞在移民も重要な労働力となっている(1)。2008年の推計では，非正規滞在移民労働者の比率は建設業で14％，農業で13％，レジャー・ホスピタリティ産業で10％，専門・ビジネスサービス業や製造業で7％であった。このように，非正規滞在移民もアメリカ経済において欠かせない存在となっている（Passel and Cohn [2009：15-16]）。そのため，アメリカの産業界にとって安定した移民労働力の確保が重要課題の1つであった。

　G. W. ブッシュ政権は共和党政権として移民制度改革を追求してきたが，それは主に経済界の利害に沿って合法的な移民労働力の流入を可能にする改革を目指したものであった。1986年の移民制度改革以後，アメリカ企業の国際的競争力の維持などの理由から，高技能・低技能を問わず移民労働者の需要が増大した。しかし，就労ビザの発給枠はこうした需要と比して不十分なものであった。それゆえ，低賃金職種を中心に労働力需要を満たすために非正規滞在移民が大量に流入してきた。こうして1990年代以降，非正規滞在移民が急増し，1990年の約350万人からオバマ政権成立前年の2008年には約1200万人にまで増大した（Passel and Cohn [2009：ⅱ, 29]）。経済界は，こうした状況を解決するために，必要な移民労働力を確保するためのビザの発給枠の増大や新たなゲストワーカー・プログラムの創設を求めた。彼らは同時に，非正規滞在移民に合法的地位・就労資格を付与するプロセスの実現も追求した(2)。G. W. ブッシュ政権は基本的にこうした経済的保守の視点から移民制度改革を実現しようとしてきた。

（2）反移民感情の高まり
人種構成の変化と雇用問題
　移民制度改革を求める動きが進む一方で，保守派からの反対運動も強まって

表6-2 移民数と地域別構成比率の推移(1900〜2009年)

	1900〜19年	1920〜39年	1940〜59年	1960〜79年	1980〜99年	2000〜09年
合計流入数(人)	14,549,768	4,994,885	3,355,876	7,461,952	16,019,777	10,299,430
地域別構成比率(%)						
ヨーロッパ	86.3	60.2	55.9	26.3	12.6	13.1
アジア	3.9	2.9	5.1	23.7	32.8	33.7
中南米	3.6	14.2	19.4	39.4	46.7	40.8
アフリカ	0.1	0.2	0.6	1.3	3.0	7.4
その他[1]	6.1	22.5	19.0	9.4	4.9	5.0

注1:カナダ,オセアニア,出身地不明者などを含む。
出所:DHS, Office of Immigration Statistics [2014:6-11] Table 2 ; Persons Obtaining Lawful Permanent Resident Status by Region and Selected Country of Last Residence: Fiscal Years 1820 to 2013より作成。

表6-3 人種・ヒスパニック系別人口構成比率の予測(2015〜60年) (%)

	2015年	2020年	2025年	2030年	2035年	2040年	2045年	2050年	2055年	2060年
ヒスパニック系以外[1]										
白人	61.7	59.6	57.5	55.5	53.4	51.3	49.3	47.3	45.4	43.7
アフリカ系	12.4	12.4	12.5	12.6	12.6	12.7	12.7	12.8	12.9	13.0
アジア系	5.3	5.8	6.2	6.7	7.1	7.6	8.0	8.4	8.8	9.1
その他[2]	3.0	3.2	3.5	3.7	4.0	4.3	4.7	5.0	5.4	5.7
ヒスパニック系	17.7	19.0	20.3	21.6	22.8	24.1	25.3	26.5	27.6	28.6

注1:白人,アフリカ系,アジア系,その他の数値はヒスパニック系以外のもの。
注2:先住民(アメリカ大陸,ハワイ,太平洋諸島),複数人種を含む。
出所:U.S. Bureau of the Census [2014] Table 11 ; Percent of the Projected Population by Hispanic Origin and Race for the United States: 2015 to 2060 より作成。

くる。移民に対する排斥的な動きは歴史的に何度か繰り返されてきたが,G.W. ブッシュ政権以降の移民改革論議のなかでは共和党内で移民排斥的勢力が台頭してきた。アメリカに入国してきた移民の人種構成は歴史的に大きく変化してきたが,20世紀後半に増えてきたのは,ヒスパニック系とアジア系であった(表6-2)。今後の人口構成では,白人がその比率を減らす一方で,ヒスパニック系が大きく増加することが予測されている(表6-3)。2045年には白人人口の構成率は50%を割り込み,白人以外の人口がマジョリティを占めることとなる。そしてヒスパニック系の構成比は,同年で25%を超え,2060年には3割近くにまで達すると予想されている。こうしたなかで,保守層におけるヒスパニック系への悪感情も強まり,排他的言動も繰り返されてきた。

また近年，アメリカ国内でミドルクラスの衰退と貧富の格差の拡大が進むが，白人層においても格差は拡大していた(3)。雇用環境についても保守系雑誌編集者のディヴィッド・フラム（David Frum）は2015年1月に，2007年に比べて仕事に就いている国内生まれのアメリカ人が150万人ほど減ったのに対して，移民は200万人増えていると論じた。移民労働力がアメリカ経済に与える影響はそれ自体が大きな争点となっているが，フラムは新たに生み出された雇用のほぼすべてが移民に取られているとして，移民はアメリカ人の職を奪っていないと分析する議論を批判した（Frum [2015]）。白人層がマジョリティとしての地位を脅かされ，生活環境の悪化に直面するなかで，移民，ヒスパニック系住民への排斥的主張が表面化してきた。

移民排斥的動きの高まり

2005年には下院本会議で移民排斥的法案（通称，センセンブレナー法案）が可決されたが，それは台頭する下院共和党保守派の影響力の強さを示すものであった。この法案は，正規の手続きを経ずにアメリカに入国すること自体を重罪（felony）とし，非正規滞在移民を支援する行為に対しても罰則規定を設けるなど非常に制限的な性格であった（Swain [2007]：178）。本法案が可決されたのは下院のみであり，実際には立法化されなかったが，当時の共和党下院議員231名中203名が賛成しており，共和党内（特に下院議会）での保守派の台頭とその排斥的姿勢は，多くの移民や移民権利擁護団体等に衝撃を与えた。そのため，その後，移民や親移民団体によるセンセンブレナー法案への反対運動が急激に展開されることとなった。

また2016年大統領選挙に向けた共和党指名候補者争いのなかで，ドナルド・トランプ（Donald J. Trump）は2015年6月の大統領選挙出馬会見で，メキシコ人に対して麻薬や犯罪を持ち込み，レイピストであるという差別的発言を行った。この発言とその後の予備選で彼が他候補を抑えトップを走り，共和党候補となったことは，アメリカの保守層のなかで移民に対する排斥的・差別的感情が根強いことを明らかにした。こうした事態の背景には，この間の経済のなかで置き去りにされてきた白人貧困層の支持があると指摘されている。確かに，彼は，移民排斥的主張を展開する一方で，経済政策の面では一部ではあるが社会保障年金やメディケアの削減に反対したり，国内での雇用を確保するために

表6-4 移民流入と移民の権利についての政策的立場

		移民流入に対する姿勢	
		流入維持・拡大派	流入規制派
国内での移民の権利に対する姿勢	権利擁護派	コスモポリタン	平等主義的ナショナリスト
	権利制限派	自由市場拡張主義者	古典的排他主義者

出所：Tichenor［2002：121, 205, 276］より作成。

保護貿易を主張するなど共和党全体の立場とは異なる主張をしてきた（Federico, Johnson, and Lavine ［2016］）。こうした白人労働者層を意識して雇用拡大などを主張する立場が，排外主義的感情も含めて，経済的に困難な白人労働者層の支持を集めていると考えられる。

(3) 移民政策をめぐる対立構図

　移民の国アメリカにとって移民政策は重要な政治課題であったが，その対立構図はもともと「呉越同舟」（strange bedfellow）と呼ばれ，党派的な対立とは異なる様相を呈していた（Tichenor［2002：8, 276］；西山［2013：5-9］）。表6-4は，そうした移民政策に関する利害関係を示したものである。移民流入と移民の権利擁護という2つの指標から，それぞれ推進派と反対派に分けたものである（それぞれの立場については表6-4と区分が若干違うものの，西山［2013］の説明が詳しい）。「コスモポリタン」は，移民権利擁護団体に代表され，移民流入規制に反対し，国内にいる移民の権利はアメリカ人と同様に擁護されるべきであるとの立場である。「平等主義的ナショナリスト」は，移民削減を支持し，移民規制に違反する使用者への罰則を強化すべきとする立場であり，1990年代半ばに移民制度改革を模索したビル・クリントン（Bill Clinton）政権の立場もこれに近かった（Pear［1995］）。労働組合は，この区分のなかでの位置を歴史的に変化させてきた。元来は，自らの職を奪い，賃金水準を下げるとして移民流入に反対してきた。しかし，彼らは1990年代末から2000年代初頭にかけて立場を大きく変え，移民の権利の擁護と，非正規滞在移民に対する無条件の（市民権などの）合法的地位を付与するアムネスティ（amnesty）を支持し，積極的に組合に組織するようになった（Greenhouse［2000］）。「自由主義的拡張主義者」は，移民労働力に依拠した産業の使用者や共和党穏健派の立場に近く，移民労働者

を安価な労働力として確保するために，流入は制限されるべきではないと主張する。「古典的排他主義者」では共和党保守派が多く，移民はアメリカ人の職を奪い，文化的にアメリカを侵略しているため，彼らの流入を制限し，国内での取り締まりを強化すべきであると論ずる。

この対立構図では，例外もあるが大枠としては移民の権利を擁護すべきとする立場は民主党系に多く，移民権利を制限するべきとする立場は共和党に多い。そのため，各政党内では，移民流入についての立場が異なる勢力が併存していたのである。ただ民主党側では，前述のように労働組合が大規模な移民流入に反対の立場から，移民の権利擁護と組織化を求める立場へと移っていった(Smith [2007：114])。そのため民主党は大きく親移民勢力としてまとまってきた。他方，共和党内では，経済界と社会的文化的保守派という移民流入に関する姿勢が正反対となる勢力が並存してきたが，近年は反移民的立場を主張する保守派の影響力が強くなり，移民流入の維持・拡大を求める経済界や穏健派の影響力が弱くなってきた。そのため，近年の対立構図は党派が入り混じったものではなく，党派的対立の様相を呈してきた。

（4）包括的移民制度改革の3つの要素

G. W. ブッシュ政権は，保守派との対抗関係のなかで超党派の枠組みに依拠して移民制度改革の実現を目指した。G. W. ブッシュ自身がテキサス州知事時代からヒスパニック系住民や移民への穏健的立場を有しており，政権は発足当初から改革を追求したものの，2001年9月11日の同時多発テロによってその動きは頓挫することとなった。その後，2004年に短期労働者プログラムを提示し再び本格的に取り組み始めた。この時期に提示された超党派による包括的移民改革法案の枠組みが，その後オバマ政権期での移民制度改革にも引き継がれていった。その主要な課題は以下の3点であった（中島［2011］；安井［2013］）。

第1は，合法的な移民労働者受け入れのための新たな制度整備であった。高技能，低技能双方においてアメリカ国内で必要な労働力を確保するには，現行のビザ制度の枠では不十分である。それゆえに，非正規滞在移民の流入の経済的誘因が生まれる。そこで，期間限定の就労資格の付与というゲストワーカー・プログラムも含め，合法的な移民流入制度の拡充が求められた。これは主

として経済界からの要求であり，労働運動内部ではゲストワーカー・プログラムへの賛否が分かれていた（中島［2015］；［2016］）。

　第2は，既に国内に非正規に滞在している移民が合法的地位を得るためのプロセスを整備することであった。彼らは国内の重要産業で働き，納税もし，アメリカ経済にとって欠かせない存在となっている。彼らを国外追放することは，彼らの家族を崩壊させるのみならず，アメリカの経済にとっても大きなダメージを与えるものであり，彼らをより搾取されやすい存在へと追いやるものである。それゆえ，彼らに永住権や市民権も含めて合法的地位への道を提供することで，彼らを日の当たる場所へと導き出さなければならない。この課題は，元来，移民権利擁護団体や労働組合が求めてきたものであるが，基本的には経済界もその合理性・必要性を認めていた。

　第3は，国境取り締まり，国内における法執行の強化である。非正規滞在移民にはビザの期限後に帰国しない場合もあるが，多くの移民が危険を冒して国境地帯を正規の手続きを経ずに越えてくる。そこで，メキシコとの国境にフェンスを建設したり，国境警備の予算や人員を増やすことが追求された。この国境警備問題は，共和党保守派，移民排斥的な勢力も基本的には賛成するものであり，移民権利擁護団体からは批判されるが，相対的に反対の少ない政策課題であった。したがって，G. W. ブッシュ政権下でも，2006年，包括的移民改革法案が成立しなかった一方で，堅固なフェンス建設を求める国境警備強化法案は成立した（*CQ Weekly*, December 18, 2006：3357-3358）。

2　オバマ政権での包括的移民制度改革の試みと行き詰まり

（1）2008年大統領選挙でのオバマの立場

　オバマは大統領選出馬以前の上院議員時代から，民主党，共和党両党の穏健派での移民制度改革の合意に沿った法案を支持していた。2006年の上院の包括的移民改革法案にも賛成し，2006年4月3日には上院本会議で法案の可決を促す演説を行った。

　2008年の大統領選挙でオバマは，上院議員時代の立場を引き継ぎ，主に以下の5点を移民政策に関して訴えた（Obama and Biden［2008］）。(1)数百万もの非

第 6 章　移民政策

正規滞在移民を日の当たる場所に導くために市民権獲得の機会を付与し，(2)アメリカ経済と労働需要のニーズに合致する形で移民が合法的に入国して仕事をすることができるよう制度を改革し，(3)人員や技術等を改善することによって国境警備を強化し，(4)使用者が従業員の就労資格を照合できるシステムを構築し非正規滞在移民を雇用する使用者の取り締まりを強化することで不法に入国することへのインセンティヴを減らし，(5)軍に従事する多くの移民兵士（その約4割はアメリカ市民ですらない）への敬意を表し，彼らの市民権獲得への手続きの迅速化を訴えた。

　オバマの政策的立場は，ゲストワーカー・プログラムについて労働者の保護を強調したり，メキシコとの国境におけるフェンス設置に関しても地域コミュニティとの協議を重視した。ただ，この選挙では民主党内の予備選時での対立候補であったヒラリー・クリントン（Hillary Rodham Clinton），さらには共和党候補であったジョン・マケイン（John Sidney McCain III, R-AZ）も，超党派の移民制度改革に同意しており，ほぼ同じ立場であったため，これ自体が候補者を判断するメルクマールにはならなかった。そしてオバマは，大統領就任後，初年度には具体的に移民改革法案を成立させて改革に着手することを明言しており，当初は，医療保険改革と同様にプライオリティの高い政策課題として移民制度改革が位置づけられていた（Pleva [2010]; Hicks [2012]）。

（2）オバマ政権初年度の動き

　前述のように，オバマは大統領選挙中には，移民改革法案を2009年に成立させることを訴えた。また2009年6月には，彼は議会に対して包括的移民改革法案の進展を求め，11月には国土安全保障省長官のジャネット・ナポリターノ（Janet Ann Napolitano）が政策への政権の関与を強調する演説を行った。しかし，実際にはオバマ政権は，同年中に移民制度改革を本格的に進めることはなかった。この点について，オバマは後にスペイン語系メディアのインタビューで，世界金融危機・大不況への対応に追われていたことと，ブッシュ政権期には超党派での改革に協力的であった共和党議員たちが予想に反して反対に回ったことを，改革への取り組みが遅れた理由として挙げた（Hicks [2012]）。政権として移民制度改革の旗は降ろすことはなかったものの，大不況への対応や医

療保険改革などの課題に時間を費やし,オバマ自身が移民問題で指導力を発揮したり,超党派の合意を取り付けることを積極的に行うことはなかった。上下両院議会で民主党が多数派を占めていても,民主党議員も含め多くの移民制度改革を支持していた議員たちは,大不況からの脱却がままならず失業率が高い状態で改革に取り組むことに躊躇しており,彼らの自発的行動に成り行きを任せることは,実際上は改革が進まないことを意味していた (*CQ Weekly*, January 4, 2010：49)。

上院司法委員会の「移民・難民・国境警備小委員会」(Subcommittee on Immigration, Refugees and Border Security) の委員長であるチャールズ・シューマー (Charles Ellis Schumer, D-NY) は,移民改革法案をレイバーデイまでに提出することを目指していた。また超党派の議員集団は,G. W. ブッシュ政権時代の2007年に上院で審議された移民改革法案をモデルに,新たに法案を作成することを目指した。この法案は,短期労働者向けのビザ・プログラムの拡張,既にアメリカ国内に滞在している非正規滞在移民への市民権の道の付与,国境地帯と職場における取り締まり強化といった要素を含む包括的移民改革法案であった。しかし,実際にはこうした動きは実現されることはなかった (*CQ Weekly*, January 4, 2010：49)。

(3) オバマ政権での移民制度改革をめぐる対立構図

オバマ政権初年度には,上下両院とも民主党が多数派を占めていたにもかかわらず,移民制度改革を目指す動きは政権も議会も鈍かった。その理由としては,大不況への対応や医療保険改革など他の課題の優先順位が高かったことも挙げられるが,改革をめぐる対立構図の問題も存在した。

経済界と労働運動の協力関係の変化

G. W. ブッシュ政権下では前述のように超党派による移民改革推進派と,共和党保守派の移民排斥的な反対論とが対立軸の基本であった。この時期に超党派の改革の動きが活発であった背後には,民主・共和両党の支持団体である一部労働組合と経済界との包括的移民制度改革を目指した協力関係が存在した。ただ,ゲストワーカー・プログラムに関しては労働運動内部で対立が存在した。全国組織であるアメリカ労働総同盟産業別組合会議 (American Federation of

Labor and Congress of Industrial Organizations: AFL-CIO)がゲストワーカー・プログラムに批判的であった一方で,移民労働者の組織化に積極的であった全米サービス従業員組合(Service Employees International Union: SEIU)や全米縫製繊維産業労働組合＝ホテル・レストラン従業員組合(Union of Needletrades, Textiles and Industrial Employees‒Hotel Employees and Restaurant Employees International Union: UNITE-HERE)らは支持していた。[7]

しかし,オバマ政権成立後の2009年4月時点で労働運動は,ゲストワーカー・プログラムの新設や拡張に反対し,その改善を要求する形で統一的立場を回復した(Preston and Greenhouse [2009]; SEIU [2009])。そこでは,入国可能な移民労働者数に関する独立委員会の設立や,労働者にとって安全な電子照合メカニズムの構築,非正規滞在移民の合法化,そしてゲストワーカー・プログラムの改善(拡張には反対)といった項目が挙げられた。彼らは,オバマ政権と議会の移民制度改革の取り組みを支持するものの,包括的改革の柱の1つであるゲストワーカー・プログラムの拡張に反対することとなり,ここでの経済界との協力関係が壊れていった。実際に,経済界は労働運動がゲストワーカー・プログラムに批判的立場で統一されたことに対して,自分たちとの協力抜きで移民制度改革を実現することはほとんど不可能であり非現実的であると批判した(Preston and Greenhouse [2009])。その後,議会で包括的移民改革法案を目指す超党派の動きが本格化したのは,労働運動と経済界がゲストワーカー・プログラムについて妥協し,合意した2013年3月末以降であった。[8]

オバマ政権期の2つの対立構図

オバマ政権期には,両党の主要な支持勢力の間での合意が崩れたために議会における超党派の取り組みを後押しする力が弱まったこともあり,移民制度改革における党派間の対立が顕在化していった(Hicks [2012]; Krogstad [2015])。そこには2つの次元での対立構図が存在した。第1に,包括的移民制度改革に対して,積極的な民主党と反対する共和党(保守派)という構図が存在した。包括的改革はもともと移民受入れに積極的である民主党と共和党穏健派,経済界との超党派の取り組みであったが,共和党内での移民労働者の入国枠の拡大や非正規滞在移民の合法化に反対する保守派の台頭により共和党側の超党派での取り組みからの離脱が進み,党派的な対立構図が顕在化してきた(Pew Research Center [2015a]）。

　第2に，包括的移民改革法案の成立が困難な状況のもとで，個別課題のみを対象とした法案が提案されることになるが，その内容についても両党の重視する課題が異なるために対立が生じた。民主党は，子供時分に親にアメリカに連れてこられて非正規滞在となった人々を対象とする「ドリーム法案」（DREAM Act）を重視する一方で，共和党は高技能移民労働者向けのビザ拡充や国境警備・移民取り締まり強化や労働者の就労資格照合システム改善に関する個別法案を追求していった。

3　ドリーム法案の挫折から大統領令による「国外追放措置の延期」へ

（1）ドリーム法案の挫折

　第1期オバマ政権の下で民主党が主に追求したのは，包括的移民制度改革とドリーム法案であった。2010年9月には上院でロバート・メネンデス（Robert Menendez, D-NJ）とパトリック・レイヒー（Patrick Leahy, D-VT）らによって包括的移民改革法案（Comprehensive Immigration Act of 2010: S. 3932）が提案されたが，司法委員会に付託されただけで具体的審議まで至らなかった。代わりに同議会で本格的に議論されたのは，子供の時に親にアメリカに連れてこられた30歳未満の非正規滞在移民を対象としたドリーム法案であった。本法案は，2009年3月に上院で40名，下院で139名の共同提案者を伴って提案された（S. 729; H.R. 1751）。この共同提案者のなかには上院で2名，下院で5名の共和党議員がいるものの，それ以外の圧倒的多数が民主党議員であり基本的には民主党主導の法案であった。その後，2010年9月に新たなバージョンが再提案され，本格的に審議された。本法案は，12月に下院本会議で賛成216票，反対198票で可決された（うち共和党議員の賛成は8票）。しかし，上院では保守派の反対にあい，討議終結（cloture）するための採決では賛成55，反対41となり（うち共和党議員の賛成は3票），審議を打ち切るのに必要な60票を得ることができず不成立に終わった（*CQ Weekly*, January 3, 2011：54, 61, 65, 72-73）。

　本法案は，少なくとも5年以上アメリカに滞在し，2年間，大学に通うか軍に入隊するかという条件を満たした上で，罰金を支払い永住権，市民権の申請

を可能にするものであった。法案に対する賛否は基本的に党派によって分かれており，ほとんどの共和党議員は本法案に反対した。(9) 共和党保守派のロバート・W・グッドラット（Robert W. Goodlatte, R-VA）は，国民のなかで非正規滞在移民にアムネスティを付与することへの強い批判が存在しているにもかかわらず，本法案が16歳になる前にアメリカに入国した非正規滞在移民に対してアムネスティを提案しているとして反対した。上院では，かつては超党派での移民制度改革に参加していたリンゼイ・グラハム（Lindsey Olin Graham, R-SC）や，類似の法案への共同提案者になったことのあるオリン・ハッチ（Orrin Grant Hatch, R-UT）といった共和党内中間派議員も，非正規滞在移民へのアムネスティにあたるとしてドリーム法案を非難し，国境警備強化も含む移民制度の総点検を行わないままに部分的な立法を通過させることは認めないと論じていた。

　ドリーム法案が不成立であったのに対して，同議会会期で成立した主な法案は，本格的な制度改革に関わるものではなく，従業員の就労資格に関する電子認証（E-Verify）システムなどの既存の移民関連プログラムの延長措置と，国境警備強化に関するものであった（Bruno et al. [2011]）。後者は，メキシコとの国境警備を強化するために6億ドルの予算を追加的に計上する法案で，上下両院でそれぞれ8月上旬に提出され，どちらも数日中に可決された。国境警備強化は包括的移民制度改革の1つの柱であるが，民主・共和両党ともに合意する内容であり，上院では全会一致で，下院でも圧倒的多数の支持による口頭採決で可決された。このように，民主党統一政府期のオバマ政権では，国境警備強化やいくつかの既存プログラムの延長は可決された一方で，包括的移民改革法案やドリーム法案は上下両院で民主党が多数派を占めていたにもかかわらず実現されなかった（Spetalnick [2010]）。

（2）2010年中間選挙での共和党の勝利と大統領令による移民制度改革の実行
2010年中間選挙での共和党の勝利とアリゾナ州法の成立
　オバマ政権成立後，上下両院で民主党が多数派を取る状況は長くは続かなかった。2010年中間選挙で共和党が議席を増やし，上院では民主党が辛うじて多数党の地位を守ったものの（民主党51議席，共和党47議席），下院では共和党が63議席も増やし多数派となった（民主党178議席，共和党256議席）。特に，小さな政

府などを主張するティーパーティー運動がこの時期に活発化し，彼らの支持を得た共和党保守派議員が多く当選した（廣瀬［2012］）。共和党保守派は包括的移民制度改革には反対していたため，下院で共和党が多数派を占めたことで，移民改革法案がきわめて困難になることは目に見えていた。そのため，後述するようにオバマは中間選挙後の政権第1期後半の新たな主要課題として移民制度改革のビジョンを，2008年大統領選挙時の公約と基本的には同じ内容ではあったが，改めて提示することとなった。はたして，2011年議会ではほとんど動きはなく，改革は進まなかった。

また2010年4月にはアリゾナ州において不法移民取り締まりを強化する州法が成立した（加藤［2012］；新田［2014］）。本来，移民の法的地位を確認する権限は連邦政府機関のみが保有しており，州・地方当局はそうした行為を行う権限を有していない。しかし本法は，不法に入国しているという「合理的疑い」がある場合に，警察当局に在留資格確認の責務を課すことで，この法的地位の確認行為の権限を州・地方当局にも与えた。また，外国人登録書類の不携帯や非正規滞在移民の保護や輸送といった行為を犯罪とするなど，きわめて排斥的な内容のものであった。この立法はその後，連邦最高裁判所において主要部分が差し止めとなったが，2010年時点で，メキシコと国境を接する地域など反移民感情が高い州では，連邦政府の政策への不満から州独自の移民取り締まり強化を進めようとする動きが存在した。

オバマ政権の移民制度改革への取り組みの開始

こうした状況の下で，オバマ政権は移民制度改革への取り組みを本格化させることを迫られ，政権発足後3年経った2011年5月にようやく移民政策に関するまとまった報告書を提示した（White House［2011］；島村［2013：53-54］）。この「21世紀移民システムの構築」（Building a 21st Century Immigration System）と題する報告書は，目指すべき改革として，(1)国境の安全強化に対する連邦政府の責任，(2)不正な使用者への罰則強化や労働者の権利の保護，(3)アメリカ経済の競争力の強化に資する合法的移民システム創設，(4)条件付きでの非正規滞在移民への合法的地位付与のプロセスの創設という4点を挙げた。そうして，オバマ政権は，包括的移民制度改革の実現へ各方面，特に議会共和党に働きかけ，改革の進展を目指した（Calmes［2011］）。

また議会での共和党の台頭を受けて，オバマ政権は独自に行政府として移民政策の実質的転換を目指し，2012年6月に大統領令による移民制度改革を実行した。「子供時代に入国した者に対する（国外追放）措置の延期」（Deferred Action for Childhood Arrivals: DACA）である。これは，16歳未満で正規の手続きを経ずにアメリカに連れてこられた非正規滞在移民（30歳未満）で，学校ないしは軍に入っている者に対して，2年間，国外追放（deportation）の延期を行うという措置であった（坂井［2014：123-125］）。オバマ政権は，非正規滞在移民の子供に焦点を絞ったより支持の得やすいドリーム法案ですら成立させられなかった2010年の状況を受け，類似の政策を「措置の延期」という形で時限的にでも大統領令で実施したのであった。これによって，約95万人とも言われる，ドリーム法案の対象となっていた子供時代に親に連れてこられて市民権・永住権を持っていない非正規滞在移民，いわゆる「ドリーマー」（DREAMer）が国外追放を免れることとなった。

　オバマ政権は，このように大統領令でもって国外追放措置を中断する一方で，通常の手続きでの国外退去措置はG. W. ブッシュ政権時以上に実施していた。そのため，オバマ政権は実は移民取り締まりを厳しく行っていると論じられることもある（Law［2014］）。確かに，図6-1にあるように国土安全保障省の統計における「国外退去」（removals）の数は，G. W. ブッシュ政権期からの増加傾向に歯止めがかからず，1990年に比べて14倍に増えている。ただ，統計上，「帰国」（returns）と位置づけられる移民の数はG. W. ブッシュ政権期の減少傾向を継続し，1990年の17％にまで減っており，「国外退去」と「帰国」の合計数もG. W. ブッシュ政権に比べて減少している。「帰国」とは政府の移民機関に逮捕されるも，公式な国外退去の手続きが行われる前に「自主的」に「帰国」を選択することである。公式に国外退去されるとその後数年間から数十年間，再入国禁止措置が取られるが，「帰国」の場合はそうした罰則を逃れられるために「帰国」を選択する者も多い。また，移民当局が逮捕した移民数も1990年に比べて2013年は57％に減っている。このように，オバマ政権は，移民の国外退去手続きを緩めているわけではないが，国外追放を極端に厳格に執行しているわけでもなかった。

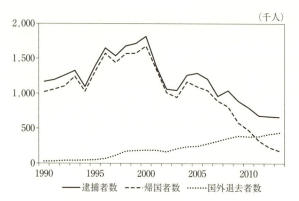

図 6-1 外国人逮捕者・帰国者・国外退去者数(1990～2013年)
出所：DHS, Office of Immigration Statistics, [2014：91, 103] Table 33；Aliens Apprehended: Fiscal Years 1925 to 2013, and Table 39；Aliens Removed or Returned: Fiscal Years 1892 to 2013より作成。

（3）STEM Jobs 法案と党派対立

　他方で，議会では2012年も本格的な移民改革法案は成立しなかった。成立した移民関連法案は，従業員の就労資格に関する電子認証システムなどのプログラムの更新を行う法案のみであった。この延長法案の成立後は，下院共和党によって提案された STEM Jobs 法案（H.R. 6429）が，この年の論議の中心となった（CQ Weekly, January 14, 2013：93；CQ Weekly, January 21, 2013：153-154, 166）。本法案は，下院で可決されるものの上院では取り上げられず，移民制度改革に関する党派的対立を浮き彫りにした。

　STEM Jobs 法案は，2012年9月上旬に，ラーマー・スミス（Lamar Smith, R-TX）を筆頭とした67名の共和党議員と1名の民主党議員によって下院に提案された。本法案の名称として使われている STEM とは，science, technology, engineering, mathematics という4つの分野から来ており，法案はこれらの分野の博士か修士の学位を得ている移民が利用できるビザ（グリーンカード）を5万5000通まで発行できるようにすることを目指した（新田［2014：24］）。この STEM 分野のビザ拡大の枠を確保するために，法案はビザの多様性プログラム（diversity visa program）を廃止することを提案した。本法案は共和党の主導によるものであるが，民主党も外国生まれの高技能学位取得者が利用でき

るビザ枠の拡大には一般論としては同意していた。しかし，本法案は，STEM 学位取得者向けのビザ枠を確保するために，抽選による多様性ビザ制度の廃止を盛り込んでいたため，オバマ政権と民主党は反対した。彼らは，こうした政策は多様性ビザ制度の廃止によってではなく，包括的移民制度改革の一環として実現されるべきとの考えを持っていた。法案審議は11月上旬の選挙を前に一度は止まったが，その後再開し11月末には245対139と100票以上の差で可決された。しかし，民主党議員の多く（134名）は反対し，賛成したのは27名のみであった。そして，民主党が多数を占める上院では本法案は取り上げられることがなかった。

こうしてオバマ政権第1期には，包括的移民制度改革の本格的な議論は進まず，2010年の民主党主導のドリーム法案，2012年の共和党主導のSTEM Jobs法案という課題を限定させて賛成を得やすくした法律制定の試みも，政党間の対立のなかで成立に必要な支持を得られずに廃案となったのであった。そうした状況を受けて，オバマ政権は，法改正を通さずに大統領令という行政府の権限により，喫緊の課題として位置づけた，自らの意思によらないで入国した若年層への国外追放措置の延期を実行したのであった。

4　再び包括的移民制度改革を目指して——第2期オバマ政権

（1）包括的移民改革法案への取り組みと上下両院のずれ
2012年大統領選挙と第113議会

2012年大統領選挙では，オバマは包括的移民制度改革を主要課題として訴え，議会が実現すべきであると主張した（Lopez and Taylor [2012]）。対して，共和党の対立候補のミット・ロムニー（Willard Mitt Romney）は，もともと包括的移民改革法案に賛成していたが，大統領選挙のなかで制限的要素を前面に押し出すようになっていった。彼は，ドリーム法案に対しては軍に入る者だけを対象にすべきとし，非正規滞在移民に対しても「自主的国外追放」（self-deportation）を解決策として提示し，包括的移民制度改革も「アムネスティ・プラン」だと非難した（Halloran [2012]）。こうしたことも反映し，2012年選挙ではヒスパニック系住民の投票動向ではロムニーの27％の得票に対してオバマが71％と

表6-5 大統領選挙におけるヒスパニック系住民の投票動向（1980～2012年） (%)

年	民主党候補者	得票率	共和党候補者	得票率	民主党得票率の優位
1980年	ジミー・カーター	56	ロナルド・レーガン	35	+21
1984年	ウォルター・モンデール	61	ロナルド・レーガン	37	+24
1988年	マイケル・デュカキス	69	ジョージ・H・W・ブッシュ	30	+39
1992年	ビル・クリントン	61	ジョージ・H・W・ブッシュ	25	+36
1996年	ビル・クリントン	72	ボブ・ドール	21	+51
2000年	アル・ゴア	62	ジョージ・W・ブッシュ	35	+27
2004年	ジョン・ケリー	58	ジョージ・W・ブッシュ	40	+18
2008年	バラク・オバマ	67	ジョン・マケイン	31	+36
2012年	バラク・オバマ	71	ミット・ロムニー	27	+44

出所：Lopez and Taylor［2012：4］より作成。

圧倒的な差をつけた（表6-5）。ただ，この傾向は歴史的なものであり，民主党はおおよそ50％から70％台のラテン系の支持を得てきた。また，同時に行われた議会選挙では，下院では共和党は議席を増やし共和党支配が続き，上院では民主党が若干の議席を伸ばし民主党多数派状況は変更なかった。そのため，移民改革法案の実現は依然として困難な状況であった。

　第2期オバマ政権に入った2013年の議会では，改めて超党派による包括的移民改革法案の作成と，その提案に向けた努力が進められた。上院では，民主党からのシューマーやメネンデスら4名と，共和党からのマケインやグラハム，マルコ・ルビオ（Marco Antonio Rubio, R-FL）など4名の計8名の超党派の議員集団（その人数からGang of Eightと呼ばれた）によって包括的移民改革法案，国境警備・経済的機会・移民現代化法案（Border Security, Economic Opportunity, and Immigration Modernization Act: S. 744）が作成・提案された（大沢［2014：2-5］）。しかし，下院では，超党派の努力が実を結ぶことはなく包括的移民改革法案が提案されることはなかった。それに代わり，個別の課題に対する断片的な法案が5つ提出された。ただこれらの法案も下院委員会レベルでは可決されたものの，本会議にまでかけられることはなく廃案となった（Bruno et al.［2014］）。

上院包括的移民改革法案

　2013年4月に提案された上院の包括的法案は，(1)国境警備，国内法執行強化，(2)市民権獲得への道の拡大，(3)ビザ・システムの整備の3点をカバーしており，大枠としてはこれまでの包括的法案と類似した内容であった。第1については，

予算・人員の増大などでの国境監視の強化，会社でのコンピューターによる就労資格認証システムの整備などが盛り込まれた。第2の市民権獲得については，2012年1月1日以前にアメリカに入国した非正規滞在移民を対象に，罰金・追徴課税支払，犯罪歴調査等を条件として10年後の永住権申請，さらにその3年後の市民権申請の制度を提示した。さらに，2010年のドリーム法案が対象としていた若年層には5年後の永住権・市民権獲得を認めた。第3のビザに関しては，高技能労働者枠の拡大，低技能労働者向け（農業・非農業）ビザや家族向けビザの新設・拡充などが含まれた。

　法案は，民主党を中心にしつつ共和党穏健派とも協力しての超党派による取り組みであったが，共和党側からの抵抗も強かった。上院民主党指導者たちは，下院に包括的法案を審議するよう圧力をかけるためにも，圧倒的多数で包括的法案を成立させることを目指した。そのため，彼らはジョン・ホーヴェン（John Hoeven, R-ND）とボブ・コーカー（Bob Corker, R-TN）といった共和党議員の修正要求に応え，国境警備面での措置の拡大（南西部国境での警備員の倍化や700マイルのフェンス建設，新たなパトロール技術に数十億ドルの支出）を受け入れた。そして，6月末，修正案が68対32で可決された。民主党は全員が賛成し，共和党で賛成したのは14名（反対32名）であった。

下院個別課題法案と超党派の取り組みの挫折

　対して，ジョン・ベイナー（John Andrew Boehner, R-OH）など下院共和党の指導部は，上院の包括的法案によるやり方に反対し，個別法案で対応することを主張した。実際に2013年の4月から6月にかけて，国境警備強化，国内法執行，農業ゲストワーカー，労働者の就労資格照合，高技能労働者向けビザに関する5つの法案が提案された。法案の共同提案者を見ると，国境警備強化法案では20人中4名の民主党議員がいたが，それ以外はほぼ共和党議員のみによって提案されたものであり，法案は共和党主導のものであった。

　ただ同年，下院でも包括的移民制度改革を実現させようと超党派の取り組みは存在した。上院と同様に，民主・共和両党から4名ずつの議員が参加して法案立案の動きが2013年初頭から進んでいた。しかし，共和党から参加していた議員のなかで，6月に1名，9月に2名が超党派のまとまりから離脱したことで，この流れは潰えたのであった。それでも，改革推進勢力の働きかけにより，

民主党議員は10月上旬に包括的移民改革法案（H.R. 15）を提案した。その際に，ヒスパニック系住民の多い選挙区の議員を中心に共和党議員にも呼びかけ，10月末になり3名の共和党議員が共同提案者に名を連ねた。しかし，結局は，200名の共同提案者のうち197名は民主党議員であり，超党派の取り組みと呼べるものではなく，この法案の審議も進まないままであった。

（2）再び大統領令による移民制度改革の実施へ

中間選挙の年である2014年に入ると，議会での移民改革論議は再び停滞した。上院では前年に包括的移民改革法案が可決されたものの，共和党が多数を占める下院では法案の成立に向けた動きは取られなかった。そうしたなかで，オバマは動かない下院共和党を批判しつつ，同年11月には移民問題に関する演説を行い，再び移民制度に関する大統領令を発した。今回のものは，国境警備に関わる機関の新設，国内移民法執行に関する改善，子供時代に入国した者に対する国外追放措置の延期の拡充，高技能労働者の受け入れ制度の改善，移民統合と市民権獲得の促進，移民・非移民ビザ制度の手続きの効率化や改善，労働者保護のためのワーキング・グループの創設，人身売買等の犯罪被害者支援の拡張を含んでおり，その内容は多岐にわたっている（Kandel et al. [2015]）。この施策は，暫定的なものである（オバマの後継大統領には，これらの施策を廃止することもできる権限がある）にせよ，2012年のものとは異なり包括的なものであった。特に注目されたのが，2012年の措置延期の枠を拡大し，子供の時に連れてこられた移民を対象としたDACAだけでなく，市民権や永住権のある子供の親も国外追放の延期を認め，就労資格の申請も可能とする措置（Deferred Action for Parents of Americans and Lawful Permanent Residents: DAPA）であった。

5　司法判断による大統領令の挫折

オバマ政権は当初は，景気回復や医療保険改革の実現といった他の重要課題を優先するなかで移民制度改革に本格的に乗り出すことはなかった。しかし2011年以降，政権として包括的制度改革に向けたビジョンの提示と議会への働きかけを進めてきた。議会でも包括的移民法案が提案されるようになり，改革

第 6 章 移民政策

への機運も高まっていた。しかし，共和党側では，移民の流入拡大や非正規滞在移民への永住権・市民権の付与に強く反対する保守派が台頭している一方で，改革を求める穏健派議員の力が弱く，共和党が多数を占める議会において，超党派での移民改革法案の成立はきわめて難しい状況となっていた。成立した法案は，ほとんどが国境警備や国内での法執行強化に関するものであった。2015年においても，議会での移民制度改革の動きは少なかった。成立した法案は就労資格承認システムや高技能移民への便宜拡大などに関するものだけであり，包括的改革を提案する法案は提出されなかった（Bruno et al. [2016]）。

こうした状況のなかで，オバマ政権は議会での法案成立の努力を継続しつつも，大統領令による実質的な改革の実現を目指したのであった。その最初のものが2012年6月のDACAであり，その後2014年にも同様の手法でDACAの拡充やDAPAの実現が目指された。しかし，2014年の措置についてはすんなりと施行されることはなかった。同年12月にはオバマ政権の大統領令のうちDAPAについて差し止めを求める訴訟がテキサス州をはじめとする26州から出され，2015年2月にはテキサス州の連邦地方裁判所がその差し止めの訴えを認める判決を下した。移民法の事実上の大きな変更を行う際には，行政府が適切な手続きを経なければならないとして，訴訟が解決されるまで行政措置を差し止めると判断した（Manuel [2016]）。連邦政府はこの地裁判決を受けて控訴審に控訴したが，同年11月の第5連邦巡回控訴裁判所判決は2対1で地裁判決を支持し，オバマ政権の訴えを却下した。そのため，連邦政府は2016年1月にさらに連邦最高裁に上告した。そして最高裁は，6月下旬にこの問題についての声明を出した。それは，最高裁判事の立場が，保守派4名とリベラル派4名とに完全に分かれたというわずか9語の声明であった（Liptak and Shear [2016]）。通常は9名の判事で審理が行われるが，同年2月に保守派判事の1人が急死し，その後共和党の反対によりオバマ政権が補充人事を行えなかったため，8名での審理となり，意見が同数で割れたため，最高裁として独自の判断を下すことができなかった。そのため，DAPAの差し止めを認めた控訴審判決が維持されることとなった。10月には最高裁は司法省の再審理要請を却下しており，オバマ政権が2014年から取り組んできた大統領令による移民制度改革は，その重要部分での施行を司法によって阻止された状態となった。

コラム6　アリゾナ州マリコパ郡保安官ジョー・アルパイオ

　メキシコと国境を接するアリゾナ州は，近年，ヒスパニック系住民の人口比率が高まってきている。2010年の州人口の人種・エスニシティ別構成比では，非ヒスパニック系白人が57.8％で多数派を占めていたが，2000年に比べて6ポイント減少していた（2010年のヒスパニック系住民の比率は，2000年から4.4ポイント増の29.6％であった）。各人種・エスニシティ内での年齢構成をみると，ヒスパニック系の20歳未満の比率が41％であるのに対し，白人では約21％であった。このように白人人口の減退傾向が明らかになるなかで，白人層からの反移民感情が顕在化してきていた。そうした感情を代表する存在としてマリコパ郡の保安官を務めるジョー・アルパイオ（Joe Arpaio）がいる。彼は，就任直後の1993年に，屋外テントで受刑者を収容する刑務所を作ったり，職場での強制捜査や街頭での厳しい取り締まりを行い，多数の非正規滞在移民を逮捕してきた。

　アルパイオの移民への厳しい取締りは，ヒスパニック系住民を狙い撃ちにした，人種差別的な観点からの捜査（racial profiling）であり，受刑者に対する非人道的な扱いを行っているとして批判されてきた。さらには，連邦捜査局（FBI）や司法省などによる調査も行われ，数多くの訴訟も起こされてきた。2013年には連邦地方裁判所によりレイシャル・プロファイリングに基づいた捜査であるとの判決が下された（Almasy and Moshtaghian［2016］）。また多くの移民団体や人権団体も批判し，2016年大統領選挙に民主党から立候補したヒラリー・クリントンとバーニー・サンダース（Bernard "Bernie" Sanders, I-VT）の両者も強く非難している。

　他方で，保安官としてのアルパイオの強硬な姿勢を支持する層も根強く存在してきた。そのため，1992年の選挙での初当選後，2012年選挙まで連続6回当選し続けてきたのである。彼は，2016年11月にある選挙にも7選を目指して出馬することを表明している。アメリカでの反移民感情は，ドナルド・トランプが登場して突如表面化したのではなく，根深くアメリカに突き刺さった問題なのである。

注

(1)　正規の滞在資格のない移民・労働者に関して，複数の用語が使われている。移民に批判的な立場からは，移民が正規の手続きを経ずに国境を越えたことの違法性を強調して不法（illegal）が用いられる。他方，移民の権利を擁護しようとする勢力（経済界や労働組合，移民権利擁護団体など）は，彼らが犯罪者ではないことを強調して非

正規滞在（undocumented）を用いる（Planas［2012］）。本章では各語に上記の訳を当てつつ，非正規滞在移民を基本的に用いる。
(2) ゲストワーカー・プログラムは，短期就労ビザによって一定期間のみアメリカ国内での滞在・就労が認められる制度であり，現行では，高技能職種向けのH-1ビザ（H-1B）と，特殊な技能のいらないH-2ビザ（農業労働者用のH-2Aと農業以外の季節的短期的労働者向けのH-2Bの2種類）が存在する（天瀬・北澤［2009］）。
(3) ピュー・リサーチ・センターの調査ではミドルクラスの構成比が，1971年の63％から2015年の52％へと減少した（Pew Research Center［2015c］）。
(4) 2016年の調査では，移民の存在がアメリカを強くしていると考える人の比率が，民主党員・支持者では1994年の32％から2016年の78％にまで増大している。他方，共和党側では同時期に30％から35％と微増している（Jones, Bradley［2016］）。
(5) ここ20年で議会共和党内で穏健派が減退し，保守派が急増している。ギャラップの調査では，共和党員で穏健派を自認する人が2000年の31％から2014年の24％に減少した一方で，保守的と考える人が62％から70％に増大している（Ingraham［2015］；Saad［2015］）。
(6) ピュー・リサーチ・センターの調査によると，2006年時点での非正規滞在移民の国外追放を求める比率は，共和党で29％，民主党で25％であったが2015年時点ではそれぞれ43％，19％となり，党派間の差異が顕在化してきた（Pew Research Center［2006］；［2015a］）。
(7) AFL-CIOは，ゲストワーカー・プログラムを無権利状態の労働者層を作り出し，労働者全体の条件を引き下げるものと批判した。他方，SEIUやUNITE-HEREは，非正規滞在移民労働者にとって必要な合法化措置を勝ち取る必要から，経済界と協力してゲストワーカー・プログラムを含む包括的移民改革法案に賛成した（中島［2015］；［2016］）。
(8) この合意では，経済データを用いて移民労働者受入れ規模を決める専門家委員会の創設，労働者の就労資格の電子照合システムの実施，ゲストワーカーの労働条件の改善が盛り込まれた（Greenhouse［2013］；Parker and Greenhouse［2013］）。
(9) 下院や上院で本法案に賛成した共和党議員は穏健派に属しており，民主党で法案に反対した議員は基本的に党内保守派であった。議員の立場についてはCQ WeeklyとGovTrack.usのサイトを参照。

参考文献
天瀬光二・北澤謙［2009］「アメリカの外国人労働者受入れ制度と実態──諸外国の外国人労働者受入れ制度と実態2009」『JILPT資料シリーズ』第58号。

大沢秀介［2014］「アメリカにおける移民政策・移民法に関する一考察——最近のオバマ政権の移民改革の背景」『法学研究』第87巻第2号。

加藤洋子［2012］「アリゾナ州移民法（S. B. 1070）とアメリカの不法移民規制——その歴史的背景」『国際関係研究』第33巻第1号。

坂井誠［2014］「オバマ政権下の諸政策に関する政治経済的分析(5)：連邦財政，医療制度改革，移民法改正」『恵泉女学園大学紀要』第26号。

島村力［2013］「オバマ再選と米移民政策」『海外事情研究所報告』第47号。

中島醸［2011］「アメリカ移民政策と全米商業会議所——ジョージ・W・ブッシュ政権期の移民制度改革論議に焦点を当てて」『国府台経済研究』第21巻第1号。

――――［2015］「アメリカ移民制度改革と労働組合——ゲストワーカー・プログラムをめぐる対立（上）」『千葉商大紀要』第53巻第1号。

――――［2016］「アメリカ移民制度改革と労働組合——ゲストワーカー・プログラムをめぐる対立（下）」『千葉商大紀要』第53巻第2号。

西山隆行［2013］「アメリカの移民政策における安全保障対策と不法移民対策の収斂」『甲南法学』第54巻第1・2号。

新田浩司［2014］「アメリカ合衆国移民法の最近の動向に関する研究」『地域政策研究』第16巻第3号，24頁。

廣瀬淳子［2012］「ティーパーティ議員連盟とティーパーティ系議員の影響力」久保文明・東京財団「現代アメリカ」プロジェクト編『ティーパーティ運動の研究——アメリカ保守主義の変容』NTT出版。

安井明彦［2013］「第2期オバマ政権の課題 米国で移民制度改革が浮上——大きな影響力持つヒスパニック」『金融財政ビジネス』第10300号。

Almasy, Steve, and Artemis Moshtaghian [2016] "Sheriff Joe Arpaio, Three Others Found in Civil Contempt," *CNN*, May 15.

Bruno, Andorra, Carla N. Argueta, Jerome P. Bjelopera, Michael J. Garcia, William A. Kandel, Alison Siskin, and Ruth E. Wasem [2014] "Immigration Legislation and Issues in the 113th Congress," CRS Report, Congressional Research Service, November 4.

Bruno, Andorra, Jerome P. Bjelopera, Michael J. Garcia, William A. Kandel, Margaret M. Lee, Alison Siskin, and Ruth E. Wasem [2011] "Immigration Legislation and Issues in the 111th Congress," CRS Report, Congressional Research Service, January 18.

Bruno, Andorra, Karma Ester, Margaret M. Lee, Alison Siskin, and Ruth E. Wasem [2016] "Immigration Legislation and Issues in the 114th Congress," CRS Report, Congressional Research Service, February 3.

Calmes, Jackie [2011] "In Border City Talk, Obama Urges G.O.P. to Help Overhaul Immigration Law," *New York Times*, May 10.

Congressional Quarterly, Inc., *CQ Weekly*.

Federico, Christopher, Christopher Johnson, and Howard Lavine [2016] "Here's Why Trump's Supporters Tolerate his 'Liberal' Economic Positions," *Washington Post*, March 8.

Frum, David [2015] "Does Immigration Harm Working Americans?" *The Atlantic*, January 5.

Greenhouse, Steven [2000] "Labor Urges Amnesty for Illegal Immigrants," *New York Times*, February 17.

――― [2013] "Business and Labor Unite to Try to Alter Immigration Laws," *New York Times*, February 7.

Halloran, Liz [2012] "Where They Stand: Obama, Romney on Immigration," *NPR*, July 11.

Hicks, Josh [2012] "Obama's Failed Promise of a First-Year Immigration Overhaul," *Washington Post*, September 25.

Ingraham, Christopher [2015] "This Astonishing Chart Shows How Moderate Republicans Are an Endangered Species," *Washington Post*, June 2.

Jones, Bradley [2016] "Americans' Views of Immigrants Marked by Widening Partisan, Generational Divides," Pew Research Center, April 15.

Kandel, William K. [2014] "U.S. Immigration Policy: Chart Book of Key Trends," CRS Report, Congressional Research Service, December 17.

Kandel, William K., Jerome P. Bjelopera, Andorra Bruno, and Alison Siskin [2015] "The President's Immigration Accountability Executive Action of November 20, 2014: Overview and Issues," CRS Report, Congressional Research Service, February 24.

Krogstad, Jens M. [2015] "On Views of Immigrants, Americans Largely Split along Party Lines," Pew Research Center, September 30.

Law, Anna O. [2014] "Monkey Cage: Lies, Damned Lies, and Obama's Deportation Statistics," *Washington Post*, April 21.

Lee, Michelle Ye Hee [2015] "Donald Trump's False Comments Connecting Mexican Immigrants and Crime," *Washington Post*, July 8.

Liptak, Adam, and Michael D. Shear [2016], "Supreme Court Tie Blocks Obama

Immigration Plan," *New York Times*, June 23.

Lopez, Mark H., and Paul Taylor [2012] "Latino Voters in the 2012 Election: Obama 71%; Romney 7%," Pew Research Center, November 7.

Manuel, Kate M. [2016] "State Challenges to Federal Enforcement of Immigration Law: Historical Precedents and Pending Litigation in *Texas v. United States*," CRS Report, Congressional Research Service, January 27.

Milkman, Ruth [2006] *L. A. Story: Immigrant Workers and the Future of the U. S. Labor Movement*, Russel Sage Foundation.

Obama, Barack, and Joe Biden [2008] "Barack Obama and Joe Biden: Fighting for Comprehensive Immigration Reform," BarackObama.com, September 6. https://assets.documentcloud.org/documents/550005/barack-obama-2008-immigration.pdf (accessed January 29, 2016).

Parker, Ashley, and Steven Greenhouse [2013] "Labor and Business Reach Deal on Immigration Issue," *New York Times*, March 30.

Passel, Jeffrey S., and D'Vera Cohn [2009] "A Portrait of Unauthorized Immigrants in the United States," Pew Hispanic Center.

Pear, Robert [1995] "Clinton Embraces a Proposal to Cut Immigration by a Third," *New York Times*, June 8.

Pew Research Center [2006] "America's Immigration Quandary," March 30.

―――― [2015a] "Broad Public Support for Legal Status for Undocumented Immigrants," June 4.

―――― [2015b] "On Immigration Policy, Wider Partisan Divide over Border Fence than Path to Legal Status: 60% of Public Opposes Ending 'Birthright Citizenship'," October 8.

―――― [2015c] "The American Middle Class Is Losing Ground: No Longer the Majority and Falling behind Financially," December 9.

Planas, Roque [2012] "'Illegal vs. Undocumented' Debate: Obama and Romney Weigh in at Town Hall Meeting," *Huffington Post*, October 17.

Pleva, Lukas [2010] "No Big Push in First Year," *PolitiFact*, August 13.

Preston, Julia, and Steven Greenhouse [2009] "Immigration Accord by Labor Boosts Obama Effort," *New York Times*, April 14.

Saad, Lydia [2015] "U. S. Liberals at Record 24%, but Still Trail Conservatives," Gallup, January 9.

Service Employee International Union (SEIU) [2009] "Change to Win and AFL-

CIO Unveil Unified Immigration Reform Framework," *SEIU.org*, April 14. http://www.commondreams.org/newswire/2009/04/14/change-win-and-afl-cio-unveil-unified-immigration-reform-framework (April 28, 2016).

Singer, Audrey [2012] "Immigrant Workers in the U.S. Labor Force," Brookings Institution, Partnership for a New American Economy, March.

Smith, Roger M. [2007] "Alien Rights, Citizen Rights, and the Politics of Restriction," in *Debating Immigration*, ed. Carol M. Swain, Cambridge University Press.

Spetalnick, Matt [2010] "Obama Signs $600 Million Border Security Bill," *Reuters*, August 13.

Swain, Carol M. [2007] "The Congressional Black Caucus and the Impact of Immigration on African American Unemployment," in *Debating Immigration*.

Tichenor, Daniel [2002] *Dividing Lines : The Politics of Immigration Control in America*, Princeton University Press.

U.S. Bureau of the Census [2013] "Current Population Survey: 2013 Detailed Tables."

―――― [2014] "2014 National Population Projections: Summary Tables," Population Projections.

U.S. Department of Homeland Security (DHS), Office of Immigration Statistics [2014], *2013 Yearbook of Immigration Statistics*, August.

White House [2011] "Blueprint for Building a 21st Century Immigration System," Washington, D.C.

第7章 対外経済構造と国際金融政策
―― 基軸通貨としてのドルの安定化 ――

菅原　歩

河﨑信樹

　2007年にアメリカで発生したサブプライム危機は、翌年、世界金融危機へと拡大し、国際経済の状況を一気に悪化させた。経済危機が深まる中、基軸通貨としてのドルの地位も不安定化していった。オバマ大統領は、就任早々、こうした危機的状況への対処を余儀なくされた。では世界金融危機やそれに対応するオバマ政権による国際金融政策は、アメリカ経済や国際経済の構造にいかなる変化を与えたのか、また与えなかったのか。本章の課題はこの点を明らかにすることにある。

　以下本章では、世界金融危機前後においてアメリカの対外経済構造がどのように変化したのか・しなかったのかについて考察した後、オバマ政権の国際金融政策について、特に金融緩和政策に注目し、それがアメリカ経済や他の新興国との関係に与えた影響について分析する。そして最後に、世界金融危機とオバマ政権の国際金融政策が、既存のドル基軸体制の安定性に何をもたらしたのかについて検討していく[1]。

1　グローバル・インバランス

（1）経常収支赤字の持続可能性

　バラク・オバマ（Barack Hussein Obama II）政権の国際金融政策は、その発足以前に発生した世界金融危機への対応から始まった。ゆえにまず、2001～07年のアメリカの対外経済構造の特徴を概観していく[2]。

　世界金融危機以前のアメリカの対外経済構造は、グローバル・インバランスと特徴づけられる。グローバル・インバランスとは、2000～07年に見られた世界的な経常収支の不均衡状態――アメリカの経常収支赤字の拡大と日本・中国を中心とするアジア諸国と産油国の経常収支黒字の増大――を指す。

　グローバル・インバランスの焦点は、アメリカの経常収支赤字の持続可能性

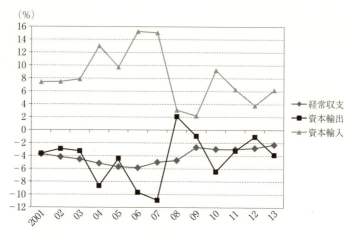

図7-1 アメリカの経常収支赤字と資本輸出入(対 GDP 比)
出所:Bureau of Economic Analysis, Website のデータにより作成。

の問題にあった。アメリカの経常収支赤字の対 GDP 比は,2000年に初めて4％に達し,2006年には現在(2016年1月)までで最大の5.8％となった(図7-1)。歴史的に経常収支赤字の対 GDP 比4％は持続不可能な水準であると考えられてきた(Mann [2003])。しかも2000年代におけるアメリカの経常収支赤字は,4％超の水準が短期間では終わらず,2000〜08年までの9年間(2001年のみ3.7％)にわたり継続していた。したがって2000年代前半は経常収支赤字の拡大がアメリカ経済の弱点であり,次の経済危機の火種になり得るとみなされており,アメリカの経常収支赤字の持続可能性及びそれと対をなす資本輸入の持続可能性が大きな論点となった。この問題はドル基軸通貨体制の存続にも繋がる論点でもあった。

(2) 経常収支赤字のファイナンス構造

菅原[2008]は,2001〜07年の各国・地域の対米投資を分析し,アメリカの経常収支赤字のファイナンス構造を示した。その結果,(1)アジア諸国は対米投資において低リスク資産(米国債,政府関連企業体(GSE)債)を選好していたこと,(2)ヨーロッパは高収益資産(社債,株式)を選好していたこと,(3)対米投

資全体では社債投資が最大であることを明らかにした。それらを総合した結果，この時期の対米投資全体の中では，ヨーロッパからの社債投資の影響が最大であり，しかもこの社債は低格付けのサブプライム関連証券であったことを示した。この点は，世界金融危機についてグローバル・インバランスが注目するネットでの経常収支不均衡ではなく，欧米間のグロスでの大規模な資本移動に着目する近年の見解とも整合的である（岩本［2014］，星野［2015］）。産油国による対米投資額は小さく，イギリス，ユーロ圏，スイス，カリブ海などを介した対米投資を行っている可能性が高いと考えられる。

　各主体の対米投資の動機は以下のように説明できる。第1にアジア諸国と産油国の動機には，「新ブレトンウッズ体制」論が当てはまる（菅原［2012a］：25-27）。つまりこれらの主体は，財貿易で対米黒字を継続し，その黒字を米国債に投資する。これによって，対米貿易黒字国は外貨準備として基軸通貨ドルを蓄える一方，貿易黒字分の対米（国債）投資によって自国の対ドル為替レートの上昇を阻止し，輸出に有利な状態を維持することを目指していた。第2にヨーロッパは，主として収益動機に基づき，対米投資を継続した。第3にイギリスは，世界中から投資資金を受け入れた上で，それをアメリカに再投資していた。投資内容では社債と国債の両方ともが多く，イギリスは，収益動機のヨーロッパの特徴と，「新ブレトンウッズ体制」論が指摘するアジア諸国と産油国の特徴を併せ持っていた。これには，その資金源となっていた地域の影響もあったと考えられる。

　以上のように，アメリカの経常収支赤字の持続可能性を支えた対米投資が9年間持続したことは，「新ブレトンウッズ体制」論と収益動機に基づくヨーロッパによる社債投資の組み合わせによって説明できる。2007～08年にかけて，経常収支赤字が縮小方向への調整に入らざるを得なかったことは，ヨーロッパによる社債投資のかなりの部分がサブプライムローンを基礎としていたことから説明できる。

　では，こうした世界金融危機以前の構造は，危機後，いかに変化したのか。

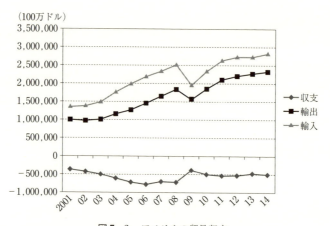

図7-2 アメリカの貿易収支
出所：Bureau of Economic Analysis, Website のデータにより作成。

2 世界金融危機による対外経済構造の変化

本節では，世界金融危機後のアメリカの対外経済構造の変化について，経常収支，資本輸入・輸出，為替レート・準備通貨の変化の順に説明していく。

(1) 経常収支

経常収支赤字の縮小

世界金融危機後，最も大きく変化したのは経常収支赤字である。2009～14年まで，アメリカの経常収支赤字は，対 GDP 比で3％以内に収まっている（図7-1）。世界金融危機までのグローバル・インバランスへの懸念・批判を鑑みれば，この点がまず最も強調されるべきである（Obstfeld [2012]）。現状ではアメリカの経常収支は安定しており，この点からのドル危機の懸念は去ったと言える。世界金融危機は，アメリカの経常収支を強制的に調整した。

世界金融危機下，2009年におけるアメリカの経常収支赤字の縮小は，大幅な輸入の縮小によって達成された。しかし2010～11年に輸入は再び大きく拡大し，2011年からは2008年を上回る水準で継続している。2010年以降のアメリカの経常収支赤字の安定は，輸入の伸びに匹敵する輸出の増加によって実現された

第7章　対外経済構造と国際金融政策

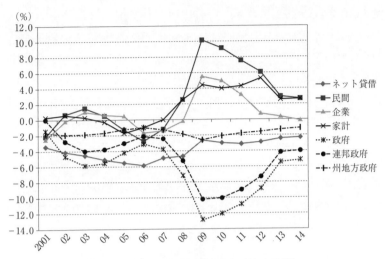

図7-3　経済主体別の貯蓄と借入（対GDP比）
注：民間部門の数字は，「家計＋企業」。ネット貸借がアメリカ全体の資金過不足を示す。
出所：Bureau of Economic Analysis, Website のデータにより作成。

（図7-2）。さらに2010年からは所得収支が黒字となり，これも経常収支赤字の縮小に貢献している。2014年後半のドル上昇までは，輸出と所得収支黒字の増加にドル安が大きく影響していたと考えられる。

輸出入の変化

次に経常収支の変化の詳細を確認する。輸出については，資本財と原材料の輸出が大きく伸びている。資本財では，発電機，航空機関係，医療関係が伸び，他方で半導体やコンピューター関係は減少した。原材料では，エネルギー関連財の輸出の伸びが大きい。これはシェールガス・シェールオイルの新たな開発の影響であろう。エネルギー輸入は2009年に縮小したが，その後再び上昇し，2011年には2008年に近い水準へと戻った。しかし2012年から減少している。他方で，エネルギー輸出も増加したため，2012年からのエネルギー貿易収支は，依然赤字であるものの，その額は縮小している。

輸入については，ISバランス論の観点からも確認していく。経済主体ごとの借入と貯蓄にも，2008年から大きな変化が生じた（図7-3）。大きな特徴は，2008年以降，民間部門が貯蓄を，政府部門が借入を拡大させたことである。特

195

に個人（図7-3の家計）の貯蓄が3％以上で維持されていることが注目される。各部門の貸借を相殺したネット貸借の変化は，ISバランス論の言う通り，経常収支に対応している。したがって経常収支赤字の縮小には，個人貯蓄の増加が大きく貢献していた。「個人負債増加→消費増加→輸入増加」という2008年以前の連鎖は停止したのである。[5] 個人負債残高は，2008年までは継続的に増加していたが，2008～12年までは緩やかに低下した。2013年からは緩やかな増加に転じ，残高水準は2006年と同程度になっている。したがって，個人負債残高の水準は高止まりと言える。個人負債の中では，住宅モーゲージは，2008～14年まで継続的に低下している。他方で，消費者金融が2010年から緩やかに増加している。負債による消費は，2008年までの住宅ローンによる大規模なものから，消費者金融に依存したものに変化している。

（2）資本輸入・輸出

時期区分

アメリカの資本輸出入を見ると（図7-1），資本輸出，資本輸入ともにその変動は，2003～07年（第1期），2008～09年（第2期），2010～14年（第3期）と時期区分することができる。第1期は資本輸出入の最盛期であり，第2期は世界金融危機の最悪期であり，第3期は金融緩和による回復期と言える。2006・2007年には対GDP比で15％を超える水準に達していた資本輸入は，2008年3.1％，2009年2.2％にまで低下した。それ以降は，2010年に対GDP比9％に達した後，2014年には対GDP比5.6％となっている（図7-1）。したがって資本輸入の規模からみても，経常収支赤字・資本輸入の持続可能性の危機は去ったと言える。世界金融危機は，アメリカの経常収支赤字だけではなく，資本輸出入の規模も縮小方向に調整した。

投資形態の変化――債券投資の重要性

次に上記の総額の変化をもたらした投資形態の内容を検討する（図7-4）。投資形態としては，第1～3期を通して債券投資が最大だった。また2003～14年を通して直接投資と株式投資はほぼ安定していた。各時期を比べて変動が大きいのは，債券投資，通貨・預金，貸付である。第1期には，貸付は直接投資や株式投資よりも大きかったが，第3期には他項目よりもかなり小さくなって

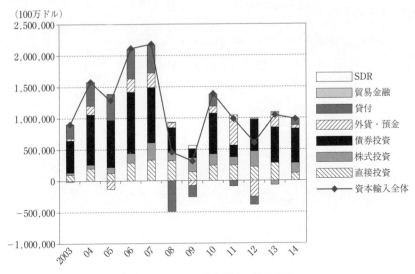

図7-4　アメリカ資本輸入：投資形態
出所：Bureau of Economic Analysis, Website のデータにより作成。

いる。第1期には，在米の投資主体が海外からの借入を元にレバレッジを効かせて国内外に対して大規模に投資していた様子がうかがえるが，第3期にはそのような行動が見られなくなった。

このように，2003〜14年を通して資本輸入では債券投資が最も重要であった。その内訳は BEA（Bureau of Economic Analysis）データでは不明だが，TIC（Treasury International Capital System）データによって補うことができる（図7-5）。債券は，米国債，GSE 債，社債に分けられる。第1期は社債が最大項目であったが，第2・3期の社債投資額はマイナスとなった。第1期の社債投資の多くがサブプライム関連債券向けであったことは第1節で述べた通りである。第2・3期は米国債が最大項目となった。米国債は，第2期の中で唯一投資総額が増加した債券でもあった。米国債投資の増加の要因には，アメリカの財政支出増に伴う国債発行の増加による債券供給増と，危機の中での安全資産への逃避による債券需要増の二側面があった。GSE 債は社債と同様，第1〜2期にかけて大きく規模を縮小させた。これはファニーメイなどが2008年7月に経営破綻した影響が大きい（菅原[2008]）。ただし GSE 債は，量的緩和政策

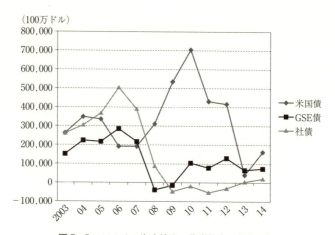

図7-5 アメリカ資本輸入：債券投資の投資形態
出所：Treasury International Capital System, Website のデータより作成。

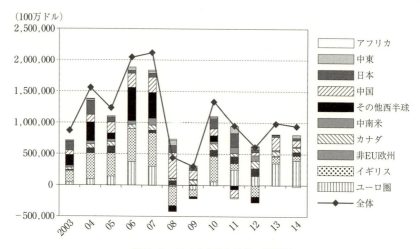

図7-6 アメリカ資本輸入：地域別
出所：Bureau of Economic Analysis, Website のデータにより作成。

(QE1, QE3) の中で買取対象債券となったため，第3期にはわずかではあるが，投資額が増加している。

投資総額の変化

次に投資総額の変化を，投資元の国・地域別の観点から検討する（図7-6）。

第 7 章　対外経済構造と国際金融政策

表7-1　米国債投資国・地域：年平均額　　(100万ドル)

2003～07		2008～09		2010～14	
国・地域	金額	国・地域	金額	国・地域	金額
イギリス	109,197	イギリス	71,929	イギリス	131,469
日　本	52,102	中　国	41,639	日　本	86,448
中　国	23,867	日　本	27,125	中　国	68,823
ブラジル	23,380			フランス	66,622
カリブ海	13,282			カナダ	30,947
カナダ	12,041			ブラジル	16,716
				スイス	13,945

注：各時期の年平均対米投資額が100億ドル以上の国・地域を抽出。
出所：Treasury International Capital System, Website のデータより作成。

対米投資の大きい地域を第5位まで順番に並べると，第1期は，イギリス，その他西半球（カリブ海），ユーロ圏，中国，日本である。第2期は，中国，日本，カナダ，中東，非EU欧州となり，カナダを除く環大西洋諸地域の縮小が著しい。逆に世界金融危機時の中国の対米投資額は突出している。第3期は，ユーロ圏，イギリス，日本，カナダ，非EU欧州で，ユーロ圏の回復と中国の後退が目に付く。

（3）米国債への投資

では，債券投資の中でも特に重要な米国債に対する地域別の投資額についてはどうだろうか。米国債は量的にも重要であり，「新ブレトンウッズ体制」論等の非収益的な動機による対米投資の可能性を検討する上でも中心となる投資形態である。

地域別の動向

まずTICデータによって第1～3期までのそれぞれで，年平均100億ドル以上の対米国債投資を行った地域を金額順に示す（表7-1）。第1期は，イギリス，日本，中国，ブラジル，カリブ海，カナダが，第2期は，イギリス，中国，日本の3カ国のみが，第3期は，イギリス，日本，中国，フランス，カナダ，ブラジル，スイスが，それぞれ米国債を多く買っている。

ただし上記はフローのデータであり，TICが別に提供している保有残高（ス

表7-2 米国債保有残高:上位10カ国・地域
(10億ドル)

	2007	2008	2009	2010
中国	467.7	618.2	938.3	1151.9
日本	591.9	617.5	747.9	860.8
ベルギー	14.6	15.4	17.2	33.8
産油国	137.1	171.2	201.3	215.4
ブラジル	110.5	148.3	153.6	181
カリブ海	99.1	169.3	116.6	157.8
アイルランド	16.3	32.9	37	51.5
スイス	37	49.7	82.7	110
イギリス	120.3	115.7	126.8	190.5
台湾	39.9	63	115.1	153.3

	2011	2012	2013	2014
中国	1270.2	1153.6	1293.8	1266.3
日本	984	1128.5	1178.1	1221.8
ベルギー	132.1	133.2	172.5	353.9
産油国	252.4	267.2	245.7	279.4
ブラジル	226.4	251.2	249.3	262.3
カリブ海	210.9	265.4	300.9	250.2
アイルランド	62.9	94.3	111.3	178.8
スイス	158.3	193.5	177.2	186.2
イギリス	117.5	137.9	158.3	167.8
台湾	166.6	201.7	185.9	173.4

注:2014年の上位10カ国・地域。各年9月末の残高。
出所:US Department of Treausry, Websiteのデータより作成。

トック)のデータと比較するとさらに興味深い点が浮かび上がる(表7-2)。2014年の保有残高上位国・地域は,上から中国,日本,ベルギー,産油国,ブラジル,カリブ海である。興味深い点は,2010~14年のフローでは大きく米国債を売っているベルギーが3位に,フローでは比較的小規模の購入に留まっている産油国とカリブ海がそれぞれ4位と6位となっていること,さらには同期間にフローで突出して大規模な米国債購入を行っているイギリスが9位に留まっていることである。

第 7 章　対外経済構造と国際金融政策

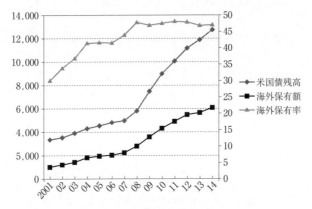

図 7-7　米国債の海外保有比率
注：左軸（米国債残高，海外保有額）は10億ドル，右軸（海外保有率）は％。
出所：Board of Governors of Federal Researve System, Website のデータより作成。

　まずベルギーの増加については，中国がベルギーにある証券売買の国際決済機構ユーロクリアを利用して，ベルギーを米国債の保管場所にしていることが指摘されている（『日本経済新聞』2014年4月23日電子版）。これによって，中国の外貨準備の変動とベルギーの米国債保有額の変動が説明できる。また産油国とイギリスについては，それぞれのフローとストック変化額の差額が，産油国がイギリス経由で購入している米国債の一部に対応していると考えられる。カリブ海についてもベルギーと同様，中国や産油国の米国債が保管されている可能性がある。

米国債の海外保有比率

　最後に米国債全体の海外保有比率をみる（図7-7）。米国債の流通残高に占める海外保有比率は，2001年の約30％から2008年の約49％まで継続的な上昇を示した。この点も当時，経常収支赤字の継続的なファインナンスに懸念をもたらしていた。他方で2008〜14年の海外保有比率は，47〜48％程度で安定している。しかし米国債残高は，世界金融危機対策を目的とした大規模財政支出に伴う財政赤字の拡大のため，2008年の約5兆8000億ドルから2014年の約12兆7800億ドルまで倍以上に増加している。しかし，2008〜14年の国債増加分に占める海外保有比率も約49.7％であった。したがって世界金融危機以降も，海外から

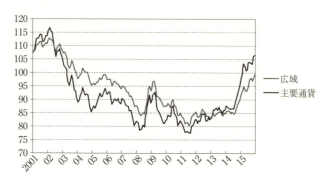

図7-8 ドルの実質実効為替レート指数（月次）（1973年1月＝100）
出所：Board of Governors of the Federal Researve System, Website のデータにより作成。

の米国債への安定的な投資は継続しており，アメリカの経常収支と資本輸出および財政赤字のファイナンスに貢献している。

（4）為替レートと準備通貨——基軸通貨としての地位への影響

1980年代も2000年代も，アメリカの経常収支赤字の持続可能性への懸念とは，基軸通貨ドルの価値の持続可能性への懸念から生じていた。そこで本節の最後に，基軸通貨としてのドルの地位の変化の有無を見ていく。

ドル・レートの動向

まずドル・レートの動きを見る（図7-8）。2008年以前には，アメリカの経常収支赤字の調整は，ドルの大幅下落とともに生じると想定されていた。しかし，現実には2008年9月のリーマン・ショック直後から，ドル・レートは急上昇した。これは，ドル建て債務で資金を調達した外国銀行の決済資金手当ての需要によるものであった。ヨーロッパの大手銀行の事例がよく知られている（岩田［2009］，田中［2010］）。大幅な経常収支赤字であり，かつ危機の震源地がアメリカであるにもかかわらず，緊急時の資金需要がドルに向かったことから，基軸通貨としてのドルの地位の強固さが際立った事象であった。

その後，ドル・レートの上昇は2009年3月まで続いた。しかし，そこから2011年8月まで，一転してドル・レートは低下を続けた。経常収支の改善はドル上昇要因であったが，その効果を上回る影響を金融緩和政策が持っていたと

第7章　対外経済構造と国際金融政策

言えるだろう。2011年8月までのドル・レートの下落は、経常収支にとってはさらなる改善効果を持ったが、他方で、基軸通貨としてのドルの地位にとってはマイナス要素でもあった。ドル実質実効レート指数が80というのは、過去にない低水準であった。過去の指数90割れの際には「これ以上ドル安になれば準備通貨としてドルを保有しない」という外圧が生じた（菅原［2012b］）。ドル・レートが対主要通貨では80割れ、広域でも80割れ寸前までいった2011年第2・第3四半期には、最大の米国債保有国・中国からの圧力があり、それに対してアメリカも「米国債の安全を守る」（ジョー・バイデン［Joseph Robinette "Joe" Biden Jr.］副大統領）と応じざるをえなかった（『日本経済新聞』2011年8月13日電子版、8月19日電子版及び朝刊、10月19日電子版）。その後、ドル・レートは、2014年前半にかけて広域・対主要通貨いずれも85前後まで回復し、2014年12月から2015年1月にかけて90まで回復した。FRBのゼロ金利政策が終了した2015年末には、ドル・レートは広域で99に達し、対主要通貨では100を超えるに至った。アメリカの金融緩和を通じてのドル安政策は2013年に終了し、2014年からはドル上昇の時期に入った。

準備通貨としてのドルの地位

次に準備通貨としてのドルの地位の変動を見ていく。2001～08年は、アメリカの経常収支赤字拡大とドル・レート下落に伴い、ドルの基軸通貨としての地位に疑問が呈されることが多かった（菅原［2008］）。他方で、ドルの代替資産としてのユーロへの期待は高まっていた。準備通貨としてのドルとユーロのシェアを見ると、2000～08年まで、ドルのシェアは72％から62％まで低下し、ユーロのそれは17％から26％まで高まった（図7-9）。ドルの減少分は、ほぼユーロで代替された。世界金融危機の最悪期であった2008年第3四半期から2009年第1四半期には、ドルのシェアは64～65％まで上昇したが、ユーロのシェアも25％程度で安定していた。2009年第2四半期から2014年までは、ドルのシェアは、60～62％で安定していた。他方でユーロは、2009～14年まで27％から22％程度へと準備通貨としての地位を低下させた。2014年末から2015年にはドルのシェアが若干上昇する一方で、ユーロのそれは20％程度へとさらに低下した。2009年以降のユーロのシェア低下は、2009年第3四半期のギリシャ危機以降のユーロ危機によるものである。したがって、ドルの準備通貨としての地位は、

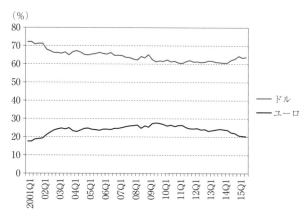

図7-9 準備通貨のシェア：四半期（2001年第1四半期〜2015年第3四半期）
出所：IMF, Website のデータより作成。

2001〜08年までは低下傾向であったものの，世界金融危機以降は安定し，近年はむしろ緩やかに上昇している。2008年までのドルの地位低下を受けて，リーマン・ショック直後には，ワシントンG20の場で，フランスのニコラ・サルコジ（Nicolas Sarkozy）大統領（当時）が「もうドルは基軸通貨ではない」と宣言し，中国，ブラジル，ロシアの首脳も「アメリカ・ドル主導の国際秩序への挑戦」を目指した（藤井［2011］）。しかし世界金融危機は，アメリカの経常収支赤字の縮小をもたらしたことと相まって，準備通貨ドルの地位の安定をもたらした。準備通貨としてのドルの主要な保有形態である米国債の海外保有状況も既述の通り安定している。世界金融危機以前のドルは不安定な基軸通貨とみられていたが，現在（2016年1月）は安定した基軸通貨になっている。

3 G20から金融緩和へ——世界金融危機への対応策の変化

（1）世界金融危機とG20

2008年9月のリーマンブラザーズ破綻に始まる世界金融危機に対し，各国政府はG20の場を中心に，国際協調に基づく拡張的な財政・金融政策による危機対応を行った。2009年には，G20による財政・金融の国際的拡張が機能し，

各国は大恐慌の再来を回避できた。G20の場で興味深いのは，2009年9月のピッツバーグ・サミットにおいてオバマ大統領が，「これまで中国，ドイツなどがモノをアメリカに売り，アメリカが債務を積み上げてきた。G20会議では均衡のとれた世界経済を協議する」とグローバル・インバランス是正への姿勢を明確にしたことである。オバマは，翌2010年のG20トロント・サミットでも「アメリカが借金で世界からモノを買い続けることはできない」とディレバレッジへの志向を明言した（菅原［2012b］）。

しかしG20での国際協調は，2010年からは軋みを見せ始めた。2010年トロント・サミットでは，財政刺激の継続を主張するアメリカと，ユーロ危機のもとで財政健全化を重視するユーロ圏諸国の違いが際立ってきた（藤井［2011］，菅原［2012b］）。しかし現実には，2010年からアメリカの財政赤字も縮小方向に向かい，先進国は全体的に財政赤字縮小，金融緩和で景気刺激を行う方向に向かった（『日本経済新聞』2013年12月29日朝刊）。ゆえに金融緩和政策に注目することが重要となる。

（2）金融緩和政策

量的緩和と国際金融政策

金融緩和は，世界金融危機後の世界経済を特徴付ける政策である。特に2010年以降，先進国は全般に財政政策は財政再建志向となり，マクロ経済政策は金融政策に大きく依存するようになった。しかし金融政策では，2008年段階で短期金利がすでに事実上のゼロ金利にまで低下しており，伝統的な金利政策はもはや使えなかった（藤井［2013］）。そのため，金融の量的緩和（以下，量的緩和）という新たな手法がとられた。量的緩和政策とは，中央銀行が市場で民間部門が保有する長期債券を買い取り，現金を市場に供給しようとする政策である。アメリカの量的緩和政策の直接的な目的は，あくまでも長期債券の買い取りにより長期金利を引き下げ，国内経済を支えることであり（竹森［2013］，小野・安井［2013］），国際金融政策としての効果を明確に意図していたとはいえない。しかし為替レートの引き下げに影響を与え，アメリカの経常収支赤字の縮小をもたらしたという点では，結果的に国際金融政策としても重要な意味を持った。

図7-10 ベースマネーと為替レート：月次（2009年1月～2015年8月）
出所：IMF, *International Financial Statistics*, November 2015のデータより作成。

量的緩和政策

　アメリカの量的緩和政策には，いわゆるQE1からQE3までの3段階がある（藤井［2013］）。QE1は，2009年3月（資料によっては始まりが2008年11月や2009年1月）から2010年3月まで13カ月間実施され，買取対象債券は，MBSと呼ばれるファニーメイなどが発行した住宅ローン担保債券と米国債であった。買取総額は，MBS1兆2500億ドル，米国債3000億ドル，合計1兆5500億ドルであった。QE2は，2010年11月から2012年6月まで8カ月間実施，対象債券は米国債のみで買取総額は6000億ドルであった。QE3は2012年9月に終了時期を決定せずに開始され，結果的には2014年10月に終了した（『日本経済新聞』2014年10月30日電子版）。QE3の買取規模は，米国債9700億ドル，MBS8400億ドル，合計1兆8100億ドルであった。

（3）量的緩和の効果

　FRBによる量的緩和の効果は，現在研究が進められているテーマである。ここでは紙幅の制約により，2009年1月から2015年8月までのベースマネーと為替レート，株価，企業収益との関連のみを見ていく。[9]

　まず量的緩和と為替レートの関係について検証する（図7-10）。特に，2012

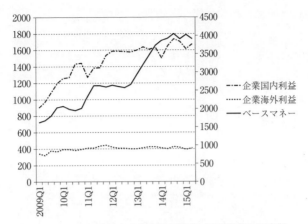

図7-11 ベースマネーと企業利益四半期（2009年第1四半期～2015年第3四半期）
注：左軸（各企業利益）は10億ドル，右軸（ベースマネー）も10億ドル。
出所：各企業利益は，Bureau of Economic Analysis, Website より，
　　　ベースマネーは IMF, *International Financial Statistics*, November 2015のデータより作成。

年頃までは，量的緩和の直接の帰結は為替レート低下であると言われていた（藤井［2013］，菅原［2012b］）。ところが全期間について検証すると，ベースマネーと為替レートの間には相関はない。しかし2012年8月で分析期間を二分すると，その結果は，QE3前はベースマネー増加により為替レートはやや低下，QE3後はベースマネー増加により為替レートはやや上昇という関連が見られる。また為替レートは，企業海外利益と負の相関関係があった。ゆえにQE3前までの時期は，量的緩和が為替レートの低下を通じて，第2節で指摘したような経常収支赤字の縮小に貢献しただけではなく，企業収益の改善にも効果をもったと考えられる。

　ベースマネーと企業国内利益については，全期間を通してかなり強い正の相関が見られた（図7-11）。企業国内利益は非金融業と金融業への分類が可能であり，次にそれらについて検証すると，非金融業利益はベースマネーと強い正の相関があったが，金融業利益ではベースマネーとの相関関係はなかった。

　竹森［2014］は，量的緩和が景気を回復させるルートとして，(1)低利子率が投資の拡大を喚起し，総需要と雇用が回復する，(2)投資家心理に影響し，資産

図7-12 ベースマネーと株価（S&P）：月次（2009年1月～2015年8月）
注：左軸（株価）は指数（2010年平均＝100）、右軸（ベースマネー）は10億ドル。
出所：IMF, *International Financial Statistics*, November 2015のデータより作成。

市場を通して景気回復に貢献するという2つのルートを挙げ、アメリカの場合、(2)のルートのみが有効に機能したと指摘している。そこで次にベースマネーと株価（S&P）の関係を検証する（図7-12）。すると全期間についてベースマネーと株価の間には強い正の相関が見られた。株価上昇は、国内金融業利益に大きく貢献するとイメージされるが、ベースマネーは国内金融業利益とは相関がなく、むしろ国内非金融業利益と相関していた。

量的緩和の波及メカニズムの研究は今後の課題であるが、ここまでの分析から分かることは、量的緩和が、企業利益や株価を通して景気回復や失業率低下に貢献したことである。しかし、企業利益や株価は、所得分配の面では基本的に資本への分配に繋がる。この点は、景気回復下での所得格差問題を考える際に重要な点である。

（4）金融緩和の海外への影響

量的緩和政策は、アメリカだけでなく、イギリス、ユーロ圏、日本でも採用された。このような先進諸国の相次ぐ金融緩和政策は、株価上昇を通して景気回復に貢献したが、他方で「通貨安競争」の批判も生んだ。2010年9月にブラ

ジルのギド・マンテガ（Guido Mantega）財務相（当時）は、「我々は国際的な通貨戦争の真っただ中にある。これは我々から輸出競争力を奪う脅威だ」と述べた。これは、2010年8月のベン・バーナンキ（Ben Shalom Bernanke）FRB議長によるQE2示唆への批判であった（藤井［2011］）。実際にQE2の期間中は、ブラジルへの資本流入は増大し、ブラジル・レアルは対ドルで上昇を続けた。ただし、資本流入とレアル上昇のブラジル経済への実際の影響の評価は難しい。

「通貨戦争」の終焉

しかし、この「通貨戦争」問題も、ドル・レートの変化に伴い実態を失っていった。ドル・レートは、QE3以降はむしろ緩やかな上昇傾向となったためである。マンテガは2013年2月のロシアG20財務相会議でも再び、「通貨戦争は一段とはっきりした形で現れつつある」と訴えたが（『日本経済新聞』2013年2月15日電子版）、経済の実情はすでに変化していた。2013年の第2四半期以降、レアルは下落を続けた。産出量は低下し、インフレ率は上昇していたが、原因はアメリカなど先進国の金融緩和よりもむしろ、輸出・輸入両面で同国の最大の貿易相手である中国の成長率の動向（2012年以降減速）にあると考えられる（日本経済新聞社［2015］）。

アメリカの金融緩和の海外への影響としては、むしろ2013年以降のドル高とアメリカへの資本還流の新興国に対する影響の方が、現実的な脅威と考えられる。2013年には、QE3の削減見通しによって、さらに2014年1月からは実際の削減によって、資本が新興国からアメリカへと流出したと言われる（スティル［2014］）。QE3終了後は、アメリカのゼロ金利解除に関わって、やはり新興国からの資本流出が起こっている（『日本経済新聞』2014年12月4日朝刊、2015年7月23日電子版、12月3日朝刊）。こうした資本流出は、新興国経済の不安定性を高めている。また大量の資本流出が人民元安への圧力となっている中国は、人民元相場を維持するためのドル売り介入を行った結果、ドル準備を大きく減少させた。中央銀行のドル準備の減少が、準備資産としてのドルへの安定した需要の継続的な減少に繋がるようだと経常収支赤字のファイナンス構造に影響を与える可能性がある。こうした要素は、FRBによる利上げを中心とした金融政策の正常化へ向けた動きに対する不確実性を増大させている。

4　国際通貨制度とドルの安定性

(1) 国際通貨制度をめぐる議論

　アメリカで発生したサブプライム危機が、世界金融危機へと拡大したことは、ドルを中心とした既存の国際通貨制度の改革をめぐる議論を引き起こした。たとえば、2009年には周小川（Zhou Xiaochuan）中国人民銀行総裁がドルに代わる国際通貨として国際通貨基金（IMF）の特別引出権（SDR）の活用を提起し、それにオバマ大統領が反発するといった一幕もあった（藤井 [2011：92-96]）。

　こうした国際通貨制度の見直し論議には、2000年代に生じた国際経済の構造変化も影響している。世界金融危機への対応においてオバマ政権は、従来のG7諸国を中心とした枠組みだけではなく、G20という新しい枠組みを活用せざるを得なかった（第3節）。これは新興国の経済成長によって、その国際経済全体に与える影響が大きくなり、G7諸国のみで国際経済問題を解決できなくなっているという、国際経済の構造変化を反映していた（河﨑 [2013]）。ゆえに新興国は、従来、米欧が支配的な地位を占めていた国際金融機関、とりわけその中心に位置するIMFの改革を要求した。

(2) IMF改革と新興国

　IMFが意思決定を行う際の議決権は、各国のIMFに対する出資額に依拠しており、これまで国際経済の中心を占めてきたG7諸国が多くの議決権を保持していた。特にアメリカは17.69％の議決権を有しており、85％以上の賛成を必要とする重要事項の決定に対する事実上の拒否権を確保していた。BRICs諸国は、この議決権の比率を見直し、新興国のIMF内における発言力を向上させることを要求した。その結果、2010年にIMF改革が理事会において承認された。出資比率の見直しが行われ、議決権に占めるシェアにおいて中国が6位（4％）から3位（6.39％）へと位置を上げるなど、新興国全体の議決権が6％以上増加した。また全てのBRICs諸国が上位10位以内に入った。IMF理事会のポスト（24名）も2名分が新たにヨーロッパから新興国に割り当てられた。オバマ政権は、国際経済問題の解決に新興国の協力を得る必要性から、新興国

の要求に応じ，上記の IMF 改革を承認したが，一方において引き続き議決権に占めるシェアを維持し（17.4%），アメリカの拒否権の確保に成功した（中林 [2012: 156-57]; Nelson and Weiss [2015]）。

しかしオバマ政権は，この決定に対する連邦議会の同意をすぐに獲得できなかった。制度上，IMF への出資比率・出資額が変更される場合，連邦議会による同意が必要とされるが，共和党が支配する連邦議会は，2010年におけるIMF 改革の合意以来，2015年末まで承認を与えなかった（Nelson and Weiss [2015]）。本書の各所において指摘されている内政・外交問題をめぐる共和党とオバマ政権の激しい対立が影響した。

こうしたアメリカでの混乱は，改革が進まない状況に不満を抱いた新興国による新たな動きを引き起こした。その代表的な動きが BRICS 新開発銀行の設立である。2014年7月に行われた第5回 BRICS 首脳会議にて，5カ国はBRICS 新開発銀行を設立した。BRICS 新開発銀行は，途上国のインフラ整備に対する融資と金融危機時の流動性の供給を目的としている。つまり IMF や世界銀行と似た機能を有することが想定されている。こうした BRICS 諸国の動きは，これまでアメリカが主導してきた国際金融制度に挑戦するものと言えよう。結果としてアメリカ国内の党派対立による政策プロセスの停滞が，新興国の反発を生み出し，国際金融秩序をめぐるアメリカの利益を損ねる形になってしまった。

（3）基軸通貨としてのドルと人民元

しかし基軸通貨としてのドルの地位という観点から見た場合は評価が異なる。現状では，BRICS 諸国が主導する国際機関においても，主に使用されている通貨はあくまでドルである。そうした意味において，こうした動きは短期的に基軸通貨としてのドルの地位を揺るがすものではない。

ただし中期的に見た場合，中国及びアメリカの経常収支赤字の問題に注目する必要がある。まず中国は人民元の国際化を漸進的に進めており，将来的にドルのライバルとなる可能性がある。たとえば人民元は特別引出権（SDR）の構成通貨入りを2015年11月に実現した（『日本経済新聞』2015年12月2日朝刊）。これにより加盟国は SDR と人民元を交換することができるようになる。このこと

自体が人民元の使用を一気に進めはしないが，人民元が主要通貨に仲間入りしたことを象徴的に示す意味がある。ゆえに中期的な視点から見ると，人民元がドルの地位を掘り崩していく起点として評価しうる可能性はある。ただし中国における人民元の国際化がさらに進む事が重要な条件となる。人民元は貿易決済の面ではある程度の国際化が進んでいるが，資本取引の面ではまだまだ規制が多く，人民元の国際化を進めるためには，当該分野で自由化をより進める必要がある。ただし経済成長率が鈍化しつつある中国経済の動向を踏まえた場合，急速に資本移動規制に関わる改革が実現することは考えにくい。ゆえに中期的に人民元がドルのライバルとなる可能性は低いのが現状ではないか。

　もう一点は，アメリカの経常収支赤字に関する問題である。第2節で示したように，現在，経常収支赤字は安定している。しかし，それが継続可能かどうかは明らかではない。第3章において論じられているように，アメリカ連邦財政の動向は政治的対立に大きく左右される状況下にあり，非常に不安定かつ先行きの不確実性が大きい。また米国債の海外保有比率は安定しているものの，Reinhart［2016］によれば，近年，中央銀行による保有比率は低下し，民間部門による保有比率が上昇する傾向にある。短期的には米国債の安全性が民間部門に評価されていることを意味している一方で，中期的にはアメリカの経常収支赤字の安定性を支えてきた「新ブレトンウッズ体制」のメカニズムが変化する兆しを見せていることも示唆している。また財政赤字の動向如何によっては民間部門の米国債離れが生じる可能性もある。次期政権が，こうした中期的な課題に対して，どのように対処するのかが，ドルの中期的な将来を決定する1つの重要な要素となるだろう。

　注
(1)　本章の分析は2016年1月時点で入手可能であったデータに基づいている。
(2)　本節の内容は菅原［2008］［2012a］［2012b］に依拠している。詳細については，そちらを参照願いたい。
(3)　その結果，リーマン・ショック後の危機の波及は，ヨーロッパに対して金融が，アジアに対して貿易が，その主要な経路となった（菅原［2012a］）。
(4)　ただし，政府部門も2009年以降は借入を縮小（財政赤字を削減）させており，経常

コラム7　回顧録で読む国際金融政策

　アメリカの政治家・政策担当者は，職務を離れた後，回顧録を出版することが一般的である。当然，個々人の「ビジネス」という側面もあるが，一方において国民に対する「説明責任」の一端を果たすという意味がある。本章で取り上げている量的緩和政策についても，その目的や効果について政策担当者がどのように考えていたのか，政権内でそれをめぐってどのような議論が行われたのか等の点については，当面，回顧録を通じてしか知ることができない。

　本章が分析対象としている期間についても，すでに回顧録が何冊か出版され，日本語に翻訳されている。ここではオバマ政権期の国際金融政策を担当していた財務長官と中央銀行総裁の回顧録を紹介しよう。まず第1期オバマ政権発足時に財務長官に就任したティモシー・ガイトナー（Timothy Franz Geithner）である。彼による回顧録『ガイトナー回顧録──金融危機の真相』（伏見威蕃訳，日本経済新聞出版社，2015年）は，ニューヨーク連邦準備銀行総裁時代から財務長官任期中に，彼が関わった世界金融危機への対応策について論じている。2006年からジョージ・W・ブッシュ（George Walker Bush）政権の財務長官を務めた前任者であるヘンリー・ポールソン（Henry Merritt Paulson, Jr.）による回顧録『ポールソン回顧録』（有賀裕子訳，日本経済新聞出版社，2010年）と合わせて読むことで，理解が深まろう。また彼らとほぼ同時期にFRB総裁として金融政策を担っていたバーナンキによる回顧録が『危機と決断（上）（下）』（小此木潔監訳，角川書店，2015年）である。これらの回顧録を紐解くことによって，オバマ政権の国際金融政策を規定した世界金融危機とそれ以降に展開された様々な政策について，当時の政策担当者の視点から追体験することができる。さらに他の報道や研究，データと回顧録の内容を付き合わせ，検証していく中で，多角的な視点から，この問題について考えていくことが大切である。

収支赤字の縮小に貢献した（菅原［2016］）。
(5)　ただし，個人貯蓄と個人消費について注意が必要なのは，個人消費自体は2010～14年も増加傾向な点である。したがって，消費と貯蓄が両方増加していることになるが，これが可能なのは個人所得も増加していたためである。
(6)　中国からの圧力には，当然ながら2011年8月5日のS&Pによる米国債の初の格下げ（トリプルAからダブルAプラスへ）も大きな影響があった（『日本経済新聞』2011年8月6日夕刊，8月9日電子版）。また，2008年・2009年にも同様の中国から

の圧力があった。2008年7月のファニーメイとフレディマックの経営破綻の際には，外国政府，特に中国政府がアメリカ政府に政府機関債の保証を強く要求し，これが，2008年9月の両公社の公的管理に強い影響を与えたとされる（上川［2015］，ガイトナー［2015］）。2009年2月の「米国再生・再投資法」による財政支出の拡大に対しても，中国から，米国債の安全性に対する懸念が示された。同年3月には温家宝（Wen Jiabao）首相（当時）がアメリカに対し「中国の保有資産の安全性を確保するよう要求したい」との声明を発した（上川［2015］）。

(7) G20での国際協調の軋みは，先進国間のみならず，先進国対新興国の対立軸でも生じた（藤井［2011］）。

(8) バーナンキFRB議長（当時）は，この金融緩和政策を「信用緩和」と呼び，日本銀行が2001年から行っていた「量的緩和」政策と区別しようとしたが，結局，アメリカの金融緩和政策も「量的緩和」政策と呼ばれるようになった（藤井［2013］）。

(9) 以下で述べる回帰分析結果の詳細については，菅原［2016］を参照されたい。

(10) (1)のルートが機能しなかった理由については，より詳細な検討を必要とする。たとえばサマーズの長期停滞論は，この問題をめぐる代表的な見解である。詳細については序章を参照。

(11) 「08年と14年の家計収入を所得階層別に比較すると，収入が増えたのは上位20％の層だけ。6年以上に及ぶ景気拡大にもかかわらず，中間層も貧困層も所得はむしろ減っており，格差のゆがみはなお大きい。」（「米，格差残した経済回復　一般教書演説」『日本経済新聞』2016年1月14日朝刊）。

参考文献

岩田健治［2009］「なぜヨーロッパで危機が顕在化したのか？——EUの金融機関と規制監督を巡る諸問題」『世界経済評論』3月号。

岩本武和［2014］「グローバル流動性とシャドー・バンキング・システム」『世界経済評論』2014年11・12月。

小野亮・安井明彦［2013］『やっぱりアメリカ経済を学びなさい——世界経済はアメリカを中心に動く』東洋経済新報社。

ガイトナー，ティモシー・F.（伏見威蕃訳）［2015］『ガイトナー回顧録』日本経済新聞出版社。

上川孝夫［2015］『国際金融史——国際金本位制から世界金融危機まで』日本経済評論社。

河﨑信樹［2013］「グローバル化と国際経済システム」渋谷博史・河﨑信樹・田村太一編『世界経済とグローバル化』学文社，所収。

菅原歩［2008］「対外金融政策——資本流入の持続可能性」河音琢郎・藤木剛康編著『G・W・ブッシュ政権の経済政策』ミネルヴァ書房，所収．
―――［2012a］「対外経済関係——世界金融危機はどのように広まったのか」藤木剛康編著『アメリカ政治経済論』ミネルヴァ書房，所収．
―――［2012b］「対外経済政策——世界金融危機にどのように対応したのか」藤木剛康編著『アメリカ政治経済論』ミネルヴァ書房，所収．
―――［2016］「オバマ政権期アメリカの対外経済関係」TERG Discussion Paper, No. 347, 4月．
ステイル，ベン［2014］「米金融政策の国際的衝撃——量的緩和縮小と新興国経済」『フォーリン・アフェアーズ・リポート』No. 8．
竹森俊平［2013］『通貨「円」の謎』文春新書．
―――［2014］『世界経済危機は終わった』日本経済新聞出版社．
田中素香［2010］「ヨーロッパの金融危機とユーロ」馬田啓一・木村福成・田中素香編『検証・金融危機と世界経済——危機後の課題と展望』勁草書房．
中林伸一［2012］『G20の経済学——国際協調と日本の成長戦略』中公新書．
日本経済新聞社編［2015］『中国バブル崩壊』日経プレミアシリーズ．
藤井彰夫［2011］『G20——先進国・新興国のパワーゲーム』日本経済新聞出版社．
藤井彰夫［2013］『イエレンのFRB——世界同時緩和の次を読む』日本経済新聞出版社．
星野智樹［2015］「グローバル金融危機後の「グローバル・インバランス」論争」『立教経済学研究』第69巻第1号．
Mann, C. L. [2003] "How Long Strong Dollar?", C. F. Bergsten and J. Williamson, eds., *Dollar Overvaluation and the World Economy,* Institution for International Economics.
Nelson M. Rebecca and Martin A. Weiss [2015] "IMF Reforms: Issues for Congress", *CRS Report,* April 9, 2015.
Obstfeld, Maurice [2012] "Does the Current Account Still Matter?", *American Economic Review : Papers & Proceedings,* 102(3).
Reinhart, Carmen [2016] "Whose QE Was it, Anyway?", *Project Syndicate,* February 26, 2016

第8章　通商政策
　　　——メガ FTA 政策への転換と貿易自由化合意の解体——

藤　木　剛　康

　本章の課題はバラク・オバマ（Barack Hussein Obama II）政権期アメリカの通商政策の展開過程を，対外関係の側面と国内の政治プロセスの2つの側面から分析することである。オバマ政権は，対外的には WTO 交渉を後回しにして環太平洋パートナーシップ協定（Trans-Pacific Partnership：TPP）などのメガ FTA 交渉を優先した。当初，オバマ政権は21世紀にふさわしい新たな通商合意を目指すとして TPP 交渉に参加したが，中国が一帯一路など独自の地域秩序構想を推進するようになると，通商政策は国際経済ルールをめぐる国家間競争を戦うためのツールであるとする「貿易の戦略的論理」を強調するようになった。その一方で，国内では議会での党派対立，すなわち，共和党の自由貿易論と民主党の公正貿易論との理念的対立に直面し，共和党との連携によって自由化合意を成立させようとした。オバマ政権の通商政策は，対外的には大きな政策転換を遂げたがその意義づけは状況対応的であり，対内的には厳しい党派対立の克服という課題を残すものとなった。

1　通商政策の新たな政策枠組

（1）ポスト冷戦期における通商政策の展開

　オバマ政権はポスト冷戦の新たな対外通商戦略を確立させた。冷戦期におけるアメリカの通商政策の枠組は，対外的には西ヨーロッパ諸国や日本などの先進諸国を中心メンバーとする GATT における多角的自由化交渉と，対内的には工業製品の関税削減をめぐる輸出産業と輸入産業との利害調整をその主な内容としていた。多くの途上国は，GATT の諸規定によって交渉結果へのフリーライドが認められる反面，発言権も認められていなかった。そして，アメリカは対ソ軍事同盟の盟主として，自国市場を西ヨーロッパ諸国や日本に対して率先して開放し，同盟諸国からの輸出を引き受けた。

しかし，冷戦後，WTOにおける多角的自由化交渉は停滞した。先進国の関税は既に低い水準になっており，先進国はその関心を関税の削減からサービスや投資，知的所有権などの非関税障壁に移した。これに対し，中国やインドなどの新興国が発言力を強め，非関税障壁のアジェンダ化や先進国の農業保護に強く反対した。このため，多くの先進国はWTO交渉への関心を次第に失い，FTA交渉を通じて新たなアジェンダを追求するようになった。他方，国内では，輸入産業や労働組合からなる伝統的な保護貿易主義に加え，人権・環境団体が労働・環境問題などの非貿易的関心事項を争点化して保護主義陣営に加わった。これらの新たな保護主義勢力は諸外国，とりわけ途上国との公正な貿易を実現するため，労働・環境問題をはじめとする多様な要求を取り上げる公正貿易論を掲げて糾合し，ホワイトハウスが進める貿易自由化政策の手を縛ろうとした。

　こうして，オバマ政権においてアメリカの通商政策の政策枠組は，対外的にはTPPや環大西洋貿易パートナーシップ協定（Transatlantic Trade and Investment Partnership：TTIP）などのメガFTA[1]による新たな貿易ルールの推進，対内的には自由貿易論と公正貿易論という2つの勢力の対立という組み合わせに変貌した。アメリカは，国際政治のレベルでは参加国の増大と多様化によって多角的自由化交渉を主導する力を失った。冷戦期の多角的自由化は，アメリカが安全保障を提供し，自由と民主主義という価値観で一致した西側先進国が主要な交渉相手だった。しかし，冷戦後の経済のグローバル化によって，新興国や途上国はアメリカ以外の輸出市場先を持つようになり，アメリカの指導力を受け入れなくなった（Mastanduno [2009]）。そして，国内では貿易自由化勢力と保護貿易勢力とが拮抗し，通商政策が激しい党派政治の対象となったため，政権が貿易自由化を進めるために必要な国内合意を得にくくなった。

（2）通商政策の2つのレベル──対外交渉と国内合意

　以上の議論をふまえ，本章では以下の2点に留意しつつ，オバマ政権の通商政策の展開を分析する。第1に，オバマ政権の通商戦略の性格とその形成プロセスである。オバマ政権はWTOでの多角的自由化交渉に代わり，メガFTAの推進を最優先の政策課題とした。この政策転換については，メガFTAは多

第8章 通商政策

角的自由化の躓きの石となるのか,積石となるのかという理論的な論争がある。一方では,メガFTAは世界貿易を分断し,世界経済の細分化を進めるとして批判する議論がある（Bhagwati, Krishna and Panagariya [2015]）。他方,メガFTAは近年急速に発展したサプライチェーン貿易を規律するための新しい貿易ルールを設定する場,すなわちWTO2.0だとする提起がある（Baldwin [2012]）。WTO2.0論によれば,GATT時代の国際貿易の中心は完成品の輸出入であり,貿易の発展にとっては関税削減が決定的に重要だった。これに対し,今日では生産工程のフラグメンテーション(2)の結果,部品や中間財の輸出入,生産・販売拠点の国際的移動や進出先でのインフラサービスの整備,知的所有権やノウハウの国際的移転などが通商政策の課題になりつつあり,これらの先進的な貿易ルールはWTOではなく,先進国のメガFTAによって設定されるようになったとされる。ただし,WTO2.0論の立場であっても,(1)異なる貿易ルールによる貿易ブロックが競合するようになるのか,(2)アメリカによる貿易ルールが支配的地位を占めるようになるのか,(3)再びWTOでの多角的自由化交渉において貿易ルールの収斂が進められるのか,といった将来シナリオをめぐる論点は残る。では,オバマ政権はどのような展望を持ってメガFTAを進めているのであろうか。本章では,TPPやTTIPに対するアメリカ政府の立場や通商政策に関するオバマら政府高官の発言に基づき分析する。

第2に,通商政策の対外的側面と国内的側面との相互作用の問題である。アメリカでは,関税の削減や新たな国内法が必要となる貿易協定を成立させるためには議会の批准が必要となる。このため,歴代の政権は通商交渉に先立って,貿易協定の目的や内容について定めた貿易促進権限（Trade Promotion Authority: TPA）を議会から獲得しようとしてきた。政権がTPAを認められた場合,貿易交渉での譲歩の範囲を制限される反面,議会はいったん妥結した貿易協定を修正できず,短期間で一括して採決しなければならなくなる(3)。ポスト冷戦期において,TPAは自由貿易論と公正貿易論との党派的対立の焦点になっており,とりわけ公正貿易論者からは労働・環境問題をはじめとする多様な論点が次々と持ち込まれ,成立のハードルがきわめて高くなっている（Watson [2013]）。では,こうした党派的論争の結果はアメリカ政府の対外スタンス,とりわけアメリカ政府の求める新たな貿易ルールにどのように反映し,その手

219

表8-1 オバマ政権期における主要な通商法案の採決

年	法案	下院			上院		
		賛成	反対	合計	賛成	反対	合計
2011	コロンビアFTA	231/31	9/158	262/167	44/22	2/31	66/33
2011	韓国FTA	219/59	21/130	298/151	45/38	1/14	83/15
2011	パナマFTA	234/66	6/123	300/129	46/31	0/22	77/22
2011	2011年TAA	118/189	122/0	307/122	17/53	27/0	70/27
2015	2015年TPA	190/28	50/158	218/208	47/13	5/32	60/38
2015	2015年TAA	111/175	132/6	286/138	発声投票		

注1:賛成および反対については共和党/民主党の票数を,合計については賛成/反対の票数を示す。ただし,上院民主党には無党派の議員2名が含まれている。
注2:発声投票とは,全会一致での賛成を示す。
出所:Library of Congress, Thomas (http://thomas.loc.gov/home/thomas.php) により筆者作成。

を縛っているのであろうか。これまでは,公正貿易論者の要求のうち,諸外国に受け入れ可能とみられる部分がTPAの交渉目的やアメリカの進めるFTAの規定に取り入れられる一方で,輸入産業の労働者に対する補償措置である貿易調整支援(Trade Adjustment Assistance: TAA)の増額によって,TPA法案の成立が図られてきた。表8-1はオバマ政権期における主要な通商法案の採決結果をまとめたものだが,FTAに対する賛成票の多くは共和党から,TAAについては民主党からの賛成票が多いことが読み取れる。本章では,こうした国内における党派政治の展開と,アメリカ政府の対外スタンスとの関係にも留意しつつ,分析を進めていく。

2 通商政策の一時的休止と党派政治の展開

(1) 民主党多数派議会と通商政策の停滞

本節では,第1期オバマ政権における通商政策の展開を検討する。2007年から2010年までの間,上下両院で多数党となった民主党では公正貿易論者が影響力を強めた。そして,労働・環境問題だけではなく既存のFTAの再検討や再交渉,為替操作規定など,公正な国際競争を実現するための数多くの提起を行い,政権の手を縛ろうとした。民主党系の政策専門家であるジェフ・フォウ

第8章 通商政策

(Jeff Faux) は，公正貿易を実現するための政策革新が実現するまでは「通商政策の戦略的休止」を実行すべきだと主張していた (Faux [2007])。しかし，そのような戦略的な取り組みはまったく行われず，前ジョージ・W・ブッシュ (George Walker Bush) 政権が韓国，コロンビア，パナマ各政府との間で妥結した3つの自由貿易協定の批准など，貿易自由化に向けた政策課題は放置されていた。民主党多数派議会の下で，通商政策は事実上放置されていたのである。その後，2010年の中間選挙で民主党が敗北し，民主党は下院で多数党の座を共和党に譲った。共和党多数派議会の成立を受け，オバマ政権も下院共和党指導部と連携して棚上げされていたFTAの審議やTPAの成立などの課題に政治資源を投じるようになったが，それらの法案の採決に際しては両党の党派的な行動が繰り返されることになった。

　2008年の大統領選を制したオバマは，当選直後，政権移行期における計画 (The Obama-Biden Plan) を発表し，公正な貿易のための戦いや，アメリカ人のための「良い雇用」，海外への良い労働・環境基準の拡大，北米自由貿易協定 (North America Free Trade Agreement：NAFTA) の再交渉，TAAの拡大などを提起した。これらの項目は，基本的に民主党の公正貿易論者の主張と合致したものである。また，2009年2月，アメリカ復興・再投資法の一部として，貿易とグローバリゼーション調整支援法 (Trade and Globalization Assistance Act of 2009: TGAAA) が議会で成立した。TGAAAは2010年末までTAAの適格性をサービス労働者や企業，地域社会に拡大するものだった。

　2008年の連邦議会選挙でも勝利した民主党では，公正貿易論者の動きがさらに活発化した。彼らは新公正貿易改革派 (new fair-trade reformers) を名乗り，6月に下院で2009年貿易法 (Trade Reform, Accountability, Development and Employment Act of 2009: TRADE Act of 2009) を提出した。2009年貿易法は「貿易協定の新たなパラダイム」が必要であるとし，第1に，2年に1度，会計検査院 (General Accountability Office：GAO) がFTAの経済，環境，国家安全保障，厚生，安全その他の効果に関する報告書を提出し，FTAの再評価を行うよう求めた。第2に，今後のFTAには，制裁措置を含めた中核的労働基準の保護，人権・環境保護・食品の安全性に関する規定を含むことを義務づけた。第3に，以上の規定のないFTAについては再交渉を求めた。2009年貿易法は

審議プロセスには乗せられなかったが，下院民主党の半数の支持を得た（Cooper [2011]）。

これに対し，政権は医療保険改革法などの優先課題に集中し，棚上げFTAなどの通商課題を放置した。貿易自由化に向けた施策としては，2010年1月の一般教書演説で発表された国家輸出イニシアティブ（National Export Initiative：NEI）に手がつけられるにとどまった。NEIでは，今後5年間での輸出倍増を訴え，通商政策を雇用戦略として位置づけた。その年のアメリカ通商代表部（Office of the United States Trade Representative：USTR）の年次報告では，2010年の課題としてルールに基づく貿易システムの強化や批准待ちFTAの審議，海外市場の開放と輸出促進などが挙げられていた（USTR [2010]）。しかし，その後も議会との調整が必要な課題については手がつけられなかった。

（2）共和党多数派議会と3つのFTAの批准

通商政策の停止状態は2010年11月の中間選挙での民主党の敗北によって終わった。共和党が下院で多数派を占め，オバマ政権が目指したリベラルな政策課題の実現が困難となり，政権は共和党多数派議会と取り組める政策として通商政策に傾斜していった。12月に米韓FTAの再交渉が両国政府間で妥結し，アメリカの自動車関税削減スケジュールや韓国の安全・環境基準の見直し，自動車セーフガードなどの新たな規定が加えられた。一方，次の会期から下院多数党の座を失うことが決まった民主党は，12月29日に2010年包括的通商法（Omnibus Trade Act of 2010）を成立させ，その一部として，共和党からの批判の強いTGAAAを2012年2月まで延長した（Hornbeck [2013]）[6]。

2011年のUSTRの年次報告では，NEIの実行と，その実現のための3つのFTAの批准が強調された（USTR [2011]）。政権は経済的利益の大きな米韓FTAの採決を優先し，反対論の強い残りの2協定をその後に回すアプローチを議会に提案した。これを受けて，3月から5月にかけて，上下両院では3つのFTAに関する公聴会が相次いで開かれ，TAAの延長問題と絡めて活発な議論が交わされた。共和党は，TGAAAは景気刺激策の一環でありFTA採決の前提条件にはできないと主張し，TGAAAの縮小と3協定の一括審議を要求した。これに対し，民主党はFTA採決の前提としてTGAAAレベルの強

固 (robust) な TAA を要求した。そして,オバマ政権は3カ国との再交渉の結果,それぞれの国との懸案は対処ずみであるとして FTA と TAA を一括した採決を要求した。

7月7日,上院財政委員会と下院歳入委員会で3つの FTA 法案が成立した。上院の米韓 FTA 法案には TAA が含まれていたが,ジョン・ベイナー (John Andrew Boehner, R-OH) 下院議長は米韓 FTA と TAA は別々に採決すべきだと主張した。他方,民主党は TAA の更新が FTA 採決の前提だとの主張を繰り返した。膠着状態に陥りかけた議論を前進させたのは上院共和党だった。7月19日,ロブ・ポートマン (Robert Jones "Rob" Portman, R-OH) ら12名の共和党上院議員が TAA の単独法案を支持する書簡を提出し,FTA と TAA を別個にし,3つの FTA を即座に提出するよう要求した。

こうして,9月22日に上院で一般特恵関税制度の更新法案と TAA とをパッケージ化した法案が70対27で成立した。その際,上院民主党指導部と政権は TGAAA の縮小に応じ,2013年12月までの延長で共和党と合意した (Hornbeck [2013])。その後,審議の舞台は下院に移った。ベイナー下院議長と政権との間で,TAA と3つの FTA の4法案を順番に採決し,4法案全てに修正を禁じる閉鎖ルール (closed rule) を適用する妥協が成立した。この妥協に基づき,10月12日,一般特恵関税法 (GSP) と TAA のパッケージ法案 (H. R. 2832),米韓 FTA (H. R. 3080),コロンビア FTA (H. R. 3078),パナマ FTA (H. R. 3079) が下院で成立した。図表8-1で示したように,共和党議員の多くが FTA には賛成する一方で,TAA には反対票を投じ,民主党議員の多くは FTA に反対する一方,TAA には賛成票を投じた。

3　メガ FTA 政策の展開

本節ではオバマ政権のメガ FTA 政策を分析する。アメリカが TPP の前身である P4[(7)]への参加を検討し始めたのは前 G. W. ブッシュ政権期の2006年12月だった。もともと G. W. ブッシュ政権は,グローバル,地域,二国間という3つのレベルで同時並行的に貿易自由化交渉を進め,自由化に向かう国際的な力学を作り出す「競争的自由化 (competitive liberalization)」戦略を追求していた

(藤木［2008］)。しかし，G. W. ブッシュ政権は WTO ドーハラウンドの妥結に失敗し，2006年頃から通商政策の見直しを進めていた。P4 交渉への参加表明はその一環で，アジア太平洋自由貿易地域（Free Trade Area of the Asia-Pacific：FTAAP）構想を実現する手段として考えられていた。しかし，オバマ政権は当初，民主党多数派議会が貿易自由化に反対していたこともあって，通商政策には消極的だった。このため，メガ FTA 交渉を優先的な政策課題として明示するようになるのは TTIP 交渉が開始される2013年以降のことになった。

（1）TPP 交渉参加の経緯
新たな貿易協定のモデルを目指して

当初，オバマ政権はまだ参加方針を検討中であるとして P4 交渉開始の延期を要請しており，2009年11月にオバマが東京で行った演説の中で TPP 交渉への参加を改めて表明した。オバマは，「広範にわたる締約国が参加し，21世紀の貿易合意にふさわしい高い基準を備えた地域合意を形成する」と述べ，議会と密接に協力してアジア太平洋地域での巻き返しを進めると強調した（Obama［2009］)。USTR 代表のロン・カーク（Ronald "Ron" Kirk）も，TPP 加盟諸国とともにアジア太平洋経済を統合するための範囲や対象，基準となるプラットフォームを形成するつもりであると述べた（Kirk［2009］)。

こうして，2009年の年末から USTR と議会指導部や関連委員会，産業や地域の利害関係者との間で TPP のアメリカ提案の作成に向けた協議が始まった。協議に際し，ディメトリオ・マランティス（Demetrios Marantis）USTR 副代表は TPP に対する超党派の支持を構築し，「アメリカの雇用を創造かつ維持し，アメリカ企業をアジア太平洋の生産・供給チェーンに統合し，新技術や新たな経済セクターを促進する（Marantis［2010］)」と述べた。オバマ政権はこれまでの FTA のテンプレートを見直して TPP に新たな規定を盛り込み，アジア太平洋におけるサプライチェーンへの参加や中小企業の輸出機会の創出といった政策課題に対応した新たな FTA のモデルを構築しようとした。

国内利益団体からの要望

ここでは，自由貿易論に立つ代表的な財界団体である TPP ビジネス連合

(U.S. Business Coalition for TPP) の提案と，公正貿易論を代表する立場として，アメリカ労働総同盟・産業別組合会議 (The American Federation of Labor & Congress of Industrial Organizations：AFL-CIO) の提案を検討する。まず，TPPビジネス連合は「TPP協定に関する諸原則」として，第1に，全ての関税・非関税障壁の期限付きでの撤廃，第2に，中小企業の市場アクセス改善のための貿易円滑化，生産・供給ネットワークの強化，規制の整合性，国家企業に対する規律などの新たな論点への対応，第3に，知的所有権，投資の促進と保護，政府調達の透明性，環境・労働基準などの強化を求めた (U.S. Business Coalition for TPP [2010])。これに対し，AFL-CIO は「良い雇用の創出を促し，労働者の権利や利益を守り，健康的な環境を促進するバランスのとれたものでなければ支持できない」とし，労働者の能力開発も含めた積極的な労働市場戦略や輸出促進戦略などを補完的に組み合わせた国家的な経済戦略が必要であるとした。さらに，為替の急激な変動や為替操作対策，民主主義条項，労働規定の抜本的強化と民間交流による参加国の労働法改革までも提案した (AFL-CIO [2010])。

その後，TPP交渉は，原加盟国であるシンガポール，ニュージーランド，チリ，ブルネイに加え，アメリカ，オーストラリア，ペルー，ベトナムの4カ国を加えて2010年3月に開始された。では，アメリカ国内での諸提案は，TPP交渉でのアメリカ政府の提案にどのように反映されたのであろうか。

(2) TPP——貿易協定の新モデル

TPPに関する首脳声明と大枠

交渉開始から1年8カ月後，2011年11月のアジア太平洋経済協力 (Asia-Pacific Economic Cooperation：APEC) ホノルル首脳会談の際，TPPに関する首脳声明と大枠が発表された。これらの発表によれば，包括的かつ次世代の貿易協定を目指すことで参加各国が合意し，(1)関税，物品およびサービス貿易，投資に対する障壁の撤廃などの包括的な市場アクセス，(2)生産・供給チェーンの発展，単一の関税撤廃スケジュール，共通の原産地規制などの地域協定，(3)分野横断的課題，(4)デジタル経済やグリーンテクノロジーに関する革新的製品・サービスの貿易・投資の促進などの新たな貿易課題，(5)参加国の拡大と協定の適

切な更新を進める「生きている協定」を目指すとされている（APEC [2011-a] APEC [2011-b]）。以下では，これまでのアメリカのFTAのテンプレートとの相違点に留意しつつ，市場アクセス，国有企業に対する規制，労働・環境問題，分野横断的事項について，TPP交渉におけるアメリカの主張を概観する[8]。TPP交渉は21もの交渉分野に分かれて進められているが，これらはそれぞれ，物品市場アクセス，競争政策，環境，労働，分野横断的事項で議論されている問題である[9]。

市場アクセス交渉の特徴

参加各国は高水準の市場アクセスを目指すことで合意しているが，関税交渉の進め方をめぐって2つのアプローチが併存していた。オーストラリアやニュージーランドなどの国々は，全ての参加国と関税交渉を進め，単一の関税表の作成を目指す多角主義アプローチを主張しているのに対し，アメリカは国内の輸入産業に配慮して，既にFTAを締結した国との再交渉は行わず，まだFTAを締結してない国々との交渉のみを進めて単一の関税表を目指さない立場である。交渉では当初，どちらのアプローチを採用するのかで対立があったが，その後，国ごとにいずれかのアプローチを採用すればよいという合意が成立し，2つのアプローチが併存することになった。

2つのアプローチの違いは再交渉の有無にとどまらない。全ての国との再交渉を行って共通関税表の作成を目指す場合，ある1国に対して関税削減を認めれば，全ての参加国に対してもその削減を認めなければならなくなる。したがって，関税交渉はより困難になるが，実現できれば自由貿易地域の実現となり，経済的なメリットもそれだけ大きくなる。他方，再交渉を認めず，FTA未締結の国との二国間交渉のみ進める場合，当該国にとって機微な品目であっても，相手国の輸出品でなければ当該品目を除外する必要がない。このため，自国産業の「守り」に適したアプローチであるが，少なくとも関税障壁については二国間協定の束にすぎないものとなってしまう（菅原 [2013]）。したがって，アメリカの立場は多角主義原則からの一層の後退を示すものだと言える。

国有企業に対する規制

アメリカはこれまでも，数多くの巨大な国有企業が特権的な地位を占める中国に対し，アメリカ企業との対等な競争条件を保障するために，様々な経済改

革を求めてきた。したがって，TPPは国家資本主義とも特徴づけられる中国の経済体制を牽制し，その改革を迫る戦略的なツールともなりうる。他方，途上国だけではなく，先進国も含めた世界の多くの国々では国有企業が重要な経済的役割を果たしており，これらを一律に禁止したり統制したりすることは現実的ではない。そこで，TPP交渉において，アメリカは国有企業の民営化を求めるのではなく，私企業との「競争上の中立性（competitive neutrality）」を保障する観点から，国有企業に対する補助金や営業許可など財政上・規制上の優遇措置を明確化し，それらを規制からの例外として認めるかどうかを一つひとつ検討するアプローチを提案している。

労働・環境規定

労働・環境規定については，G. W. ブッシュ政権と議会民主党による2007年5月の合意（USTR [2007]）が反映されるのかどうかが問題となる。もともと，NAFTA以降のアメリカのFTAには労働や環境に関する規定が含まれているが，それらは相手国の労働法や環境法の遵守を求めるもので，民主党は途上国政府の執行能力が不足しているとして規定の強化を求めていた。2007年に多数党の座を占めた民主党とブッシュ政権の間での調整の結果，交渉相手国に対し，労働問題では国際労働機関（ILO）の中核的労働基準の遵守を求め，環境問題では多国間環境協定の遵守をそれぞれ求めることが決まった。では，TPPの規定ではどうか。アメリカ提案では，これらの問題について締約国の主権的権利を認めつつ，労働問題については中核的な労働基準の遵守を義務づけ，また，環境問題については多国間環境協定の遵守を求めている。したがって，2007年5月の合意を反映して，それまでのFTAよりは強化された提案になっていると言えよう。

分野的横断事項

分野横断的事項では，複数の交渉分野にまたがって横断的にその内容を検討し，特定の政策目標を実現するために必要な規制を設定することを目指している。具体的には，規制の整合性（regulatory coherence）や競争力とビジネス円滑化，中小企業の利用促進，開発といった政策目標が取り上げられている。これらのうち，ビジネス円滑化とはサプライチェーン貿易を促進するための物流システムの効率化に関する問題を取り扱い，中小企業の利用促進では，中小企

業に対する情報提供や協定運用上の問題のレビュー，開発では途上国がTPPを遵守する際に直面する問題への対処方法が議論されている。

また，規制の整合性については，アメリカは，締約各国の規制の透明性や予測可能性を向上させるために，あらゆる規制に対する審査と調整を実行する政府機関の設置を提案している。このような機関は，アメリカでは1981年に情報・規制問題局（Office of Information and Regulatory Affairs）が創設され，制度や規制の間の矛盾や重複に対処してきた。アメリカはこうした提案によって，規制の透明性や国際的な調整を前進させようとしている。

（3）TPP交渉への日本の参加とメガFTA競争の進行
日本の参加問題

2011年のTPPに関する首脳声明と大枠では，TPPは参加国の拡大と協定の更新を進める生きている協定だとされている。参加国の拡大については，2010年3月の交渉開始以降，10月にマレーシアが参加し，2012年11月にはカナダとメキシコが，そして2013年11月からは日本が正式に交渉に加わっている。こうした一連の参加拡大の動きの中でも最も影響力があったのは日本の参加問題である。

日本は2010年10月に当時の民主党・菅政権がTPP交渉への参加を検討することを表明していたが，結局，党内の意見をまとめられず，混乱した対応を続けていた。そして，2011年11月のAPEC首脳会談の際，民主党・野田政権が交渉参加に向けた協議を開始すると発表した。この日本の対応を1つの契機として，カナダやメキシコが交渉への参加を表明し，さらに，東アジア地域包括的経済連携（Regional Comprehensive Economic Partnership：RCEP）や日中韓FTAなど一連のメガFTA交渉の進展が促された。

東アジアにおけるFTA締結競争

東アジアでは，中国が2005年に提起した東アジアFTA（East Asia FTA）と2007年に日本の提案した東アジア包括的経済連携（Comprehensive Economic Partnership in East Asia）の2つの経済統合構想が対立していた。しかし，日本がTPPに関心を示したことで，東アジア経済統合の主導権をアメリカのTPPに奪われることを警戒した中国が日本に歩みより，2011年8月，これら

2つのFTAに関する作業部会の設置を日中が共同で提案した。この提案を受けて，11月にASEANが2つのFTAを1つにまとめるRCEPを提案した。

　日中韓FTAについては2003年以来民間での共同研究が続けられていたが，公式の研究会への格上げを望む中国に対して日本には慎重論が根強かった。しかし，日本がTPPへの参加検討を表明したことで，当時難航していた日中韓投資協定交渉について，中国が早期妥結への理解を示したため，日本はその見返りとして，日中韓FTAの開始に同意した。

　しかし，野田政権はTPP交渉に参加する決断を下せないまま，2012年12月の選挙で敗北した。そして，2013年3月に自民党・安倍政権が交渉への参加を表明し，2013年7月から交渉会合に参加した。以上のように，TPPは日本の交渉参加問題をめぐり，アジア太平洋におけるFTA交渉をより一層促進する契機となった。

（4）TTIP――交渉の難航
TTIP交渉の経緯
　2008年以降，財政負担の少ない経済活性化策として，米欧の政治・経済的エリートの間で米欧FTAへの関心が高まり，財界や民間シンクタンクによる検討が行われた。これらの報告書によれば，米欧FTAの意義として，第1に，新興国を開放的な国際経済システムに組み込むための米欧によるリーダーシップ，第2に，投資やサービス貿易，サプライチェーンのグローバル化などの高度な貿易課題への対応，第3に，WTOとの相互補完性を意識し，最終的には多角的貿易システムを前進させることなどが指摘された（Business Roundtable and the TransAtlantic Business Dialogue［2012］Transatlantic Task Force on Trade and Investment［2012］）。

　これらの提言を受け，2011年11月の首脳会談で「雇用と成長に関する米欧ハイレベル作業部会（High-Level Working Group on Jobs and Growth: HLWG）」が創設され，米欧間の貿易と投資を拡大して経済問題を解決する方法を見出すこととされた。HLWGは2013年2月11日に最終報告を発表し，二国・地域間の貿易・投資問題に対処し，グローバルなルールの整備に寄与する包括的な協定を締結し，⑴市場アクセス，⑵規制問題および非関税障壁，⑶グローバルなル

ールや原則，協力の3つの分野で野心的な成果を達成すべきであると提案した（HLWG [2013]）。翌日の一般教書演説で，オバマはTTIP交渉の開始を宣言し（Obama [2013]），3月20日，議会に交渉の開始を通知した。

交渉の難航——国内規制と理念

実際の交渉は7月に開始されたが難航している。双方の主要な関心分野は，第1に市場アクセスであり，双方が乳製品や砂糖などの一部の農産物で例外扱いを求めているほか，映像・音楽サービスではアメリカが保護の削減を求めているのに対し，欧州は交渉対象からの除外を求めている。第2の分野は規制であり，双方が原則的には相互承認に賛成しているが，規制に対する基本的な考え方の違い——アメリカは費用計算に基づくイノベーション促進的な規制を，欧州はリスクを抑制する予防的な規制を選好——から，遺伝子組み換え作物に対する規制など交渉が難航する問題も存在している。第3に，投資や労働・環境，知的財産権などのルールに関する分野であり，食品の地理的表示の保護や紛争処理メカニズムの権限や適用範囲をめぐって意見が対立しているとされる（Akhtar and Jones [2014]）。これらの論点の多くは国内法や規制に踏み込む問題であり，利害関係者が多く，経済的な影響が不明確（Evenett and Stern [2013]）でありながら理念や思想が関わる論点であり，それら理念や思想の問題を回避できなければ妥協は困難であろう（近藤 [2015]）。

4　TPA法案をめぐる党派政治

（1）2013年における審議——議会指導部のイニシアティブ

メガFTA交渉の進展に伴い，アメリカ議会でもTPAの更新が必要であるという認識が強まった。議会指導部では，TPA更新が2013年の主要な課題だという共通認識が生まれ，マックス・ボーカス（Max Sieben Baucus, D-MT）上院財政委員長，オリン・ハッチ（Orrin Grant Hatch, R-UT）財政筆頭委員，デイブ・キャンプ（David Lee "Dave" Camp, R-MI）下院歳入委院長，サンダー・レビン（Sander Martin Levin, D-MI）歳入筆頭委員ら4名の貿易関連委員会の指導者たちを中心にTPA法案の作成作業が始まった。

政権は議会指導部を側面から支援するアプローチを取った。7月，オバマは

第8章　通商政策

ミドルクラスの基盤強化を訴える演説で議会に TPA を要請したが，政権からの直接の働きかけは避けた（Obama [2013-b]）。しかし，共和党は民主党の賛成票を得るには政権の働きかけが必要だと主張した。

　当初，6月には超党派で TPA 法案を提出する予定だったが，作業は遅延した。まず，下院ではレビンが為替操作に関する規定を組み込み，1988年競争力法をモデルとした広範囲にわたる競争力法の作成を要求した。また，上院ではハッチが TPA と TAA のリンクや2007年5月の合意に反対した。TAA とのリンクにはキャンプも反対だったが，結局，法案の作成はボーカスとキャンプの共同作業で続けられることになった。

（2）審議の挫折――上院民主党の保護主義

　TPA 法案の作成が進むと，議会では反対の声が出始めた。11月，下院民主党議員の3/4に相当する151名の議員が，議会の役割をより強化すべきだとして TPA に反対する書簡を発表した。また，22名の下院共和党のティーパーティー系議員も反対する書簡を発表した（Keck [2013]）。さらに，2014年1月1日に民主党多数派議会の下で成立した拡大 TAA が失効し，サービス労働者や FTA を締結していない国々との貿易で失業した労働者が対象外となった。これに伴い，TAA プログラムは2002年に成立したものと同じレベルに縮小したが，それも2014年末に失効する見込みであった。

　1月9日，ボーカスとハッチ，キャンプの3名により TPA 法案（Bipartisan Congressional Trade Priorities Act of 2014）が提出された。この法案の特徴は，第1に，議会による監視や協議が強化され，第2に，為替問題や国有企業への規制，現地化障壁(10)への対処が主要な交渉目的とされたことである（安井 [2014]）。16日には財政委員会で公聴会が開催され，ハッチやボーカスは最新の情勢に対応した法案だと自賛した（U.S. Senate [2014]）。しかし，その直後，法案の審議は暗礁に乗り上げた。上院で法案の成立をリードしたボーカスが中国大使に転出し，ロン・ワイデン（Ronald Lee "Ron" Wyden, D-OR）が財政委員長に就任した。さらに，29日に上院議長のハリー・リード（Harry Mason Reid, D-NV）は当面は法案を本会議に提出しないと明言した。リードは，TPA 法案に対する意見が民主党内で割れており，また，支持基盤である労働・環境

231

団体が反対していることから中間選挙の年にこの法案の審議を進めるべきでないと考えたのである。こうして，TPA法案の採決は，中間選挙後に持ち越されることになった。

（3）2014年の審議——オバマ政権と共和党指導部の連携

　2014年の中間選挙では共和党が大勝し，上下両院で多数党となった。共和党は多くの政策分野でオバマ政権への敵対姿勢を強めたが，通商政策については政権と共和党指導部との連携が成立した。まず，共和党にも原理的保守派のティーパーティーを中心に通商政策に反対する勢力が存在した。彼らは大統領にいかなる権限を付与することにも反対し，TPAも移民政策の隠れ蓑にすぎないとして反対した。さらに，大統領は民主党内の公正貿易論者に対応しなければならなかった。下院共和党議員244名のうちTPAの賛成票は180名から200名と見込まれていた。他方，これまで下院でTPAに賛成してきた民主党議員は20名以下にすぎず，これらを単純に足しても下院の過半数217にぎりぎりとどくかどうかという見通しだった。そして，上院ではフィリバスターを防ぐために60票が必要であるが，共和党議員54名全員が賛成したとしても6票足りないという厳しい状況だった（Kennedy [2015]）。

　2015年1月20日，オバマは一般教書演説で議会両党に対し，TPAの更新を求めた。現在交渉中のアジア太平洋諸国やヨーロッパとのFTAの推進を訴え，アメリカはTPPを通じてアジア太平洋地域のルールを構築していかなければならず，さもなくば中国がルールを作ってしまうだろうとその必要性を強調した（Obama [2015-a]）。さらに，5月にもTPAとTPPへの支持を求める演説を行った。オバマによれば，TPPとNAFTAは異なっている。TPPには強力で実効性のある労働・環境規定が備わっており，アメリカの価値観を反映した進歩的でスマートなFTAである。また，低賃金を求める企業は既に海外進出をすませてしまっており，近年では逆に，製造業の国内回帰が始まっている。TPPはこうした高賃金の国内雇用と輸出のために海外市場を開放するFTAである。したがって，アメリカ企業や中間層が公平条件で国際競争するためにこそTPPが必要であり，スマートな貿易協定によってアメリカ主導で貿易ルールを決めなければ，中国の都合でルールが決まってしまうだろうと訴えた

(Obama [2015-b])。そして,議会に対して活発なロビー活動を展開した。

(4) TPA と TAA をめぐる駆け引き

議会では,1月30日にハッチ財政委員長が TPA に関する演説を行い,以下の諸点を強調した（Hatch [2015]）。第1に,TPA の適用される規定は貿易協定を実行するのに「厳格に必要かつ適切（strictly necessary or appropriate）」な規定のみに限定される。TAA は TPA 法案から排除される。第2に,政府間の秘密合意は禁止する。第3に,米韓 FTA のように,TPA の期限切れ後に重大な変更や再交渉が行うことも禁止する。第4に,今後の FTA には(1)強力な知的財産権規定,(2)サービス市場の開放と強力な投資家と国との間の紛争解決（Investor-State Dispute Settlement：ISDS）メカニズム,(3)アメリカ製品・サービスに対する包括的かつ真の市場アクセスを要求する。

2月4日,ポール・ライアン（Paul Davis Ryan Jr., R-WI）歳入委員長は,下院の TPA 法案は TAA などを含まない「クリーンな」法案とするが,TAA を TPA とは別の法案として審議する可能性は認めた。ライアンの目的は下院共和党が TAA の審議で分裂するのを回避することにあった。これに対し,民主党は2月25日に上下両院で同一の TAA 拡張法案を提出（S. 568および H. R. 1088）した。これらの TAA 法案は,サービス労働者や公共部門の労働者,アメリカと FTA を締結していない国からの輸入による失業者までをも対象者とする非常に広範な支援策だった。

このように,共和党は TAA への反対を強める一方で,民主党は TAA の一層の拡大を強く求めていた。多くの議員にとって TPA と TAA は取引材料ですらないほどに両党間での政策選好は隔たっていたが,事実上の取引材料としてどのような手法でこれら2つの法案を結びつけるのかが問題となりつつあった。また,上院ではポートマン,下院ではレビンといった有力議員が義務や罰則を伴う強力な為替操作規定を求めており,議会指導部はこれらの動きにも対応する必要があった。

(5) TPA 法案の提出

4月16日,ハッチ,ワイデン財政筆頭委員,ライアンが上下両院に TPA 法

案を提出した。この法案には新協議メカニズムとして,「協議と遵守に関する決議 (consultation and compliance resolution: CCR)」が新たに設置されていた。これまでの TPA 法案では財政および歳入委員長にのみ認められる手続不承認決議 (procedural disapproval resolution: PRD) が存在していたが,CCR の場合,上院では委員会の投票で貿易協定から一括交渉権を剥奪することが認められた。さらに,適切な秘密取り扱い許可に基づき交渉書類への議員のアクセスを許可した。このように,新法案はこれまでの TPA 法案と比べ,通商交渉に対する監視と透明性,協議を強化していた。他方,為替操作に関する規定は盛り込まれなかった。また,ワイデンは2011年版 TAA を 6 年間延長する法案を提出 (The Trade Adjustment Assistance Enhancement Act of 2015) した。

4 月22日,上院財政委員会で 6 年間の TPA 法案が通過した。TPA に対する修正条項のうち,ポートマンらの提出した為替操作に対する強力な規定は棄却された。そして,ハッチ委員長は 4 つの通商法案,すなわち TPA, TAA 延長法案,特恵プログラム更新法案,関税法案を本会議に別々に提出し全てを成立させると述べた。

23日,下院歳入委員会でも TPA 法案 (H. R. 1890) が成立した。歳入委員会では,レビン筆頭委員が為替操作や人権などの重要問題が TPP で対応されなければ一括交渉規定を適用しないという修正規定を提出し,否決された。ライアン委員長は特定の目立つ問題にのみ議会の関心を集中させ,審議を困難にすることを懸念し,この規定に反対した。

（6）上院本会議での審議

審議の場は本会議に移った。5 月12日,上院が TPA 法案の審議打ち切り動議を52対45で否決した。上院ではフィリバスターを防ぐために60票の賛成が必要であるため,民主党議員の支持を拡大する必要があった。民主党では,4 月22日の財政委員会で成立した他の 3 つの法案とのパッケージ化や,為替操作規定を求める声が強かった (Barfield [2015])。こうして,上院では共和・民主両党が TPA 法案と TAA 法案を一括審議することで13日に合意した。また,為替問題については,ハッチとワイデンがポートマン提案の代替案となる新たな修正条項を提出した。ポートマンの提案では,日本やアメリカなどの量的緩和

政策を実行している国や，巨額の貿易黒字や外貨準備を持つ国を為替操作対象国から除外できない可能性があり，国際交渉を混乱させるだけだという批判があった (Solis [2015])。これに対し，ハッチとワイデンの提案では，為替操作問題を TPA の主要な交渉目的とするが，実効性あるルールではなく透明性や情報開示，報告，監査，協調的メカニズムで対応するとされた。ハッチによれば，新提案のメリットは TPP 交渉でのアメリカの主張と一貫しており，また，FRB の通貨政策の独立性への脅威にならないことにあった。

5月22日，上院は TPA 法案と TAA 法案を一括で採決し，62対37で成立させた。TPA の期間は3年プラス追加3年で，ハッチとワイデンの為替操作規定も70対29で成立した。これに対し，ポートマンの為替操作規定は48対51で否決された。上院一括法案には交渉相手国の宗教の自由を調査する規定も追加されたが，2011年レベルの TAA を求める規定は否決された。

(7) 下院本会議での審議

しかし，下院では逆に，上院で成立した2015年貿易法案 (Trade Act of 2015, H. R. 1314) を，(1) TPA 法案，(2) TAA 法案，(3)メディケア予算から TAA の財源を捻出する規定，の3つに分割して審議する「問題の分割 (division of the question)」アプローチが採用された。下院共和党指導部は，TPA と TAA の財源部分は共和党の支持で，TAA は民主党の支持でそれぞれ成立させようとした。このアプローチの利点は，共和党は TAA に賛成する必要がなく，民主党は TPA とメディケア削減に荷担せずに TAA を更新できることにある。ただし，法案の成立には全ての分割部分が成立する必要があった。しかし，民主党は TPA をつぶすために TAA に反対するという奇策を採用し，下院院内総務のナンシー・ペロシ (Nancy Patricia D'Alesandro Pelosi, D-CA) が両法案への反対を表明した。6月12日，下院は219対211で TPA を可決したが，TAA は126対302の大差で否決した。この結果，法案全体が不成立となった。

この結果を受けて共和党指導部は17日に声明を発表し，上下両院で TPA と TAA を別々に成立させる方針に切り替えた。オバマも TAA の成立にかかわらず TPA 法案には署名すると明言した。まず，18日に下院で TPA 単独の法案が218対208で可決された。そして，6月24日に上院でも60対38で TPA 法案

が可決された。他方，TAA は特恵プログラムの更新法案 H. R. 1295 にパッケージ化され，上院では24日に発声投票で可決し，下院は25日に286対138で可決した。H. R. 1295では，6年間，サービス部門も含めた貿易による失業者を支援するが，公的部門は対象としないこととされていた。こうして，オバマの署名によって29日に両法案が成立した。

5 オバマ政権の通商戦略と TPP の大筋合意

(1) 貿易の戦略的論理

これまで検討したように，オバマ政権において，アメリカの通商政策の政策枠組は大きな転換を遂げつつあった。しかし，そうした転換を意義づける理念はなかなか明らかにされなかった。2013年に USTR 代表に就任したマイケル・フロマン（Michael B. Froman）は，2014年6月に「貿易の戦略的論理」という演説を行い，今日の世界では貿易を通じたリーダーシップそのものが国力を示す規準であり，通商交渉は新たな貿易ルールによって国家間の対立を平和的に解決し，アメリカの価値観に合致した国際秩序を促進する取り組みであると強調した。そして，こうした貿易の戦略的論理を実現するための手段としては交渉中の TPP や TTIP などがあるが，貿易を支える国内合意の再構築が必要であると述べた（Froman [2014]）。

フロマンの提起した「貿易の戦略的論理」は，2015年2月に発表された国家安全保障戦略（National Security Strategy 2015：NSS2015）にも取り込まれた（The White House [2015]）。国家安全保障戦略では，「繁栄」と題する章で通商政策が議論されており，アメリカの主導するルールに基づく国際経済システムは，中国の主導する閉鎖的なシステムとの競争に直面しているとされる。グローバリゼーションがアメリカの企業や労働者の利益となるためには，環境・労働保護をはじめとする高い水準のルールを設定し，公正な競争を実現することが必要であり，アメリカはそのために TPP と TTIP を活用し，自国を巨大な自由貿易ゾーンの中心に位置づけたとされた。そして，第4節でも述べたように，この論理は国内合意の調達において TPA の更新に際しても活用された。

(2) 中国の秩序構想との競合

オバマ政権の通商戦略の背景には，米中間での地域秩序構想の競合の進展がある。オバマ政権は当初，中国と対決するのではなく，アメリカの主導する国際経済秩序への参加を促そうとしていた。2011年11月に発表されたアジア基軸戦略においても，中国をルールに基づく地域秩序に組み込むことが強調されていた。TPPについても，中国が国有企業改革を含む大胆な経済改革を進めることを前提に，その参加を歓迎する立場だった（Schott, Kotschwar and Muir [2013]）。そして，中国もTPPへの参加に関心を示し，協定の実際の内容がどのようなものとなるのかを注視しつつ，参加のハードルを見極めようとしていた。

しかし，2013年9月以降，習近平（Xi Jinping）は周辺国との外交関係を強化するために，中国とヨーロッパとを経済的に結びつける一帯一路構想，そのための国際金融機関であるアジアインフラ投資銀行（Asian Infrastructure Investment Bank: AIIB）などの野心的な構想を明らかにした。そして，APECの場ではRCEPやFTAAPの前進を強調するなど，自国主導での地域秩序構想の実現を優先するようになった（Ye [2015]）。このように，アジア基軸戦略が中国の周辺外交の強化や独自の地域秩序構想の展開を促し，それが今度は貿易ルールの地政学的対立を強調するオバマ政権の「貿易の戦略的論理」を生み出したのである。

その結果，米中間での地域秩序構想の競合は，TPA法案の成立とTPP交渉を加速させた。2015年10月5日，難航していたTPP交渉が妥結した。発表された「環太平洋パートナーシップ協定の概要」によれば，TPPは21世紀型の画期的な協定であり，(1)物品とサービスを含む高水準の市場アクセス，(2)サプライチェーン貿易への対応，(3)デジタル技術など新たな課題への対応，(4)あらゆる発展段階の経済とあらゆる規模の企業に対応した包括性，(5)新たな参加国に開かれた地域経済統合のプラットフォーム，の5つの特徴があるとされる。また，「環太平洋パートナーシップ参加国のマクロ経済政策当局間の共同宣言」も発表され，各国当局は競争力確保のための為替レート誘導を回避し，マクロ経済政策の透明性と多国間対話を強化することとされた。サプライチェーン貿易に関わる規制の整合性や中小企業，ビジネス円滑化などの規定はいずれも法

的拘束力のない努力規定にとどまっており，WTO2.0にふさわしい合意であるかどうかについては議論が分かれている（川瀬 [2015]）。

6 「ルールに基づく国際経済秩序」の再生に向けて

（1）メガFTAの意義——WTO2.0か地政学か

　本章では，オバマ政権期における通商政策の展開過程を分析した。その特徴は，対外的には関税障壁の削減だけではなく，高度な貿易ルールの普及を進めるメガFTAを最優先の政策課題としたことにある。アメリカは，TPP交渉において既にFTAを締結した国々との関税交渉を拒否して単一の関税表作成も放棄し，WTOの多角主義原則には反する立場を強める一方で，規制の整合性や中小企業，国有企業などサプライチェーン貿易に関わる諸規定を新たな議題とした（ソリース [2013] Lewis [2011] Capling and Ravenhill [2012]）。

　メガFTAについては，サプライチェーン貿易を規律する新たな貿易ルールを設定する場だとするWTO2.0論があるが，オバマ政権はむしろ，支配的な貿易ルールをめぐる中国との地政学的対立を強調するようになった。交渉成立したTPPについてはサプライチェーン貿易に関する幅広い規定が含まれており，WTO2.0に向けた新しい協定だと評価できる。他方，交渉中のTTIPについては，規制や制度に関わる理念や思想の違いが争点化しており，WTO2.0とは距離のある交渉になっているようである。また，オバマ政権の「貿易の戦略的論理」については，中国との対立を煽り，中国のTPP加盟を却って遠ざける議論であるという批判も多い（Levi [2015]）。さらに，高度な貿易ルールの設定を目指すTPPと，途上国のインフラ整備を目指す一帯一路構想とは本来対立するものではないという指摘もある（西村 [2015]）。

　このように，オバマ政権の通商政策の理念は状況対応的に形成された性格が強く，さらに，EUとのTTIP交渉や，中国のTPP参加問題などの大きな課題を残している。その一方で，オバマ政権はTPPの妥結によって，日本のような先進国からベトナムのような途上国を含む多様な国々を「ルールに基づく経済秩序」の枠組みに引き込むことに成功した。したがって，今後もアメリカは，メガFTAによってルールに基づく国際経済秩序の再構築に向けた取り組

第 8 章 通商政策

みを進めていくが，その実現にはまだまだ多くの紆余曲折を経ることになろう。

（2）党派政治と自由化合意の解体

　国内的には民主・共和両党間での党派対立の一層の激化によって，貿易自由化に向けた合意は事実上崩壊している。前ブッシュ政権期においては，TPA法案にTAAなど多数の修正条項を付け加え，取引に応じる議員を増やすことで法案に賛成する多数派の形成が進められた。しかし，オバマ政権期においては，一括交渉権限などの貿易自由化法案とTAAなどの保護主義的法案とを1つの法案とすることは認められなくなっていた。しかし，自由化法案と保護法案との取引という実態は残された。その結果，TPAとTAAの採決は形式的に切り離され，法案成立のためのより微妙な協議や調整が必要となった。

　自由貿易論と公正貿易論との対立の背景には，あるべき社会像をめぐる保守主義とリベラリズムとの党派的対立がある。そして，保守主義とリベラリズムの理念的対立の焦点となったのが，貿易自由化に向けた合意，すなわちTPAだった。したがって，TPA法案の審議にはグローバル化のあるべき姿をめぐって様々な問題が持ち込まれ，アメリカ政府の交渉ハードルを際限なく高くしている（Watson [2013]）。すなわち，自由貿易論者からはサプライチェーン貿易に関わる高度な規定が求められる一方で，公正貿易論者からは為替操作対策や積極的な労働政策，交渉相手国の労働法の抜本的強化など，本来の通商政策の対象外の論点までもが持ち込まれるようになった。つまり，通商政策の政策形成プロセスは，通商問題が議論される場ではなく，自由貿易論と公正貿易論との理念的対立の場に変貌しつつあるといえよう（立石 [2006]）。そして，公正貿易論者からの多様な要求のうち，法的拘束力のある為替操作規制や民主主義条項など，諸外国との交渉で受け入れ不可能と見られるものは大統領府によって排除されている。

　アメリカの分権的な政治システムを前提すれば，今後，アメリカが新たな貿易自由化政策を実行していくためには，議会における超党派の合意を構築する必要がある。しかし，そのためにはあるべき社会像やグローバル化をめぐる自由貿易論と公正貿易論との認識ギャップが収斂されなければならない。当面はこうした展望が持てない以上，アメリカが通商政策を進めていくためには共和

党が議会で多数派を占めることが前提となるだろう。

注
(1) メガFTAとは，世界貿易で大きな割合を占める主要国や地域を含む複数の国々が参加するFTAのことで，具体的にはTPP，TTIP，RCEPなどを指す。
(2) フラグメンテーションとは，同じ場所で行われていた生産活動を複数の生産ブロックに分割し，それぞれの活動に適した立地条件の場所に分散することである。今日では，こうした分散立地は国境を跨いで進められている。木村［2012］。
(3) 通常の通商法案の場合，提出された法案はまず，上院財政委員会と下院歳入委員会での審議にかけられる。委員会で可決されれば今度は本会議での審議と採択にかけられる。両院で採択された法案に違いがある場合，両院協議会で法案の一本化が行われ，最後に協議会の提出した法案に対する審議と採択が行われる。藤木・河音［2012］
(4) 為替相場を適正に調整するための第2プラザ合意，国内の教育・訓練制度の全面的見直し，世界大での社会契約を締結するための国際的枠組みの整備といったきわめて野心的な提案がなされている。
(5) 民主党多数派議会の反対のため，韓国，コロンビア，パナマとのFTAの批准が残されていた。議会民主党は，米韓FTAについては韓国自動車市場の閉鎖性を，コロンビア，パナマについては両国政府の労働・環境法の実行能力を問題視して再交渉を要求した。とりわけコロンビアに対しては，非合法の武装勢力による労働組合員への人権侵害の改善を強く求めていた。藤木［2008］。
(6) ただし，当初のTGAAAレベルの拡大措置は2011年2月までに限定された。
(7) P4とは，2006年11月にシンガポール，ブルネイ，ニュージーランド，チリの4カ国が発効した太平洋戦略経済連携（Trans-Pacific Strategic Economic Partnership）のことで，アメリカなどの参加国によって拡大し，内容も大きく変化したTPPと区別するためにP4と呼ばれる。P4は関税の9割を撤廃する高いレベルの自由化を実現していた。
(8) これまでのアメリカのFTAのテンプレートについては藤木［2008］を参照されたい。TPPについては膨大な先行研究が存在するが，本項の叙述に際しては主に以下の研究やホームページを参照した。石川，馬田，木村，渡邊編［2013］，中川［2011-a〜e］中川［2012-a〜h］中川［2014-a〜f］Fergusson, Cooper, Jurenas and Williams［2013］Lim, Elms and Low eds.［2012］Schott, Kotschwar and Muir［2013］外務省「環太平洋パートナーシップ（TPP）協定交渉」〈http://www.mofa.go.jp/mofaj/gaiko/tpp/index.html〉TPP政府対策本部〈http://www.cas.go.jp/jp/tpp/〉

コラム8　日本におけるTPP論争

2016年4月現在，アメリカでは主な大統領候補全員がTPPに反対しておりその批准が危ぶまれているが，日本では民主党・野田政権の際にTPP交渉への参加が政治問題化し，激しい論争が起こった。野田は2011年9月の所信表明演説で「交渉参加について，しっかりと議論」すると述べ，プロジェクトチームを作って検討させたが，結論は「慎重に判断することを提言する」。こうして，野田政権は首相のテコ入れにもかかわらず，「交渉参加に向けて関係国との協議に入る」との玉虫色の立場にとどまった。

では，日本国内での論争にはどのような特徴があったのだろうか。第1に，工業と農業との利害対立という伝統的な構図から，医療保険や日本型雇用など日本社会全体のありようを含む理念的な対立に拡大した。これまでのような関税削減交渉の場合，関連産業の経済的な利害調整で対応されてきたが，TPPの場合は国内の規制や制度など，利害関係者が国民一般にもおよび，具体的な影響が分かりにくい問題が論争の焦点となった。第2に，TPPは親米か反米かという日本外交の選択肢にも関わる問題として議論された。反対派は，TPPはアメリカが日本をアメリカ流に改造していくための道具にすぎず，外圧に弱い日本政府はアメリカの言いなりになると批判した。こうして論争は日本社会の進路をめぐる「親米・市場主義」対「反米・日本的経済社会」という理念的な構図に組み込まれ，世論は二分した。

その後，政権に返り咲いた自民党・安倍政権は，2013年2月の日米首脳会談で日米がともに機微な品目を抱えており，全ての関税の撤廃を求められることはないとの共同声明を発表した。こうした慎重な調整の後，日本は7月からTPP交渉に参加した。安倍政権はTPP対策本部を設置し，国内での利害調整や対外的な交渉の窓口を一本化した。日本の関税撤廃率は95％，うち農産品は81％，交渉が紛糾した論点では日本がアメリカに妥協を促す場面もあったという。

(9) (1)物品市場アクセス，(2)原産地規制，(3)貿易円滑化，(4)衛生植物検疫，(5)貿易の技術的障害，(6)貿易救済，(7)政府調達，(8)知的財産，(9)競争政策，(10)越境サービス貿易，(11)商用関係者の移動（一時的入国），(12)金融サービス，(13)電気通信サービス，(14)電子商取引，(15)投資，(16)環境，(17)労働，(18)制度的事項，(19)紛争解決，(20)協力，(21)分野横断的事項，の21分野。

(10) 現地化障壁とは，外国政府が米国企業に対して現地市場にアクセスする条件として，施設や知的所有権などの資産の現地化を求めることである。

参考文献

石川幸一・馬田啓一・木村福成・渡邊頼純編［2013］『TPPと日本の決断——「決められない政治」からの脱却』文眞堂。

石川幸一・馬田啓一・国際貿易投資研究会編［2015］『FTA戦略の潮流——課題と展望』文眞堂。

川瀬剛志［2015］「国際経済ルールとしてのTPP」経済産業研究所。

木村福成［2012］「21世紀型地域主義の萌芽」『国民経済雑誌』205：1。

近藤嘉智［2015］「米国と欧州連合（EU）の貿易政策立案過程及び政策目的に関する比較分析⑧」『貿易と関税』7月号。

菅原淳一［2013］「難航するTPP交渉」『みずほインサイト』9月3日。

ミレヤ・ソリース［2013］「エンドゲーム——TPP交渉参加に向けた米国の課題」『国際問題』622。

立石剛［2006］「アメリカ通商政策と貿易自由化——貿易自由化をめぐる労使間妥協枠組の弱体化」『西南学院大學経済學論集』41巻3号。

中川淳司［2011-a］「TPPで日本はどう変わるか？①」『貿易と関税』2011年7月。

───［2011-b］「TPPで日本はどう変わるか？②」『貿易と関税』2011年8月。

───［2011-c］「TPPで日本はどう変わるか？③」『貿易と関税』2011年9月。

───［2011-d］「TPPで日本はどう変わるか？④」『貿易と関税』2011年11月。

───［2011-e］「TPPで日本はどう変わるか？⑤」『貿易と関税』2011年12月。

───［2012-a］「TPPで日本はどう変わるか？⑥」『貿易と関税』2012年1月。

───［2012-b］「TPPで日本はどう変わるか？⑦」『貿易と関税』2012年3月。

───［2012-c］「TPPで日本はどう変わるか？⑧」『貿易と関税』2012年4月。

───［2012-d］「TPPで日本はどう変わるか？⑨」『貿易と関税』2012年5月。

───［2012-e］「TPPで日本はどう変わるか？⑩」『貿易と関税』2012年6月。

───［2012-f］「TPPで日本はどう変わるか？⑪」『貿易と関税』2012年7月。

───［2012-g］「TPPで日本はどう変わるか？⑫」『貿易と関税』2012年8月。

───［2012-h］「TPPで日本はどう変わるか？⑬」『貿易と関税』2012年10月。

───［2014-a］「TPP交渉の行方と課題①——TPPの背景と意義」『貿易と関税』1月号。

───［2014-b］「TPP交渉の行方と課題②——TPP交渉の経緯と今後の見通し」『貿易と関税』2月号。

───［2014-c］「TPP交渉の行方と課題③——TPPで何が決まるか（市場アクセス）」『貿易と関税』3月号。

───［2014-d］「TPP交渉の行方と課題④——TPPで何が決まるか（サプライチ

―――――[2014-e]「TPP 交渉の行方と課題⑤――― TPP で何が決まるか（深い統合と締約国の正当な規制権限との調整）」『貿易と関税』6 月号。

―――――[2014-f]「TPP 交渉の行方と課題⑥――― TPP と日本の通商政策」『貿易と関税』7 月号。

西村豪太 [2015]『米中経済戦争　AIIB 対 TPP』東洋経済新報社。

藤木剛康 [2008]「通商政策―――貿易促進権限と自由貿易協定」河音琢郎・藤木剛康編 [2008]『G・W・ブッシュ政権の経済政策―――アメリカ保守主義の理念と現実』ミネルヴァ書房。

藤木剛康・河音琢郎 [2012]「政治システム」藤木剛康編著『アメリカ政治経済論』ミネルヴァ書房。

安井明彦 [2014]「TPA が問うオバマの「本気度」」『みずほインサイト』1 月15日。

AFL-CIO [2010] "Testimony Regarding the Proposed United States- Trans-Pacific Partnership Trade Agreement", January 25.

Akhtar, Shayerah Ilias and Vivian C. Jones [2014] "Transatlantic Trade and Investment Partnership (TTIP) Negotiations", *CRS Report for Congress*, February 4.

APEC [2011―a] "Enhancing Trade and Investment, Supporting Jobs, Economic Growth and Development: Outlines of the Trans-Pacific Partnership Agreement", November 12.

―――――[2011-b] "Trans-Pacific Partnership (TPP) Trade Ministers' Report to Leaders", November 12.

Baldwin, Richard [2012] "WTO 2.0: Global Governance of Supply-Chain Trade", *CEPT Policy Insight*, 64, Center for Economic Policy Research.

Barfield, Claude [2015] "TPA/TPP: Round 1", *AEIdeas*, May 13.

Baru, Sanjaya and Suvi Dogra eds. [2015] *Power Shifts and New Blocs in the Global Trading System*, The International Institute for Strategic Studies.

Bhagwati, Jagdish, Pravin Krishna and Arvind Panagariya [2015] "Where Is the World Trade System Heading?", Baru and Dogra eds. [2015].

Business Roundtable and the TransAtlantic Business Dialogue [2012] "Forging a Transatlantic Partnership for the 21st Century".

Capling, Ann and John Ravenhill [2012] "The TPP: Multilateralizing Regionalism or the Securitization of Trade Policy?", Lim, C. L., Deborah K. Elms and Patrick Low eds. [2012].

Cooper, William H. [2011] "The Future of U.S. Trade Policy: An Analysis of Issues and Options for the 112th Congress", *CRS Report for Congress*, R41145.

Evenett, Simon J. [2015] "What Does the TPP Deal Mean for Outsiders?", The E15 Initiative, October 7.

Evenett, Simon J. and Robert M. Stern [2013] "The Transatlantic Trade Talks and Economic Policy Research: Time to Re-Tool", *Vox*, 21 March.

Faux, Jeff [2007] "Globalization That Works for Working Americans", *EPI Briefing Paper* #179, Economic Policy Institute.

Fergusson, Ian F., William H. Cooper, Remy Jurenas and Brock R. Williams [2013] "The Trans-Pacific Partnership Negotiations and Issues for Congress", *CRS Report for Congress*, R42694, June 17.

Froman, Michael [2014] "The Strategic Logic of Trade", Council on Foreign Relations, June 16.

――――― [2015] "The U.S. Trade Agenda and the Trans-Pacific Partnership", October 15.

Hatch, Orrin [2015] "Trade in 2015", January 30.

HLWG [2013] "Final Report: High—level Official Working Group on Jobs and Growth", February 11.

Hornbeck, J. F. [2011] "The Proposed U.S.-Panama Free Trade Agreement", *CRS Report for Congress*, RL32540.

――――― [2013] "Trade Adjustment Assistance (TAA) and Its Role in U.S. Trade Policy", *CRS Report for Congress*, R41922.

Ikenson, Daniel and Scott Lincicome [2009] "Audaciously Hopeful: How President Obama Can Help Restore the Pro-Trade Consensus", *Trade Policy Analysis*, 39, CATO Institute.

Keck, Zachary [2013] "Congress May Have Just Killed the Trans-Pacific Partnership", *The Diplomat*, November 18.

Kennedy, Mark R. [2015] "The Rocky Road to Passing Trade Promotion Authority", *Foreign Policy*, May 8.

Kirk, Ron [2009] Address of USTR Ron Kirk to the APEC CEO Summit in Singapore, November 14.

Lamy, Pascal [2015] "Is Trade Multilateralism Being Threatened by Regionalism?", Baru and Dogra eds. [2015].

Levi, Michael [2015] "China Will React with Displeasure if America Tries to Wea-

ponise Trade", *Financial Times*, April 13.
Lewis, Meredith Kolsky [2011] "The Trans-Pacific Partnership: New Paradigm or Wolf in Sheep's Clothing?", *Boston College International and Comparative Law Review*, 34:1.
Lim, C. L., Deborah K. Elms and Patrick Low eds. [2012] *The Trans-Pacific Partnership Agreement: A Quest for a Twenty-First Century Trade Agreement*, Cambridge University Press.
Marantis, Demetrios [2010] "U.S. Trade Priorities in the Asia-Pacific: TPP and Beyond", Center for Strategic and International Studies, January 28.
Mastanduno, Michael [2009] "System Maker and Privilege Taker: U.S. Power and the International Political Economy", *World Politics*, Vol. 61, No. 1.
Meléndez, Ricardo [2014] "Discriminatory and Multilateralizing Potential of TPP and TTIP", Global Agenda Council on Trade & Foreign Direct Investment [2014].
Obama, Barack [2009] Remarks by President Barack Obama at Suntory Hall, November 14.
―――― [2013-a] Remarks by the President in the State of the Union Address, February 12.
―――― [2013-b] Remarks by the President on Jobs for the Middle Class, July 30.
―――― [2015-a] Remarks by the President in State of the Union Address, January 20.
―――― [2015-b] Remarks by the President on Trade, May 8.
―――― [2015-c] Statement by the President on the Trans-Pacific Partnership, October 5.
Schott, Jeffrey J., Barbara Kotschwar, and Julia Muir [2013] "Understanding the Trans-Pacific Partnership", *Policy Analyses in International Economics*, No. 99, Peterson Institute for International Economics.
Solis, Mireya [2011] "Last Train for Asia-Pacific Integration?: U.S. Objectives in the TPP Negotiations", *Working Paper* No. 201102, Waseda University Organization for Japan-US Studies.
―――― [2015] "Undoing American leadership: The killer currency amendment to the trade bill", May 26.
Tiezzi, Shannon [2015] "As TPP Leaders Celebrate, China Urges Creation of Asia

-Pacific Free Trade Area", *The Diplomat*, November 19.
Transatlantic Task Force on Trade and Investment [2012] "A New Era for Transatlantic Trade Leadership".
U. S. Business Coalition for TPP [2010] "Trans-Pacific Partnership (TPP) Agreement Principles", September 30.
U. S. Senate [2014] Finance Committee, "Advancing Congress's Trade Agenda, The Role of Trade Negotiating Authority", January 16.
USTR [2007] "Bipartisan Trade Deal", *Trade Facts*, May 10.
────── [2010] *2010 Trade Policy Agenda and 2009 Annual Report*.
────── [2011] *2011 Trade Policy Agenda and 2010 Annual Report*.
U. S. Treasury Department [2015] "FACT SHEET: Joint Declaration of the Macroeconomic Policy Authorities of TPP Countries", November 5.
Watson, K. William [2013] "Stay Off the Fast Track: Why Trade Promotion Authority Is Wrong for the Trans-Pacific Partnership", *Free Trade Bulletin*, 56, Cato Institute.
The White House [2015] *National Security Strategy 2015*.
Ye, Min [2015] "China Liked TPP? Until U. S. Officials Opened Their Mouths", *Foreign Policy*, May 15.

［追記］　本章は和歌山大学経済学部平成27年度研修専念制度を利用した研究成果の一部である。

第9章 外交・安全保障政策
―― 無極化する世界への先制的対応 ――

藤木剛康

本章の課題は、バラク・オバマ（Barack Hussein Obama II）政権の外交政策の理念を検討し、その具体的な展開の過程を3つの時期に区分して検討することである。オバマの外交政策については、「アメリカは世界の警察官ではない」という発言に示されるような消極性を問題視して無原則的な撤退論だとする批判がある一方で、国内経済の立て直しのために過大な対外関与を慎重に縮小する戦略的忍耐の外交政策だと評価する議論も少数ながら存在する。そこで本章では、オバマ政権の外交・安全保障政策の論争的な性格を踏まえ、最初にオバマ政権の外交政策をめぐる論争を整理し、その基本的な理念を「無極化する世界への先制的対応」として特徴づける。次に、中国、ロシア、中東という主要な政策課題に対し、オバマ政権がどのように対応していったのかを検討する。

1 アメリカの覇権をめぐる論争とオバマ政権の外交政策

（1）リベラルな国際秩序とアメリカの覇権

2014年5月、米外交誌 *Foreign Affairs* にウォルター・ラッセル・ミード（Walter Russell Mead）と、ジョン・アイケンベリー（G. John Ikenberry）による論争が掲載され、大きな話題を呼んだ。ミードは第2次大戦後、アメリカのリーダーシップで構築されたリベラルな国際秩序（Ikenberry [2011] Kagan [2014]）は大国の対外拡張と勢力均衡という19世紀的な国際政治を抑制し、とりわけ冷戦後、大国間の地政学的対立を過去のものにしてきたが、今日、ロシアのクリミア編入、中国の海洋進出問題、中東の政治変動など、現状変革勢力の台頭によって不安定化し、地政学的対立が復活していると述べた（Mead [2014]）。これに対しアイケンベリーは、中ロは現状変革国家ではなくリベラルな国際秩序の受益者であり、何らの代替構想や理念も持たない一時的な攪乱

者にすぎないと反論した (Ikenberry [2014])。

　両者の論争は，第1に，リベラルな国際秩序とそれを支えるアメリカの覇権は衰退しているのか，第2に，現状変革勢力の「挑戦」はリベラルな国際秩序にどのような影響を与えているのか，第3に，リベラルな国際秩序の「衰退」や現状変革勢力の「挑戦」に対し，オバマ政権はどのように対処しているのか，という3つの論点に掘り下げることができる。本章ではこれら3つの論点を念頭に置きつつ，オバマ政権の外交・安全保障政策の展開を分析するが，その前に，第1の論点と第3の論点に即して政権の外交・安全保障政策の評価を整理しておきたい。

（2）リベラルな国際秩序とアメリカの覇権

　第1の論点については，アメリカのGDPや軍事費など物的パワーを重視するリアリズムと，国際秩序における指導力を重視するリベラリズムとが対峙している。リアリズムの議論では，アメリカは物的パワーの相対的優位を失いつつあるため，中東や欧州，東アジアから米軍，とりわけ陸軍を撤退させ，それぞれの地域の国々に地域の安全保障を任せ，地域覇権国が出現しそうになった場合にのみ，アメリカ本土から空海軍を派遣して地域の勢力均衡を回復するオフショア・バランシング戦略を採用すべきだとされる（レイン[2011]）。他方，リベラリストは，覇権の源泉は物的パワーだけではなく，NATOやWTOなどの国際制度を通じた国際的リーダーシップにあるとする。アメリカはその圧倒的なパワーを自ら国際制度に拘束し，追随する国々がこの制度に参加して共通のルールに従う多国間主義に基づく国際制度を構築した。そして，中国やロシアもアメリカの構築した国際秩序の受益者になっており，リベラルな国際秩序は今後も繁栄し続けるという（Ikenberry [2011]）。これに対し，リアリストはアメリカの国力とリベラルな国際秩序の盛衰との間には切り離せない関係があると反論し（Layne [2012]），リベラリストは，経済，軍事，国際的リーダーシップとしてのソフト・パワーという3つの側面から見れば，アメリカの優位は揺るぎないと主張する（ナイ[2015]）。

　しかし，オバマ政権の外交・安全保障政策を一見すると，リアリズムの提起もリベラリズムの主張も受容しているかのように思われる。アフガニスタンや

イラクからの撤退や武力行使に対する慎重な態度は，対外関与の縮小を求めるリアリストの提起に従っているかのように見える（Walt［2014-b］）。こうした戦略的抑制（strategic restraint）の一方で，オバマはロシアのクリミア編入を「自由と民主主義という理念と自国民中心主義という古い理念との対決」と非難した（Obama［2014-a］）。すなわち，オバマ政権には「アメリカはリベラルな国際秩序を主導する不可欠の国」という自負がある。では，こうした自負は，単なる建前にすぎないものであるのか，あるいは何らかの内実を伴ったものなのであろうか。

（3）オバマ政権の外交ドクトリンをめぐる論争

　第3の論点については，「アメリカは世界の警察官ではない（Obama［2013-a］）」という発言に象徴されるオバマ外交の消極性をめぐって活発な議論が進められている。批判的な議論では，オバマ外交はビジョンなき撤退外交であり，短期的な情勢に左右されて戦略的一貫性のない対応を続けた（Lizza［2011］Gelb［2012］）結果，力の真空を生んで現状変革勢力の挑戦を招いたとされる（スティーブンズ［2015］）。その一方で，政権の優先課題は国内経済の立て直しにあり，ゆえに外交問題が国内政策の妨げにならないよう，国際的な撤退や和解という間違ったアプローチを優先してきたという批判もある（Dueck［2015］）。肯定的な立場からは，オバマ外交には一貫した戦略があり，それは撤退ではなく変化した世界に対する合理的な対応であり，中東から東アジアに外交資源を振り向け，対外政策と国内政策との資源配分の均衡を回復する取り組みだとされる（Haass［2014］Nakayama［2015］）。この点について，オバマ自身は撤退論を明確に否定し，今日の世界では好戦的な言辞や軍事力の見せつけは無意味だと主張している（Obama［2015-d］）。そして，自らの外交哲学をルールに基づく国際システムを構築するために外交を活用するリアリズムだと主張した（Obama［2015-a］）。

　以上のように，オバマ政権の外交政策についてはその理念や政策アプローチの是非をめぐり，激しい論争が繰り広げられている。評価が大きく割れる理由の一端は，オバマの国際政治観が主要な国際政治理論であるリアリズムの世界観とはかけ離れているからである。オバマ自身は自らの外交哲学をリアリズム

だと述べている（Goldberg [2016]）が，オバマの言うリアリズムとは善意だけでは世界は変わらず，敵味方を冷静に峻別すべきだという哲学的懐疑主義であり，国際政治学で言われるリアリズムとはまったく別物である（Bew [2016]）。しかし，多くの場合，リアリズムの意味内容が吟味されずに議論がなされ，混乱が生じている。以下，本章ではオバマ外交の理念を「無極化する世界への先制的対応」と特徴づけ，その国際政治理論上の位置づけについて分析する。次に，3つの時期に区分してその展開を概観し，上記の3つの論点について分析していきたい。

2　オバマ政権の外交ドクトリン──無極化する世界への先制的対応

（1）無極化する世界

オバマ政権の外交ドクトリンの第1の特徴は，今日の世界は様々なパワーを持つ多数のアクターが複雑なネットワークによって堅く結びつけられたネットワーク化した世界（スローター [2009]）ないしは無極秩序（Haass [2014]）になったと見ていることである。この世界では，国家によるパワーの独占は解体し，様々なアクターにパワーが拡散している。このためアメリカといえども世界から孤立するのは不可能であり，また，軍事力の有効性が大きく低下しており，単独では世界の抱える問題を解決できない。オバマによれば，ジョージ・W・ブッシュ（George Walker Bush）政権は無極秩序化した世界において，敵対国家に対して単独で武力を用いるという古いやり方で対応して失敗した（Obama [2007-a]）。しかし，今日の外交政策の中心的課題は核不拡散やテロ対策，気候変動問題，世界経済の回復などの越境的問題であり，全ての国々はグローバルな対応の責任を分かち合わなければならない（Obama [2009-d]）。アメリカは圧倒的な軍事的優位を確保しており，アメリカに対する直接的，本質的な脅威は存在しない（Obama [2014-b]）。しかし，その影響力には様々な限界のある世界に直面している。

（2）対話を通じた合意形成と国際秩序

第2に，オバマは「対話を通じた合意形成」という国内政治観を国際政治の

第❾章　外交・安全保障政策

場にも投影しようとする。オバマはコミュニティの形成とそのための熟議や暫定的な妥協を重視する哲学的プラグマティズムを知的バックグラウンドとしており（クロッペンバーグ［2012］），異なる集団の間で利害対立があったとしても対話によって共通の利益を見出し折り合うべきだと考える。しかし，批判者にとってはオバマのスタンスは偽善的である。対立する立場から見ると，オバマは先制的に利害対立の枠組みを設定して妥協点を先取りし，自らを中庸の立場に位置づけ合意を要求する裁定者となる（Antle III［2015］）。他方，交渉による合意形成がうまく行かなかった場合，手をこまねいている傍観者にすぎなくなる。オバマは法やルールに基づいて命令しようとするが，自らの持つ権力を使って合意を強制して秩序を構築しようという発想を持たない（Milbank［2014］）。そして，オバマはこのような政治観を国際社会にも投影し，対話によって相手国との関係性を変化させ（中山［2009］），利害が競合する国々との間でも共通の利益を見出し，ルールや規範を形成しようとしてきた（川上［2015］）。

　したがって，オバマは国際政治においても軍事力を使って秩序を構築しようという発想を持たない。オバマ政権は当初から，G・W・ブッシュ政権の単独行動主義を批判し，国際協調主義を重視した。第1期政権で国務長官を務めたヒラリー・クリントン（Hillary Rodham Clinton）は，アメリカは世界の直面する問題，とりわけ新たな課題に対し，世界各国の協調関係の構築をリードし，公正なルールや規範に基づく国際秩序を構築する不可欠の国であるとし，そうした国際協調をリードする外交政策によってマルチパートナー世界を実現すると述べた（Clinton［2009］）。第1期オバマ政権における外交政策は世界におけるアメリカの役割を縮小すべきだと考えるオバマとその側近たちと，アメリカのリーダーシップによって国際秩序を構築すべきだと考えるクリントンとその側近たちとの2つのルートで進められていた（Mann［2012］）。クリントンが国務長官を辞した後，オバマ政権はルールや規範による秩序形成に一層傾斜した。オバマは軍事力の行使それ自体を拒絶するわけではなく，無人機や特殊部隊によってテロリストや犯罪者を殲滅する対テロ作戦については飛躍的に拡大させている（Rohde［2012］Goldsmith and Waxman［2014］）。しかし，国際秩序の形成のためにパワーや軍事力をも用いることは「好戦的な言葉や軍事力の見せつ

け (Obama [2015-d])」だとし，もはや有効性を失った古いやり方だと考えている。

（3）内政第一主義

第3に，内政第一主義である。オバマの優先目標は国内アジェンダ，とりわけ医療保険改革や環境問題，金融規制などのリベラル色の強い政治課題の前進である（Krauthammer [2009]）。また，今日の無極秩序においてはアメリカですらその対外的影響力には限界があると考えている。したがって，無意味な関与を回避し国力を温存する戦略的抑制が対外政策の基本スタンスとなる（Haass [2014] Nakayama [2015]）。オバマ政権の外交政策の意思決定の特徴は中央集権的かつ遅延する傾向にあるとされるが，それは，国内での政治リスクを最小化するためにごく少数のインナーサークルのみで意思決定しているからである（Dueck [2015]）。オバマは対テロ戦争の終結を宣言した演説で，アメリカの強さの基盤はアメリカ社会の自由な機会にあり，市民にこそ投資して国家建設に注力すべきだと述べた（Obama [2011-d]）。また，2015年のインタビューでは，自分の政治的遺産はアメリカ経済の回復と2つの戦争を終わらせたことだと述べている（Obama [2015-b]）。この点については，短期的な視点から，内政のために外交を疎かにしてアメリカの対外的信頼を毀損したという評価（Dueck [2015]）と，長期的な視点から，国力の回復のために対外関与を効率化したという評価（Haass [2014]）とに分かれてくる。オバマ自身は撤退論という批判に対し，アメリカの用いる手段が問題解決に役に立つのかという観点から評価されるべきだと反論している（Obama [2015-a]）。

以上のように，オバマ政権は，今日の世界は大国の対外的影響力，とりわけ軍事力の有効性が著しく低下した無極秩序であると考えており，したがって，無意味な対外関与はなるべく回避して国力を温存しつつ，対外的には先制的に合意点や妥協点を提示して，諸外国とのパートナーシップや国際的なルールを形成して問題解決にあたるべきだと考えている。本章では，こうしたオバマ政権の外交政策の理念を「無極秩序に対する先制的対応」と呼ぶ。次に，オバマ政権の外交政策の理念が国際政治理論上ではどのように特徴づけられるのか，検討していこう。

(4) 相互依存論との類似性

まず、オバマ政権の国際秩序像は、リベラリズム、とりわけかつてロバート・コヘイン（Robert O. Keohane）とジョセフ・ナイ（Joseph S. Nye）が理念型として提示した複合的相互依存に酷似している。コヘインとナイによれば、第2次大戦後の西側先進国間関係は国家間の相互依存の進展によって大きく変化した。伝統的な国家間関係はリアリズムの理念型、すなわち、国家は一枚岩のように結束して行動し、国家間では軍事・安全保障問題が最優先の課題であり、国家の力の源泉も軍事力にあると考えられてきた。これに対し、複合的相互依存の理念型では、国家間には貿易や通貨、環境など多数の論点があり、したがって、国家は一枚岩ではなく、異なる社会を結びつける経路も多数であり、また、それらの論点の間で序列はつけられず、軍事力も相対的な影響力しか持ちえない。そして、国際組織やルール、規範による国家間協調の可能性も飛躍的に大きくなった（コヘイン、ナイ［2012］）。

コヘインとナイの提起は非常に重要な問題提起として受け止められたものの、多くの国際政治学者はリベラリストですら基本的には国家、とりわけ大国の役割を中心に国際秩序を論じてきた。また、ナイとコヘインも、複合的相互依存を提起した目的はリアリストの理論を放棄することではなく、より包括的な理論的枠組みの構築を目指したものだと述べている。すなわち、複合的相互依存は主に西側先進国の国家間関係に当てはまる現象であり、国際政治全体に当てはまるものではない。

(5) 三圏域論

では、リアリズムの理念型と複合的相互依存の理念型とは、実際にはどのような関係にあるのだろうか。この問題に取り組んだのが、ポスト冷戦の包括的な世界像を描こうとした三圏域論である（クーパー［2008］；田中［1996］）。三圏域論によれば、ポスト冷戦の世界は、民主化と経済発展の進んだ先進民主主義諸国からなるポスト近代圏と、近代化途上にある中国やロシアなどの途上国からなる近代圏、国家建設に失敗して近代化から脱落した中東やアフリカなどの諸国からなるプレ近代圏の3つの圏域に分けられる。ポスト近代圏の国々は基本的にナショナリズムを克服しており、敵対国家からの軍事的脅威である伝統

的脅威よりは,テロや環境問題などの越境的問題である非伝統的脅威の方が深刻な問題として認識される。他方,近代圏の国々ではナショナリズムが高揚しており,非伝統的脅威よりは伝統的脅威の方が優先される。とりわけ,非伝統的脅威への対応を理由とした内政干渉に対しては強く反発する。プレ近代圏においては破綻国家や失敗国家によって社会秩序そのものが崩壊しており,国家建設が最大の課題となっている。したがって,法や規範に基づく国家間協力,すなわち複合的相互依存の論理は主にポスト近代圏に当てはまり,国益と軍事力に基づく国家間対立,すなわちリアリズムの論理は主に近代圏にあてはまる議論だということになる。

この論者の1人であるロバート・クーパー(Robert Cooper)によれば,アメリカはポスト近代圏を上から見下ろす守護者という特別の地位にある。その圧倒的な軍事力のために,アメリカにとって伝統的な脅威,すなわち直接的な脅威となる国家は存在しない。したがって,アメリカは非伝統的な脅威を重視した安全保障政策を一方的に進めようとする。このため,アメリカの同盟国でもあるポスト近代圏の国々や,台頭しつつある近代圏の国々との間では,安全保障をめぐる認識のギャップが存在する。とりわけ,2008年の世界金融危機以降のポスト近代圏の経済停滞と近代圏の経済的台頭により,ポスト近代圏と近代圏との相互作用が強まり,多極化,すなわち近代圏への部分的な回帰が進んでいる(山本・納屋・井上・神谷・金子[2012])。よって,中国やロシアの周辺に位置するポスト近代圏の国々にとっては中国やロシアが軍事的な脅威として認識されるようになる。他方,中国やロシアにとってはアメリカそれ自体が最大の軍事的脅威である(藤木[2010])。

(6) オバマ外交の二面性と認識ギャップ

三圏域論の整理に基づけば,オバマ政権の外交政策理念も「ポスト近代圏の守護者」の抱く1つの考え方だということになる。オバマ政権は,今日の世界においてはポスト近代圏の論理が優勢になっていると評価し,近代圏の論理,すなわち,軍事力による抑止やプレゼンスといった外交における軍事力の意義を極端に軽視している。大戦略や外交課題に優先順位がないなどの批判(Walt [2014-a])も,パワーや軍事力を中心にした大国外交,すなわちリアリズムに

対するオバマの無理解に向けられたものである。その反面，オバマはポスト近代圏で重視されている脱国家的課題，すなわち経済や気候変動問題，テロや大量破壊兵器の拡散などについては積極的に対応している。つまり，オバマ政権の外交政策には，対話や交渉によって共通のルールや規範を構築しやすい課題における大胆さと，軍事力や駆け引きによって秩序や均衡を構築すべき課題における抑制的な姿勢とが共存している。

しかし，国際政治学における主要な理論は近代圏の論理，すなわちリアリズムである。オバマが述べるように，アメリカは圧倒的な軍事力を保有しており，アメリカに対する直接的な軍事的脅威は存在しない。したがって，アメリカ一国の観点からは，軍事・安全保障問題における消極的な姿勢は大きな問題とはならない。しかし，中国やロシアなどの現状変革勢力，そしてそれらの国々と対峙するアメリカの同盟諸国からはアメリカが隙を見せたと評価され，多くの専門家からオバマは国際政治についての無理解を批判されることになった。では，オバマ政権が追求した軍事力なき覇権，あるいはルールに基づく秩序構築の取り組みはどのように展開したのであろうか。

3　中東からアジア太平洋へ
―――「アメリカ外交の再均衡」という物語（2009年～2012年3月）

（1）演説外交と対テロ戦争終結宣言

本節では，オバマが大統領に就任した2009年1月から2012年3月までの時期における外交政策の展開を分析する。この時期における政権の優先的な外交課題はG. W. ブッシュ政権の残した課題，すなわち対テロ戦争から効率的に手を引き，アメリカ外交の資源や態勢の再均衡，新たな課題への取り組みを進めることであった。就任当初のオバマは活発な演説外交によって，G. W. ブッシュ政権が毀損したアメリカの対外イメージの回復に務めた。4月のプラハでの演説では核廃絶への理想とそのための具体的な取り組みを提起し（Obama [2009-b]），G. W. ブッシュ政権末期に悪化したロシアとの関係修復に取り組み，米ロ間での核軍縮交渉を進めた。また，6月にカイロで中東政策についての演説を行い，イスラーム教に対する尊重と対話の姿勢を強調した（Obama

[2009-c])。

イラクについては2007年2月に米軍が対反乱作戦（Counterinsurgency : COIN）を採用して地域の有力者の支持を獲得して民兵を組織させ，治安維持に活用することで現地の治安は劇的に改善していた。この成果を前提に，2009年2月，オバマはイラクからの撤退計画を発表し，2010年8月末までに戦闘部隊の撤退を完了し，その後はイラクの国家建設への支援を継続するとした。米軍は当初の予定通りに撤退を進め，2011年末までに撤退を完了させた（ドッジ［2014］）。

これに対し，アフガニスタンについては軍の主張するCOINを採用して大部隊を駐留して治安を回復するのか，無人機と特殊部隊によるテロリスト殺害に限定した外科的作戦にとどめるのかで激しい議論が続けられた。2009年12月にテロリストを標的にしつつ，主要な地域を保護するという折衷案が発表され，18カ月間という期限つきでの増派が決まった。しかし，米軍が進出した地域でタリバンやテロリストを排除しても，ハミド・カルザイ（Hamid Karzai）政権が現地住民の支持を獲得できないという一進一退の状況が続いた。2011年5月，オバマはパキスタンに潜伏していたオサマ・ビンラディン（Usama Bin Laden）の殺害を契機に，イランとアフガニスタンでの対テロ戦争の幕引きを図った（Obama［2011-d］）。オバマ政権は今後の対テロ戦略を，世界中のテロリストに対する果てしのない対テロ戦争ではなく，アメリカに直接敵対するテロリストのネットワークに絞った外科的作戦に切り替えると発表した（Brennan［2011］）。

（2）アジア基軸戦略への旋回

アジアでは，クリントン国務長官のリーダーシップの下でこの地域の優先順位を引き上げ，台頭する中国が地域の安定を強化するように促しつつ，同盟国や地域の国際機関との関係を強化しようとした（Bader［2012］）。当初，オバマ政権は金融危機対策や気候変動問題などのグローバルな課題での協力を引き出すために，中国に対して融和的姿勢で臨んだ。前政権の対話枠組である米中戦略経済対話を拡充し，国務長官と財務長官が参加する米中安全保障・経済対話（Security & Economic Dialogue: S&ED）とし，年1回のペースで開催することを決めた。しかし，気候変動問題や人民元切り上げ問題などで中国からの譲歩を引き出せず，さらに，台湾への武器売却問題や南シナ海問題などで対立を深

め，対中関係は悪化した。クリントン長官は2010年7月のASEAN地域フォーラムにおいて「南シナ海の航行の自由はアメリカの国益」だと述べ，中国を強く牽制した。

　一方，東アジアにおける多国間外交を飛躍的に強化した。アメリカは2009年7月に東南アジア友好協力条約に署名し，東アジア首脳会議（East Asia Summit：EAS）への参加希望を表明した。オバマ政権は東アジアに存在する多様な地域枠組みに積極的に関与し，自由と民主主義，貿易や航海の自由などの国際的なルールや規範に基づく地域秩序を構築していこうとした。

　2011年11月，クリントンやオバマら政権の高官が，アメリカの外交資源をアジアに集中させるアジア基軸戦略を打ち出した。アメリカは国際的な法や規範，貿易と航海の自由が尊重される地域秩序を構築するために，(1)日本やオーストラリアなどの二国間同盟の近代化と中国やインド，インドネシアなどとのパートナーシップの強化を進め，(2) ASEAN や ASEAN 地域フォーラム，アジア太平洋経済協力（Asia-Pacific Economic Cooperation：APEC），EAS，環太平洋パートナーシップ協定（Trans-Pacific Partnership：TPP）などへの関与を強化し，(3)アジア太平洋における米軍のプレゼンスを北東アジアから南シナ海やインド洋などの海上交通の要衝を重視する態勢に転換するとしていた（Clinton [2011]；Obama [2011-e]）。

（3）アラブの春とオバマ外交のジレンマ

　2010年12月以降，チュニジアで始まった反政府デモをきっかけに「アラブの春」と呼ばれる巨大な政治変動のうねりがアラブ世界全体に広まった。既にオバマ政権内部では，中東での政治的変革に備えた議論が進められていた。オバマはその場で権威主義国家による市民の抑圧が強化されれば，それらの国家を支持するアメリカに対する地域の市民や国際社会からの信頼を失うかもしれないと述べ，軍事的・経済的利害と政治的自由化とのトレードオフの存在を指摘していた（Mann [2012]；Lizza [2011]）。

　親米独裁政権の支持か民主化支援かというトレードオフは，エジプトで大規模な反政府デモが発生し，長年の同盟者であったホスニ・ムバラク（Muhammad Hosni El Sayed Mubarak）大統領の去就が問題になった時に顕在化した。

オバマ政権は当初，ムバラク政権に対して平和的な対応を促していたが，その後，デモを支持しムバラクの退陣を求めるスタンスに切り替えた（Obama [2011-a]）。

リビアでは軍事的・経済的利害と人道的介入とのトレードオフが問題となった。ムアンマル・アル-カダフィ（Muammar Al-Qaddafi）政権は反政府デモに苛烈な弾圧を加え，その結果，政治混乱は内戦に発展したが，カダフィは非力な反政府軍に対する一方的な攻撃を続けた。リビアの内戦は人道的な危機を招いているとして，アラブ諸国や欧州諸国からアメリカの人道的介入を求める声が高まった。しかし，リビアはアメリカの同盟国ではなく，アメリカの戦略的な利益もないため，オバマ政権内部ではリビアへの人道的介入をめぐって意見が分かれた。オバマは地上軍の派遣はせず，索敵や情報分析，兵站の支援を行い，欧州諸国と共に空爆を実行する決断を下した。オバマは多国籍かつ効果的な人道的介入を実現したと自賛したが（Obama [2011-b]），腰のひけた「後方からの指導（leading from behind）」だと批判する声もあった。

2011年5月，オバマはアラブの春に関する演説を行い，中東の政治変動を政権の政策枠組みに位置づけようとした。まず，オバマは，長く続いたアルカイダとの戦闘は終わりに向かっており，イラクとアフガニスタンからの撤退を進めていくと述べた。そして，テロリズムの打倒，通商の保護，イスラエルの安全保障などのアメリカの狭い国益だけではなく，たとえ短期的にはこれらの利益に反したとしても，各国における民主化の動きを支持していくと述べた（Obama [2011-c]）。こうして，オバマ政権は，アメリカの軍事的・経済的利害と各国の民主化とのトレードオフに配慮しつつ，現地の状況に合わせて柔軟に対応していく立場を打ち出した。政権の中東政策に対し，一貫性がないという批判もなされたが，この時期まではおおむね政権の外交理念に沿った対応を打ち出せていたと言えよう。

4　現状変革勢力の挑戦と物語の解体——2012年4月～2014年8月

本節では現状変革勢力の挑戦，すなわち，中国の大国外交，中東の政治的混乱とイスラーム国の台頭，ロシアのクリミア併合などにより，リベラルな国際

秩序が不安定化し，これに対するオバマ政権の消極的な対応が国内外で批判された2012年4月から2014年8月までの時期を検討する。この時期においては，当初，オバマが提起した政策枠組が国際社会の大きな変動や現状変革勢力の巧みな戦術によって乗り越えられ，対応の不備が顕在化した。中東での戦争に幕を下ろし，アジアに政策資源を集中するという鮮やかな政策転換もすっかり色あせ，一貫性のない撤退外交が力の真空を生み，現状変革勢力の攻勢を招いていると批判された。

(1) 中国の挑戦――新型大国間関係と地域秩序構想

　アジア太平洋地域においては，アジア基軸戦略に対する中国の反転攻勢が始まった。2012年4月，中国とフィリピンが領有権を争っている南シナ海のスカボロー礁において，フィリピン海軍の軍艦と中国の巡視船がにらみ合う事態が生じた。中国の巡視船は政府間での撤退合意後も現場にとどまり続け，スカボロー礁からフィリピン船を排除し，管理下に置いてしまった。中国はこの事件以降，本来は海洋犯罪を取り締まる巡視船を海洋領有権の主張に活用し，紛争のエスカレートや米軍の介入を回避しつつ，南シナ海の島嶼の支配を漸進的に進めていくサラミ・スライス戦術を強行し始めた。さらに，南シナ海問題でASEAN諸国が足並みを揃えないよう，援助や経済的圧力を活用してフィリピンやベトナムなどの係争国とそれ以外の国々との分断を図った。他方，対米関係については，胡錦濤（Hu Jintao）国家主席が5月に訪米し，米中間での「新型の大国間関係（a New-Type Relationship between Major Countries）」を構築すべきだと述べた。中国の説明によれば，アメリカと中国は新興大国が先行大国に挑戦して戦争が起こる「ツキジデスの罠」を回避するために，相互の中核的な利益を尊重し，相互の利益に基づく協力関係を進めるべきだとされた（藤木[2013]）。

　中国の攻勢に対し，オバマ政権の対応は精彩を欠いた。中国はアメリカとの経済的相互依存関係の利益を強調しつつ，領有権紛争の烈度を低レベルに抑え込み，海洋紛争問題を周辺化しようとした。アメリカでは，アジア基軸戦略を構想し中国との軍事・安全保障問題を重視したクリントンが2013年2月に辞任し，後任の長官にはジョン・ケリー（John Forbes Kerry）が就任した。ケリー

は軍事・安全保障問題よりは経済・社会問題を重視し、また、アジアよりは中東に対する経験や関心が大きかった (Sutter, Brown and Adamson [2013])。アメリカはアジアの海洋問題に対して慎重な態度で臨み、「領土問題には中立」という立場を強調するようになった。日本やフィリピン、ベトナムなどの係争国の懸念は高まった。

　2013年3月に胡錦濤の後を継いで国家主席に就任した習近平 (Xi Jinping) は、アジアにおける中国独自の地域秩序を目指して周辺外交を強化した。習は2014年5月に「アジアのための新しい安全保障概念」に関する演説を行い、「アジアにおける問題はアジアの人々の手で処理すべきであり、アジアの安全はアジアの人々の手で守られるべきである」と述べ、域外国、すなわちアメリカの介入を排除し、対話と協力を通じて紛争を解決し、経済発展と安全保障の両立を目指すべきだと主張した。習の構想では、アジアの安全保障は経済発展の持続が鍵であり、したがって、アジアの経済発展を牽引する中国こそが、アジアの安全保障の主要な供給者となる。こうして、周辺各国を中国との経済的相互依存の網の目に絡め取り、中国の領有権主張などの核心的利益を受け入れさせ、中国を中心とした地域秩序を形成する (Cohen [2014] Heath [2014])。その後、中国は東アジア地域包括的経済連携 (Regional Comprehensive Economic Partnership：RCEP)、一帯一路構想、アジアインフラ投資銀行 (Asian Infrastructure Investment Bank：AIIB) など、矢継ぎ早に周辺諸国・地域との経済協力構想を打ち出していった (藤木 [2016])。

（2）中東――国家の解体と混乱

　中東においては、「権威主義政府か民主化運動か」というオバマ政権の当初の想定を越えた事態が進展した。エジプトでは、大規模デモによって独裁政権が倒された後、選挙によって多数派となったムスリム同胞団のムハンマド・モルシ (Mohamed Morsi) が大統領となった。しかし、経済政策に失敗し、強権的な政治を進めたために国民の反発と軍によるクーデターを招いた。また、リビアではカダフィの殺害後、各地の反政府勢力間での内戦が始まった。権威主義国家の解体は民主化ではなく、党派政治や内戦に帰結する可能性の高いことが明らかとなり、オバマ政権はアメリカの軍事力や外交力をもってしてもコン

トロール不可能な事態にどのように対処すべきかという問題に直面した。

シリアでは，2011年に始まったバシャル・アル-アサド（Bashar al-Assad）政権に対する抗議行動が内戦に発展した。当初，オバマはアサドの残虐行為に対し経済制裁を課してアサドの退陣を求めた。しかし，シリアの内戦は長期化し，複数の武装勢力がシリアを分割して多くの難民が発生した。長引く内戦を前に，アメリカの軍事介入を求める声が高まったが，オバマはアサドが化学兵器を使用しなければ軍事介入はしないと主張し続けた。ところが2013年8月，アサドが反政府勢力に対して化学兵器を使用していたことが判明すると，オバマは化学兵器の使用は国際法違反であり，これを見過ごせば他の独裁者やテロ組織も化学兵器を使おうと思うかもしれないとして，アサド政権に対する限定的な軍事攻撃はアメリカの国家安全保障上の利益だと主張した。その一方で，シリア問題は差し迫った脅威ではないため議会の支持を求めたいと述べ，アメリカは世界の警察官であるべきではなく，平和的解決のためにシリアの化学兵器を国際管理下で廃棄するというウラジミル・プーチン（Vladmir Vladimirovich Putin）の提案を協議する時間を議会に対し要請した（Obama［2013-a］）。不必要なレッドラインを不用意に口にし，それが乗り越えられると果断に決断できずに右往左往するオバマの姿には批判が集中した。

イランでは，2012年6月に穏健派のハサン・ロウハニ（Hassan Rouhani）が大統領に就任し，アメリカとイラン双方が核開発問題をめぐる交渉を本格的に前進させるきっかけとなった。オバマは当初から，最低10年間，イランが核兵器に必要な核物質を蓄積するのに1年かかる状態を維持することをレッドラインとしていた（Lakshmana［2012］）。2013年9月，オバマは国連での演説で，平和で繁栄する中東と北アフリカはアメリカの利益だが，それはアメリカの一方的な行動，とりわけ軍事力では実現できないと述べ，地域の不安定化の主要因であるイランの核問題とパレスチナ問題に注力するとした（Obama［2013-b］）。11月，イランと国連安保理常任5カ国プラス・ドイツ（UN Security Council's five permanent members plus Germany：P5＋1）は，イランが核開発の一部を凍結し，P5＋1が一部の制裁を解除し，その間に最終合意の交渉を目指す中間合意を成立させた（Katzman［2015］）。

イラクでは，初代首相に就任したシーア派のヌーリ・マリキ（Nuri al-Maliki) がスンニ派を排除する党派政治を強行した (ドッジ [2014])。排除された政治エリートの一部，とりわけサダム・フセイン (Saddam Hussein) 政権で軍や情報機関に所属していたスンニ派エリートはイラクに流入してきたテロ組織と組み，かつての旧カリフ制国家の再興を目指すイラク・レバントのイスラーム国 (Islamic State in Iraq and the Levant : ISIL) を創設した。ISIL はマリキ政権に不満を持つスンニ派の部族や住民の支持を受け，イラクとシリアに跨がる地域でその勢力を瞬く間に拡大した。2014年6月，ISIL がイラク軍を撃退して主要都市の1つであるモスルを占拠するという衝撃的な事態が生じた。こうして，オバマ政権の中東政策は大幅な見直しを余儀なくされた。

(3) ロシア——ウクライナ干渉と勢力圏構想

2014年2月，ウクライナでの政変をきっかけにウクライナ危機が発生し，アメリカとロシアの関係は新冷戦と言われるほどに悪化した。もともとウクライナは独立以来，親欧米勢力と親ロ勢力とが党派的な対立を続ける一方で，民主化を支援する欧米諸国と，ウクライナを自国の勢力圏に留めておきたいロシアとの地政学的なせめぎ合いの場となっていた。ロシア派のヴィクトル・ヤヌコビッチ (Viktor Fedorovvch Yanukovych) 政権がマイダン革命によって崩壊すると，プーチンは黒海艦隊の基地があるウクライナ領クリミアを一方的にロシア領に併合した。そして，ヤヌコビッチ政権の転覆を図ったネオナチや反ロ勢力や，彼らを使って世界各地に民主主義や自由を押しつけてきた欧米諸国にこそウクライナの混乱の責任があると批判した (プーチン [2014])。オバマはロシアのクリミア併合を自由と民主主義に基づく国際秩序に対する挑戦だと決めつけ，ロシアの行動を狭隘な自国民中心主義だと非難し，経済政策と対話によって対応すると述べた (Obama [2014-a])。さらに，5月にウクライナ東部のロシア派武装勢力がウクライナからの独立を宣言し，ウクライナ政府軍との間で武力衝突が発生した。ロシアはこれらの分離主義勢力に武器や兵員を密かに供給して支援しており，その後も戦闘が断続的に発生している。

(4) オバマ・ドクトリン——軍事介入と孤立主義のあいだ

2014年5月，こうした一連の事態を受け，オバマは外交政策の基本方針に関

する演説を行った。オバマによれば，アメリカは圧倒的なパワーを持つ超大国であり世界をリードすべき存在であるが，軍事的介入はアメリカのリーダーシップのごく一部でしかない。軍事力はアメリカの中核的利益が脅かされる場合にのみ単独でも行使し，直接的な脅威でない場合は多国間で行使する。そして，最大の直接的脅威であるテロリズム対策の見直しを進め，ロシアや中国の問題行動には国際機関やルールを活用し国際秩序を強化して対応すべきだと主張した（Obama [2014-b]）。

オバマはこの演説で，無限定の軍事介入と孤立主義との中間地点に自らの外交政策を位置づけ擁護した。しかし，軍事介入と孤立主義，あるいは軍事力の行使か外交交渉か，という形式的な二分法は外交を単純化しすぎている（McGregor [2014]）し，軍事力も国際ルールも外交政策の手段であって目的ではない。中国は巡視船や経済的圧力，援助などを織り交ぜて海洋進出を強行し，オバマの二分法の間隙を突いている。ロシアもウクライナ危機に際して非正規兵やサイバー攻撃，メディア工作などを織り交ぜて活用するハイブリッド戦争を活用し，本格的な戦争にならないレベルで紛争をコントロールしている。オバマの冷静さや慎重さを評価する議論もあったが（Zakaria [2014]），外交政策上の戦略的一貫性やその中核的目標，優先順位が示されなかったこと，同盟国やパートナー国の協力を引き出す具体的提起が示されなかった点に多くの批判が集まった（Walt [2014a]）。各地の情勢の悪化によって，「中東からアジアへ」というオバマ政権の基本戦略の妥当性にまで疑問符がつけられるようになった。オバマ政権は，それぞれの地域の同盟国やパートナー国に再保証を行って協力関係を再構築する必要があるが，そのために必要な力強いリーダーシップを示さなかった。

5　オバマ外交の逆襲——2014年9月〜

（1）ドクトリンの定式化——ルールに基づく国際秩序と戦略的忍耐

本節では，2014年9月以降の時期におけるオバマ政権の現状変革勢力への対応を分析する。中東の政治変動，ロシアによるウクライナの間接侵略，中国による地域秩序形成の試みに対し，オバマ政権は明確な対応策を進めるようにな

った。ただし，それらの対応策は自らに対する批判をそのまま受け入れたものではなく，これまで政権が進めてきた外交政策の理念の延長線上で展開された。このため，政権の外交政策をめぐる論争はますます激しくなっていった。

2015年2月，オバマ政権は2015年版の国家安全保障戦略（National Security Strategy 2015：NSS2015）を発表した。NSS2015では，アメリカは経済を再建し比類のない強さを持つが，ルールに基づく国際秩序への挑戦に対しては，戦略的な忍耐と持続性に基づく強力なリーダーシップが必要だとした。そして，第1に，安全保障の問題として，同盟国やパートナー国への再保証や対テロ作戦の遂行，第2に，繁栄の問題として，ルールに基づく開放的な国際経済秩序の形成，第3に，価値観の問題として，とりわけ，民主化勢力に対する権威主義国家の反発への対応，第4に，国際秩序の問題として多様な国際的な制度を発展させ，中国やロシアがそれらのルールや規範を遵守するよう求めていくとした（The White House [2015]）。このように，オバマ政権はNSS2015においても大国間の地政学的競争を否定し，アメリカの直面する多様な挑戦を列挙し，戦略的な忍耐と持続性に基づく効果的な対応を主張した。

(2) 対中東──ISIL攻撃とイラン核合意

2014年9月，オバマは，ISILは純然たるテロ組織であり，包括的かつ持続的な対テロ戦略によって弱体化させ最終的には壊滅させると宣言した。しかし，地上軍は派遣せず，現地のパートナー諸国の地上部隊と協力して対ISIL戦略を実行することを強調した（Obama [2014-c]）。また，国連での演説でも，テロリズム対策はアメリカの外交政策の基本ではなく，ISILに対しても多国間協調によって対応すると述べた。さらにこの演説では，イスラーム諸国に対し，アルカイダやISILのような暴力的過激派のイデオロギーを拒絶すること，テロリストの土壌となるイスラーム社会内部の宗派対立や暴力に対応することを求めた（Obama [2014d]）。オバマはその後のインタビューでも，現地の住民が党派対立を克服しなければアメリカが大軍を派遣しても秩序は一時的に回復するだけだと指摘した。したがって，政権の対応はアメリカの力の限界や撤退策を示しているのではなく，世界がいかに機能しているのかという現実的な評価に基づくものだと述べ，自らの中東政策を正当化した（Obama [2015-a]）。

第❾章 外交・安全保障政策

　イランとの核問題協議は2015年7月に最終合意に達し，包括的共同作業計画（Joint Comprehensive Plan of Action: JCPOA）が発表された。JCPOA は，イランの原子力活動を平和目的に限定し，今後約10年間，核兵器を製造するために必要な時間を1年以上にするための様々な制約と査察を課し，その見返りに国連安保理決議に基づく制裁やアメリカと EU 独自の制裁を解除していく手順を定めたものである。JCPOA に対しては，複雑な査察体制の実効性やイランの地域覇権政策に何らの制限を課すものでもない点について厳しい批判があり，議会共和党は合意に反対するイスラエルのネタニヤフ首相を議会に招き，反対の演説を認めるなど異例の措置を取った。8月，オバマはイランとの核合意についての演説を行い，核合意は軍事行動に訴えることなくイランの核兵器保有を永遠に禁止する歴史上最強の核不拡散合意だと自賛した。また，イランが合意に違反してもアメリカの軍事力で対応できるし，制裁解除によって国力を強化したとしても核兵器さえ持たなければイスラエルをはじめとする地域の国々の力で十分対応できると指摘した。そして，アメリカのパワーとは，軍事力だけではなく諸国家を国際法のシステムに共に拘束する外交的リーダーシップにこそ依拠していると述べた（Obama [2015-c]）。

（3）対中国――TPP 対一帯一路
　東アジアでは，中国に対しては是々非々で対応しつつ，日本をはじめとする同盟国やパートナー国との関係を強化した。中国の提起する「新型の大国間関係」については態度を示さず，個々の懸案での対処や協力を求めつつ，中国の地域秩序構想には対抗する姿勢を示した。具体的には，サイバー問題や南シナ海問題では中国の対処を求め，気候変動問題や二国間投資協定では協力を前進させた。中国は南シナ海で7カ所の岩礁を埋め立て，滑走路や港湾施設を備えた人工島の建設を強行していた。アメリカは，中国が人工島を根拠に南シナ海での主権を主張したり，軍事拠点として活用したりすることに対する懸念を表明したが，聞き入れられないとみるや2015年10月にイージス艦を人工島付近に派遣する示威活動を行った。また，2015年4月，日本との防衛協力指針を改定して日米同盟を強化した。さらに，中国の進める RCEP や一帯一路構想を，重商主義的な経済ルールを決めようとする試みだと批判し，開放的な経済秩序

を形成するためのツールとして TPP を位置づけた（The White House [2015]）。中国が一帯一路構想を実現するための国際金融機関としてアジアインフラ投資銀行（AIIB）の創設を進めると，アメリカは日本とともに不参加の立場を表明した。オバマは，中国と共存共栄の関係を構築しつつ，中国の台頭に対応するために貿易や海洋のルールを強化し，中国と諸外国との公正な関係を促していくと主張している（Obama [2015-a]）。

（4）対ロシア――経済制裁とシリア内戦

ウクライナ危機に対してはロシアに対する経済制裁を継続しつつ，直接の対応はドイツとフランスに委ねた。2014年9月，ドイツとフランスの仲介により，ウクライナとロシア，ロシア派武装勢力とが停戦のためのミンスク合意に署名したが，戦闘は収束しなかった。しかし，オバマ政権は停戦合意には懐疑的で，実際にも戦闘が継続したためウクライナへの軍事支援を開始する可能性を示唆した。アメリカの強硬な姿勢にも推され，ドイツとフランス，ロシアとウクライナ，ロシア派武装勢力は2015年2月に新ミンスク合意を成立させた。

2015年9月以降，ロシアがシリアに軍を展開し，シリア領内での空爆を開始した。ロシアの意図は同盟者であるアサド政権とシリアの軍港を維持すること，同じくアサド政権を支持するイランとも連携して中東地域での主要なアクターとなること，膠着したウクライナ問題を打開するためにNATO諸国に圧力をかけつつ国内世論の支持を調達すること，などとされている。ロシアはシリア和平に向けた国際会議でもアサド政権の存続を主張し，アサドの退陣を求めるアメリカと対立した。11月，パリで100名以上の一般市民が犠牲となる同時多発テロが発生し，イスラーム国が犯行声明を出した。オバマはテロ事件を受けた記者会見において，従来の包括的な対テロ作戦の継続を主張し，返す刀で多くの自身への批判は政治受けを狙った見せかけの強硬策にすぎないと反論した（Obama [2015-e]）。

第❾章　外交・安全保障政策

6　無極化する世界におけるリーダーシップ

（1）外交政策の革新と現状変革勢力の挑戦

　本章では，オバマ政権の外交・安全保障政策の理念を「無極化する世界に対する先制的対応」としたうえで，その展開を3つの時期に区分して分析した。最後に以上の分析をふまえ，冒頭で示した3つの論点，(1)リベラルな国際秩序とアメリカの覇権の衰退，(2)現状変革勢力の挑戦とその影響，(3)オバマ政権の対応策への評価，について検討する。

　オバマ政権は，今日の世界はアクターの多様化やネットワーク化の進んだ無極秩序だと考え，変化した世界にふさわしい外交政策の革新を進めようとした。オバマは，対話による合意形成という自らの政治信条を国際政治にも投影し，諸外国との共通の利益を見出し，ルールや規範を形成してルールに基づく国際秩序を強化しようとした。このため，オバマ政権の外交政策は，非伝統的な脅威や非軍事的な課題に対する果敢な対応と，伝統的な脅威や地政学的問題に対する消極的な対応という対照的な特徴を併せ持つ。そして，現状変革勢力の挑戦についても，極力これらを非伝統的な脅威として扱い，非軍事的な手段で対処しようとしてきた。

　現状変革勢力の側もアメリカの軍事力に正面から挑むのではなく，それぞれがアメリカの外交・安全保障政策の隙間を突く巧みな非対称戦を採用している。中国は海洋警察の巡視船や経済制裁などを活用し，ロシアは民兵やサイバー兵器，メディア工作などによるハイブリッド戦争を進めている。ISILなどのテロ組織も国家による秩序形成に失敗した地域に入り込み，現地の混乱を「盾」として活用している。さらに，アメリカが死活的に重要な利益だと認識しない範囲を見極めつつ勢力を拡大しており，アメリカが本格的な武力行使を決断するには費用対効果が見合わない「挑戦」だと見なされることになりがちである。何よりも，オバマ自身がアメリカの中核的利益が脅かされない限り単独での武力行使はしないと述べて自ら手を縛り，現状変革勢力が非対称戦を活用する余地を広めてしまった。

（2）対中政策——軍事的対応の不足と非軍事的対応の「過剰」

しかし，オバマ政権は国際機関やルール，非軍事的な手段での対応については，しばしば攻撃的と言っても良いような積極性を示した。まず，中国への対応から検討しよう。中国はリベラルな国際秩序を，先進国主導のルールを途上国に一方的に押しつける不平等な秩序だと見ている。そして，これに代わる中国を中心とする秩序として，中国と周辺途上国との二国間関係の束としての地域秩序を構築しようとしている（ジェイクス［2014］）。この秩序における理念は経済的相互依存と内政不干渉である。中国の秩序構想はリベラルな国際秩序とは異なり，民主化や法の支配などの高度な統治能力が求められない分，途上国にとっては魅力的な反面，中国の行動を縛るルールや制度が存在しない点には懸念を持たれることになる（西村［2015］）。

こうした中国の秩序構想について，オバマは閉鎖的かつ重商主義的な経済ルールへの書き換えを目指すものだとして，激しく批判した。そして，TPPをその対抗措置と位置づけ交渉の成立を強力に後押しした。また，AIIB構想についてもヨーロッパ諸国の参加を引き留めようとし，日本とともに創設メンバーに加わらなかった。こうした対応については，安全保障の領域における米中間の競合関係と，経済の領域における互恵関係との区別を無視し，安全保障では宥和路線を，経済では対決路線を追求する誤った政策だとする批判が加えられた（Miller［2015］）。

（3）ロシア——戦略的忍耐

ロシアもリベラルな国際秩序に対する不満を大義名分としている。プーチンは，2014年10月に自らの世界秩序観についての演説を行い，今日の世界秩序の混乱の原因は冷戦後のアメリカの武力行使や内政干渉，プロパガンダにあると非難し，諸国家の主権や国益が相互に尊重されあう多極秩序の実現を訴えた（プーチン［2014］）。プーチンの批判はアメリカの対外政策の問題点を突いている面もあるが，自らがウクライナの主権を侵害し，周辺国をロシアの勢力圏と見なしている点で自己矛盾に陥っている。また，ウクライナやシリアでは軍事力を果断に行使して短期的には影響力を拡大しているが，ロシア経済社会の脆弱性のゆえに長期的な経済発展の展望を持てない現状では，却って自国の経済

的負担を増やし，自分で自分の首を絞めているとも言える。

　そして，ロシアに対するオバマ政権の対応は，ロシアの長短をふまえている点では的確なものである。ウクライナへの間接侵略に対しては経済制裁を強め，ロシアが本気で停戦や撤兵に応じる気がないことを見透かすと交渉にも応じない。シリア問題でもISIL打倒のための大同団結というプーチンの提案には応じず，ロシアに出血を強いようとした。

（4）中東——第三圏域への対応

　中東問題への対応については，ISILなどのテロ組織と地域秩序とに分けて検討する。ISILなどのジハーディストはごく一部のイスラーム教徒を越えて訴えかける理念をもちえないが，王制や党派政治に不満を持つイスラーム教徒を感化し，テロリストや資金を募る力を持つ（アトワーン［2015］）。そして，イスラーム国の領土的支配やテロ組織による内戦が続く限り，地域の緊張は激化する。

　したがって，短期的にはオバマの言うように犯罪者の集団として孤立させ，封じ込めを強化する以外に有効な手立てはないが，長期的には安定した地域秩序を構築し，社会発展の展望を持てるようにする必要がある。しかし，オバマ政権にはそのための積極的なリーダーシップを発揮する姿勢は見られない。粘り強い交渉の結果，イランの核保有という最大の棘を抜くことには成功したが，イランとの間で共通の戦略的合意を構築できておらず，イランと敵対する湾岸諸国の対米不信は高まっている（Kissinger［2015］）。イランの核保有を阻止して，アメリカが軍事的に撤退する条件を作り出したという議論もあるが（Lynch［2015］），オバマと同様，秩序形成における軍事力の役割を過小評価している。他方，アメリカ本土に対するテロの脅威は過大評価されており，したがって，オバマ政権の当初の計画通り，中東からの撤退を進めてアジアに資源を集中すべきだという評価もありえよう。いずれにせよ，オバマはテロ組織や核問題などの非伝統的課題には果断に対応しつつ，地域秩序の混乱は放置した。

（5）オバマ外交の二面性

　オバマ政権は無極世界におけるリーダーシップを追求する一方で，地政学的

な課題や秩序形成における軍事力の役割を軽視した。そして，アメリカの軍事的負担を軽減し，覇権の基礎である経済の回復に貢献した。現状変革勢力の挑戦も非対称戦のレベルにとどまっており，本格的な武力衝突の可能性は低い。したがって，中長期的な視野で評価すれば，リベラルな国際秩序の再建に一定貢献したと言える。しかし，軍事的な側面でのアメリカの存在感は希薄化した。オバマ政権は現状変革勢力による非対称戦の頻発を放置し，直接的な対応を同盟諸国やパートナー諸国に押しつけた。短期的な視点からは，アメリカの覇権やリベラルな国際秩序に対する諸外国の不信感を高めてしまったと言えよう。

オバマ外交の二面性は，現在，歴史的遺産作りの一環として進行中の核軍縮政策にもよく現れている。5月27日，アメリカ大統領として初めて広島を訪問したオバマは，広島と長崎への原爆投下は人類が克服すべき恐怖の論理の帰結を示す記憶であり，核廃絶の可能性を追求すべきだと訴えた（Obama［2016］）。そして，そのための具体的な政策オプションとして，核兵器の先制不使用や核実験禁止などの検討を進めている。しかし，これらの政策に対しては議会の支持もなく，日本や韓国，イギリスなどの同盟国も非公式に懸念を伝えている。オバマ政権にとっては，核兵器は人類を破滅に導く手段でありグローバルな規範によって廃絶を目指すべき存在だが，それ以外の核保有国にとっては安全保障政策の柱であり，アメリカの同盟国にとってはアメリカの安全保障政策の信頼性を示す中核的存在でもある。こうしたオバマの「先制的対応」が今後どのように評価されるのかは，やはり歴史の審判を待つ必要があるのかもしれない。

注
(1) 東シナ海においても，日本が中国と領有権を争っている尖閣諸島を2012年9月に国有化したことに強く反発し，中国は尖閣諸島周辺への巡視船の侵入を常態化させた。さらに中国は，2013年11月に尖閣諸島を含む東シナ海の広い範囲に一方的に防空識別圏を設定し，領有権の主張を漸進的に強めた。

参考文献
アブドルバーリ・アトワーン［2015］『イスラーム国』春日雄宇訳，集英社インターナショナル。
池内恵［2010］「オバマ政権初年度の中東政策」『国際問題』3月号。

第 9 章　外交・安全保障政策

コラム 9　ヒラリー・クリントン

　第1期オバマ政権で国務長官を務めたクリントンは，1947年にシカゴの典型的な中流家庭に生まれた。学生時代に公民権運動やベトナム反戦運動などに共感し，大学院で知り合ったビル・クリントンと結婚。政治家の妻とやり手弁護士の二役をこなすキャリアウーマンの走りとなった。

　しかし，その人生は計算されたものではなく，成り行きに任せて突き進み，波乱や失敗を経験して成長するプロセスだった。クリントン政権のファーストレディとして国政の場にデビューした当初は，目玉政策である医療保険改革の責任者に任命されて意気込む一方，「細やかに気を配る女主人」という伝統的イメージとのギャップに苦しんだ。失言を重ねるうち，「鼻持ちならないキャリアウーマン」などの負のイメージも定着してしまった。

　1つの転機となったのが1995年の南アジア歴訪であろう。もともと自らの能力や見識に自信があるだけに実務に携わることに拘っていた。しかし，歴訪中の演説が高く評価されて以降，ファーストレディという象徴的な立場を活用して女性や子供など関心のある政策について活発に発信するようになった。上院議員となって以降はファッションもパンツスーツに落ち着き，堅実で洗練されたリーダーというイメージを演出するようになった。

　国務長官としては，大統領予備選で戦ったオバマと良好な関係を築く一方で，スマート・パワーやアジア基軸戦略，インターネットの自由，国務省改革など新機軸を次々に打ち出した。オバマは大量破壊兵器や気候変動など21世紀型の新しい問題を優先したが，クリントンはよりバランスのとれたビジョンを持っており，アメリカのリーダーシップや力の役割を重視する伝統的なタカ派の一面も持つ。これらの点からポスト冷戦期における最高の国務長官の1人だが，歴史に残るほどの重要な成果は上げておらず，「注目とお世辞に取り巻かれたロックスター」だとする辛口の評価もある（Walt［2012］）。

川上高司［2015］『「無極化」時代の日米同盟──アメリカの対中宥和政策は日本の「危機の20年」の始まりか』ミネルヴァ書房，2015年。
ロバート・クーパー［2008］『国家の崩壊──新リベラル帝国主義と世界秩序』日本経済新聞社。
ジェイムズ・クロッペンバーグ［2012］『オバマを読む──アメリカ政治思想の文脈』古矢旬，中野勝郎訳，岩波書店。

ロバート・O・コヘイン，ジョセフ・S・ナイ［2012］『パワーと相互依存』滝田賢治監訳，ミネルヴァ書房。
マーティン・ジェイクス［2014］『中国が世界をリードするとき――西洋世界の終焉と新たなグローバル秩序の始まり』松下幸子訳，NTT出版。
ブレッド・スティーブンズ［2015］『撤退するアメリカと「無秩序」の世紀――そして世界の警察はいなくなった』藤原朝子訳，ダイヤモンド社。
アン=マリー・スローター［2009］「21世紀の国家パワーはいかにネットワークを形成するかで決まる」『フォーリン・アフェアーズ日本語版』2月号。
田中明彦［1996］『新しい中世』日本経済新聞社。
トビー・ドッジ［2014］『イラク戦争は民主主義をもたらしたのか』山岡由美訳，みすず書房。
ジョセフ・S・ナイ［2015］『アメリカの世紀は終わらない』村井浩紀訳，日本経済新聞社。
中山俊宏［2009］「バラク・フセイン・オバマは世界をどう見ているか――『先制的対話外交』を支える思想」『中央公論』11月号。
藤木剛康［2010］「国際秩序の多極化と1年目のオバマ外交」『和歌山大学経済学会　研究年報』14号。
―――［2013］「南シナ海問題をめぐる国際関係の構図（2009〜2012年）――東アジア地域主義の変容」『和歌山大学経済学会　研究年報』。
―――［2016］「アメリカと中国の地域秩序構想――東アジア地域主義の台頭と変貌」『経済理論』384号。
V. V. プーチン［2014］第11回バルダイ会議「世界秩序――新たなルールはあるのか，それともルールのないゲームなのか？」の2014年10月24日の閉会総会におけるプーチン大統領の演説より　在日ロシア大使館ホームページ〈http://www.russia-emb.jp/japanese/embassy/news/2014/10/1120141024.html〉。
山本吉宣・納屋政嗣・井上寿一・神谷万丈・金子将史［2012］『日本の大戦略』PHP研究所。
クリストファー・レイン［2011］『幻想の平和――1940年から現在までのアメリカの大戦略』五月書房。
西村豪太［2015］『米中経済戦争　AIIB対TPP――日本に残された大逆転のチャンス』東洋経済新報社。
Antle III, W. James [2015] "Why Obama Fails", *The National Interest,* January 21.
Bader, Jeffrey A. [2012] *Obama and China's Rise : An Insider's Account of America's Asia Strategy,* Brookings Institution Press.

Bew, John [2016] "The Irony of Obamian History", *Foreign Policy,* March 21

Brennan, John O. [2011] "Ensuring al-Qa'ida's Demise", June 29.

Clinton, Hillary Rodham [2009] "Foreign Policy Address at the Council on Foreign Relations", July 15.

―――― [2010] "Remarks on United States Foreign Policy", September 8, 2010.

―――― [2011] "America's Pacific Century", *Foreign Policy,* November.

Cohen, David [2014] "A Clash of Security Concepts': China's Effort to Redefine Security", *China Brief,* Vol. 14, No. 11.

Dueck, Colin, *The Obama Doctrine : American Grand Strategy Today,* Oxford University Press, 2015.

Gelb, Leslie H. [2012] "The Elusive Obama Doctrine", *The National Interest,* September/October.

Goldberg, Jeffrey [2016] "The Obama Doctrine", *The Atlantic,* April.

Goldsmith, Jack, and Matthew Waxman [2014] "Obama, Not Bush, Is the Master of Unilateral War : The President Must Force. Congress to Vote on His Military Powers", *New Republic,* October 14.

Haass, Richard N. [2014] *Foreign Policy Begins at Home : The Case for Putting America's House in Order,* Basic Books.

Heath, Timothy R. [2014] "China and the U. S. Alliance System", *The Diplomat,* June 11.

Ikenberry, G. John [2011] *Liberal Leviathan : The Origins, Crisis, and Transformation of the American World Order,* Princeton University Press.

―――― [2014] "The Illusion of Geopolitics: The Enduring Power of the Liberal Order", *Foreign Affairs,* May/June.

Kagan, Robert [2014] "Superpowers Don't Get to Retire: What Our Tired Country Still Owes the World", *New Republic,* May 26.

Katzman, Kenneth [2015] "Iran: U. S. Concerns and Policy Responses", *CRS Report,* March 18.

Kissinger, Henry A. [2015] "A Path Out of the Middle East Collapse", *The Wall Street Journal,* October 16.

Krauthammer, Charles [2009] "Decline Is a Choice: The New Liberalism and the End of American Ascendancy", *The Weekly Standard,* Vol. 15, No. 5.

Lakshmanan, Indira A. R. [2015] ""If You Can't Do This Deal … Go Back to Tehran.": The inside story of the Obama. administration's Iran diplomacy", *Politi-*

co, September 25.

Layne, Christopher [2012] "This Time It's Real: The End of Unipolarity and the Pax Americana", *International Studies Quarterly*, 56.

Lizza, Ryan [2011] "The Consequentialist: How the Arab Spring Remade Obama's Foreign Policy", *New Yorker*, May 2.

Lynch, Marc [2015] "Obama and the Middle East: Rightsizing the U. S. Role", *Foreign Affairs*, Vol. 94, No. 5.

Mann, James [2012] *The Obamians : The Struggle Inside the White House to Redefine American Power*, Viking Adult.

McGregor, Richard [2014] "Barack Obama's Cautious Foreign Policy Comes Home to Roost", *Financial Times*, May 14.

Mead, Walter Russell [2014] "The Return of Geopolitics: The Revenge of the Revisionist Powers", *Foreign Affairs*, May/June.

Milbank, Dana [2014] "Conservatives Are Finally Right: Obama Is Not a Dictator. He's a Bystander", *The Washington Post*, October 28.

Miller, Leland R. [2015] "U. S. Economic Policy toward China", The John Hay Initiative, *Choosing to Lead : American Foreign Policy for a Disordered World*.

Nakayama Toshihiro [2015] "Strategic Patience in a Turbulent World: The Obama Doctrine and its Approach to the World", *Asia-Pacific Review*, Vol. 22, No. 1.

Obama, Barack [2007-a] "Renewing American Leadership", *Foreign Affairs*, July/August.

―――― [2007-b] Remarks of Senator Barack Obama, "The War We Need to Win", August 1.

―――― [2009-a] Remarks of President Barack Obama, "Responsibly Ending the War in Iraq", February 27.

―――― [2009-b] Remarks By President Barack Obama In Prague, April 5.

―――― [2009-c] Remarks by the President at Cairo University, June 4

―――― [2009-d] Remarks by the President to the United Nations G. eneral Assembly, September 23.

―――― [2009-e] Remarks by the President in Address to the Nation on the Way Forward in Afghanistan and Pakistan, December 1.

―――― [2009-f] Remarks by the President at the Acceptance of the Nobel Peace Prize, December 10, 2009.

―――― [2011-a] Remarks by the President on the Situation in Egypt, February

1.

―――― [2011-b] Remarks by the President in Address to the Nation on Libya, March 28.

―――― [2011-c] Remarks by the President on the Middle East and North Africa, May 19.

―――― [2011-d] Remarks by the President on the Way Forward in Afghanistan, June 22, 2011.

―――― [2011-e] Remarks by President Obama to the Australian Parliament, November 17.

―――― [2013-a] Remarks by the President in Address to the Nation on Syria, September 10.

―――― [2013-b] Remarks by President Obama in Address to the United Nations General Assembly, September 24.

―――― [2014-a] Remarks by the President in Address to European Youth, March 26.

―――― [2014-b] Remarks by the President at the United States Military Academy Commencement Ceremony, May 28.

―――― [2014-c] Statement by the President on ISIL, September 10, 2014.

―――― [2014-d] Remarks by President Obama in Address to the United Nations General Assembly, September 24.

―――― [2015-a] "Barack Obama: The Vox Conversation", *Vox*, January 23, http://www.vox.com/a/barack-obama-interview-vox-conversation/obama-foreign-policy-transcript.

―――― [2015-b] President OBAMA on Fareed Zakaria GPS, February 1.

―――― [2015-c] Remarks by the President on the Iran Nuclear Deal, August 5.

―――― [2015-d] Remarks by President Obama to the United Nations General Assembly, September 28.

―――― [2015-e] Press Conference by President Obama, Antalya, Turkey, November 16.

―――― [2016] Remarks by President Obama at Hiroshima Peace Memorial, May 27.

Rohde, David [2012] "The Obama Doctrine: How the President's Drone War Is Backfiring", *Foreign Policy*, February 27.

Sutter, Robert G., Michael E. Brown, and Timothy J. A. Adamson [2013] "Balanc-

ing Acts: The U.S. Rebalance and Asia-Pacific Stability".
Walt, Stephen M. [2012] "Is Hillary Clinton a Great Secretary of State?", *Foreign Policy*, July 10.
―――― [2014-a] "What Obama Should Say at West Point, But Won't", *Foreign Policy*, May 27.
―――― [2014-b] "Is Barack Obama More of a Realist Than I Am?", *Foreign Policy*, August 19.
The White House [2015] *National Security Strategy 2015*.
Zakaria, Fareed [2014] "Obama's Leadership Is Right for Today", *The Washington Post*, May 30.

［追記］　本章は和歌山大学経済学部平成27年度研修専念制度を利用した研究成果の一部である。

終章　オバマ政権の経済政策の評価と新政権の展望

河音琢郎

藤木剛康

　本書では，主たる争点とされた政策分野別にオバマ政権の経済政策の特徴を明らかにするとともに，その政策形成過程，政治構造にも着目して分析してきた。序章冒頭に記した通り，未曾有の経済危機への対応の是非，分極政治による政策停滞とそれに対するオバマ政権の政治対応，といった論点をめぐって議論が百出するなか，オバマ政権に対する評価は未だ定まってはいない。それゆえ，本章では，これまでの分析結果を踏まえ，錯綜するオバマ政権評価を整理することにより，オバマ政権の経済政策に対する総体的評価をまとめ，ポスト・オバマのアメリカ政治経済への展望を探りたい。

　まず，オバマ政権8年間の全般的な政治状況を，本書が立脚してきた政策過程論という見地から概括し，民主党統一政府下での第1期（2009〜10年），分割政府下で政策停滞が支配的となった第2期（2011年以降），同じく政策停滞下にありながらも，オバマが次第に反転攻勢を強めた第3期（2013年後半以降）に画期区分する（第1節）。その上で，アメリカ経済再生という課題に対するオバマ政権の政策対応（第2節），オバマが掲げた「リベラルの再生」というアジェンダ（第3節），オバマ・ドクトリンと称されたオバマの外交・安全保障政策と経済政策との関係（第4節），党派間対立の激化とそれに対するオバマ政権の政治対応（第5節），という4つの論点を設定し，本書総体としてのオバマ政権評価を提示する。最後に，目下進行中の2016年大統領選挙での政策論争を踏まえ，オバマのレガシーの行方とポスト・オバマのアメリカ政治経済の展望について考えてみたい（第6節）。

1　オバマ政権の画期区分と全般的な政治状況

　まず，議会勢力の構造，政権の政策パフォーマンスという政策過程論の見地から，オバマ政権期の政治状況を画期区分別に概観しよう。議会との政治的力関係という視角から見ると，オバマ政権の8年間は，2009〜10年までの両院で

民主党が多数を占めた統一政府の時期（第1期）と，2011年以降の下院で共和党が多数派を握った分割政府の時期（第2期）とに区分できる（表終-1）。

第1期において，バラク・オバマ（Barack Hussein Obama II）は，民主党統一政府という政治構図を背景に，アメリカ復興・再投資法（ARRA），医療保険改革法，ドッド＝フランク法といった大規模立法を成し遂げ，自らの掲げたリベラルなアジェンダを前進させた。他方，オバマが呼びかけた「1つのアメリカ」というスローガンとは裏腹に，共和党の一貫した反発に遭うことで政策形成は党派的プロセスをたどった。これに大不況の影響で一向に改善を見せない経済状況が加わり，民主党は2010年の中間選挙で大敗北を喫し，下院多数派の座を共和党に奪われた。政権発足当初68％という高い支持率は，半年後には下落に転じ，以降40％台を行き来する低位安定状況が続いた（図終-1）。

第2期の政策過程を支配したのは，分割政府下での党派間対立の激化とそれによる政策停滞であった。図終-2にあるように，第112議会以降，議会の法案採択数は激減した。両議院で瀬戸際政治が繰り返された財政政策，その施行をめぐって激しく争われた医療保険改革法，包括的移民制度改革の頓挫，といった本書の各章で示された事態は政策停滞の深刻さを物語っている。さらに外交・安全保障政策においても，世界に対するアメリカの役割を再定義するというオバマの野心的なアジェンダは，対外的には中東情勢の混迷やロシア，中国といった現状変革勢力からの攻勢に遭い，国内では外交エリートからの反発を招き，その基本戦略に疑問が投げかけられることとなった。

党派間対立の激化とそれに伴う政策停滞は今日まで続く政策過程の一大特徴であるが，他方でオバマ政権の政策運営という視角からみれば，近年になるにしたがいオバマの開き直りとも見られるような大言壮語の復活と反転攻勢が目立つ。医療保険改革法の本格施行をめぐって激しく争われた2013年9〜10月の予算バトルは，2週間にわたる連邦政府機関閉鎖を招き，共和党の強硬路線への批判が高まり，このことがオバマに反転攻勢の余地を与えた。主要分野での超党派立法が不可能とみるや，オバマは政治資源の投入先を通商政策，産業政策などに移し，アメリカ製造業再生・イノベーション法，貿易促進権限（TPA）といった立法成果に結実させた。また，議会共和党との合意が厳しい分野では，非正規滞在移民に対する国外追放措置の延期，対連邦政府契約企業

終章　オバマ政権の経済政策の評価と新政権の展望

表終-1　歴代大統領と連邦議会の各党議席数（1965〜2017年）

議会会期（年）	大統領（所属政党）	上院			下院		
		民主党	共和党	その他	民主党	共和党	その他
89（1965〜67）	ジョンソン（民主党）	68	32	0	295	140	0
90（1967〜69）		64	36	0	247	187	0
91（1969〜71）	ニクソン（共和党）	57	43	0	243	192	0
92（1971〜73）		54	44	2	255	180	0
93（1973〜75）		56	42	2	242	192	1
94（1975〜77）	フォード（共和党）	61	37	2	291	144	0
95（1977〜79）	カーター（民主党）	61	38	1	292	143	0
96（1979〜81）		58	41	1	277	158	0
97（1981〜83）	レーガン（共和党）	46	53	1	242	192	1
98（1983〜85）		45	55	0	269	166	0
99（1985〜87）		47	53	0	253	182	0
100（1987〜89）		55	45	0	258	177	0
101（1989〜91）	ブッシュ（共和党）	55	45	0	260	175	0
102（1991〜93）		56	44	0	267	167	1
103（1993〜95）	クリントン（民主党）	57	43	0	258	176	1
104（1995〜97）		48	52	0	204	230	0
105（1997〜99）		45	55	0	206	228	1
106（1999〜2001）		45	55	0	211	223	1
107（2001〜03）	G・W・ブッシュ（共和党）	50	50	0	212	221	2
108（2003〜05）		48	51	1	205	229	1
109（2005〜07）		44	55	1	202	232	1
110（2007〜09）		49	49	2	233	202	0
111（2009〜11）	オバマ（民主党）	57	41	2	257	178	0
112（2011〜13）		51	47	2	193	242	0
113（2013〜15）		53	45	2	201	234	0
114（2015〜17）		44	54	2	188	247	0

注1：各政党の議席数はいずれも，各会期前の通常選挙結果の数値である。時々の政党議席数は，議員の死去や辞任，補欠選挙の実施，議員の所属政党の変更，により会期中に変化するが，本表ではそうした変化は反映されていない。

注2：グレー部分は各院内において多数派であった政党を示す。

注3：第93議会（1973〜75年）においては，1974年7月にニクソン大統領が辞任したため，それ以降はフォード副大統領（当時）が大統領となっている。

注4：第107議会（2001〜03年）の上院においては，2001年5月までは政権与党であった共和党が多数派であったが，同月に共和党議員1名が独立系（民主党会派所属）に転じて共和党議席数が49となったため，それ以降は民主党が多数派となった。

出所：U. S. House, Office of the Clerk, *Party Divisions of the House of Representatives : 1789 to Present*（http://history.house.gov/Institution/Party-Divisions/Party-Divisions/, 2016年1月17日閲覧）；U. S. Senate, *Party Division in the Senate : 1789 to Present*（http://www.senate.gov/pagelayout/history/one_item_and_teasers/partydiv.htm, 2016年1月17日閲覧），より作成。

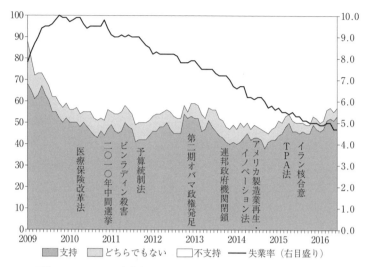

図終-1　オバマの支持率と失業率の推移（2009年1月～2016年6月）
出所：President Obama: Gallup Daily Tracking, PollingReport. com（http://www.pollingreport.com/obama_job1.htm, 2016年7月5日閲覧）; Bureau of Labor Statistics, Labor Force Statistics from the Current Population Survey, より作成。

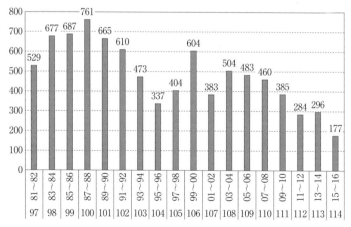

図終-2　採択・成立した法律数：第97～114議会（1981～2016年）
注：第114議会の数値は2016年6月21日時点のもの。
出所：GovTracks. us: Statistics and Historical Comparison（https://www.govtrack.us/congress/bills/statistics, 2016年6月22日閲覧），より作成。

に対する最低賃金引き上げなど，大統領令に依拠した政策遂行を進めた。外交・安全保障政策でも，それまでオバマの弱い環とされてきた中東，ロシア，中国政策でオバマの反転攻勢が始まった。経済・財政状況の好転にも助けられ，40％台で一進一退を続けていた支持率は，政権末期になるにしたがい，50％台にまで回復傾向を示している。オバマ政権末期の支持率動向は，レームダック化が進んだ前ジョージ・W・ブッシュ（George Walker Bush）政権とは対照的である。オバマ政権がその末期においてレームダック化せず，むしろ逆に反転攻勢を強めたことは，オバマのレガシーへの評価とポスト・オバマへのその継承を考える上で重要である。その分岐点を確定することは難しいが，おおむね2013年後半から2014年をボトムとして，以降をオバマが攻勢に出て行く第3期として設定することができるだろう。

2 アメリカ経済の再生とオバマ政権の経済政策

オバマは，2016年1月，最後となる一般教書演説において，大不況からのアメリカ経済の力強い復活を強調し，今日のアメリカ経済が停滞状況にあるとの見解を絵空事だと退けた（Obama [2016]）。しかしながら，こうしたオバマの自己評価と多くのアメリカ国民の生活実感とには相当程度の乖離がある。以下ではこうしたギャップが生まれる原因に着目し，景気回復の遅れという循環的要因と，産業・通商政策やミドルクラス対策といった経済改革のインパクトという構造的要因とに分けて，アメリカ経済再生という課題へのオバマ政権の対応について検討する。

（1）大不況への対応と景気回復の遅れ
まずは景気回復への対応という循環的側面から，オバマ政権の経済対策について考えてみよう。大不況時の危機対応についていえば，前 G. W. ブッシュ政権から引き継いだ不良資産買取プログラム（Troubled Asset Repurchase Program: TARP）をはじめとした金融危機対応と ARRA による大規模な景気支持政策がアメリカ経済のフリーフォールを阻止した。しかし，その後の景気回復はきわめて緩慢な過程をたどった。失業率は高止まりを続け，2011年には下落

傾向に転じるものの，その回復ペースはきわめて鈍く，経済成長率も一進一退を続けた。景気回復の遅れは，オバマ政権への支持率低下，選挙戦での敗北に帰結し，政権の政策裁量をいちじるしく制約した。そのため，危機回避後の景気回復への舵取りは，もっぱら FRB の金融政策に依存することとなった。

住宅市場回復策と景気回復

世界金融危機の震源となった住宅市場に対しては，公的管理に置かれた政府関連企業体（GSE）の活用，FRB の量的緩和の一環としての GSE 発行住宅モーゲージ担保証券（エージェンシー MBS）の買い取り，などの手段を使って回復策が採られたが，これらの政策は適格モーゲージ（QM）ルールをはじめとした金融機関の貸し手責任強化を伴って進められたため，住宅バブルの再燃を防いだ。他方で，こうした慎重な住宅市場対策は，住宅価格の回復に比してその資産効果をきわめて限定的なものにとどめ，消費支出の拡大には結びついていない。QM ルールの適用により金融機関の貸出基準が厳格となることで，高リスク・低価格帯の住宅取得が困難になっているのが主要因である。すなわち，住宅市場の「健全化」は資産効果の限定性と表裏一体の関係にある（第1章）。

緊縮財政への転換

リベラル派経済学者は景気回復の遅れに対してより大規模な財政刺激策が必要だったと主張する（クルーグマン［2012］）。しかし，世界金融危機後，米国債投資の比重が高まる資本流入構造の下で，財政赤字の拡大はドルの地位を脅かすものであった。逆に2011年以降の緊縮財政へのシフトは，アメリカの対外バランスの改善を通じてその後のドルの安定化をもたらした（第7章）。こうした事実を踏まえれば，政権初期におけるさらなる大規模景気対策というオプションはオバマには許されていなかった。

他方で，数字上財政赤字削減は果たしたものの，その具体策はオバマ政権が描いたプランとはまったく異なるものであった。財政再建の要である税制と義務的経費には両党の対立ゆえに手が付けられず，財政再建の負担は裁量的経費に集中した。その結果，オバマがミドルクラス対策の中心に掲げたインフラ投資，人的資本投資を阻んだ（第3章）。

以上をまとめれば，抑制的な住宅市場回復策にしても，緊縮財政への転換にしても，オバマ政権のミスリードというよりは，大不況後のアメリカ経済の深

刻さという客観的現実を反映し，それを安定的に導く上でのやむにやまれぬ選択であったという側面が強い。追加刺激策の必要性について，オバマは，2012〜14年には低金利，建設需要といった面から絶好の機会であったにもかかわらず，大規模インフラ投資に踏み切れなかったことが景気回復を遅らせたと述懐している（Sorkin [2016]）。しかし，こうしたオバマの発言は政府債務の安定軌道が展望できるようになった2012年以降の政策運営を念頭に置いたものであり，政権初期における大胆な追加刺激措置が必要だったとするクルーグマンらの認識とは隔たりがある。

(2) オバマ政権の経済改革

イノベーション・グローバル化とアメリカ産業構造の変化

景気動向・マクロ経済政策から経済構造の問題に目を転じると，オバマ政権は，技術革新とグローバル化の進展が今日の経済において不可逆的な趨勢であるとの認識を前提として，先進製造業重視の産業・競争力政策を訴えた。こうした政権の産業・競争力政策は，伝統的な民主党（中道・リベラル派）の路線を継承し，これに環境・エネルギー分野を付け加えたものであった。しかしながら，産業構造のサービスシフトが支配的となっている今日，先進製造業への注力は，当該分野のアメリカ企業の国際競争力強化には寄与したものの，雇用創出をはじめとしたアメリカ経済総体へのインパクトはごく限定されたものにとどまった（第3章）。

通商政策においては，オバマ政権は「ルール設定に基づく国際経済秩序形成」という新たな通商戦略を打ち出した。しかし，自陣営である民主党の通商政策の戦術的休止と初期の政策的優先順位の低さに規定され，さらには場当たり的な対外交渉のゆえに，オバマ政権の通商戦略とりまとめは大幅に遅れた。さらに，議会における自由貿易論と公正貿易論との理念的な対立のため，オバマの新たな通商戦略はTPAの取得にとどまり，未完の提起として残されている（第8章）。

オバマ政権のミドルクラス対策

経済構造改革に関してオバマ政権が注力したいま1つの問題は，格差社会とミドルクラス対策であった。技術革新とグローバル化はあらがうことのできな

い長期的かつ不可逆的な趨勢であるが，こうした新たな経済が格差社会を生み出し，アメリカ国民の生活不安をもたらしている根因となっているというのがオバマの基本認識である（Obama [2016], Sorkin [2016]）。こうした現状への対抗策としてパッケージ化されたのが政権のミドルクラス対策であった。

オバマ政権初期にまとめられたミドルクラスに関するタスクフォースの報告書では，雇用創出，年金・医療といった退職後所得保障，子育て支援とワークライフバランス，大学教育，といった分野が取り上げられた（White House Task Force on the Middle Class [2010]）。さらに，ミドルクラス対策での8年間の成果としては，消費者保護行政の強化，家計の大学教育費の負担軽減，低所得勤労者に対する税額控除（EITC），医療保険改革法，低所得層に対する持ち家促進，といった課題での前進を誇っている（White House Web Page）。以下では，本章で分析した住宅政策，医療保障政策，年金政策を中心に，オバマ政権のミドルクラス対策について考えてみたい。

前述の通り，住宅市場の回復とその健全性の確保の両にらみで進められたオバマ政権の住宅政策は，高リスク・低価格帯層の持ち家取得を困難にし，逆に住宅市場の格差構造を拡大させるというジレンマを抱えていた。オバマ政権の住宅負担軽減，救済策はいずれも前 G. W. ブッシュ政権のスキームを継承したもので，住宅市場の格差構造を打ち消すにはわずかなインパクトしかもたなかった（第1章）。

医療保障政策では，医療保険改革法の成立とその施行により，ワーキングプア層を中心に無保険者の保険加入が大きく進んだ。これ自体はオバマ政権の成果であろう。ただし，経済的インセンティヴが働きにくい若年層，ミドルクラスの加入は依然課題として残されている（第4章）。さらに，こうした無保険者対策は，従来から保険に加入していた層にとっては直接的には何らメリットはない。こうした階層にとっては高額化する医療保険料への対応と医療保障の質の確保が課題となる。しかし，オバマケア撤廃に固執する共和党に対して，オバマ政権は医療保険改革法の施行・定着で手一杯であり，そうした課題に取り組む余裕はない。結果，多大な政治資本を投じたにもかかわらず，その恩恵が国民に実感されないというジレンマが残った。

年金政策では，負担増か給付抑制かという財政問題での対立ゆえに具体的な

進展は見られなかったものの，公的年金における現行システムの堅持（個人勘定化案の放棄），私的年金における貯蓄支援税制へのフォーカスという政策争点の収斂が進んだ。とりわけ，後者の点についていえば，確定給付型年金プランから確定拠出型の貯蓄プランへの転換という現実を踏まえた貯蓄プラン改革の提示という意義を有していた（第5章）。しかしながら，こうした政策課題の収斂は，あくまでも政策当局者内部での話であり，国民に直接的に響くものではない。

以上をまとめれば，オバマ政権はミドルクラス対策に果敢に挑み，相当程度の政治的エネルギーを投じたものの，その最大の成果であった医療保険改革も含め，当のミドルクラスにとってはその恩恵を実感しにくいものであった。さらに，政権のミドルクラス政策の遂行には財源問題というハードルがのしかかった。財政問題での政策停滞がオバマの掲げた各種のミドルクラス対策プランの遂行を阻み，国民の厳しいオバマ評価に繋がった。

3 「リベラルの再生」とオバマ政権のアジェンダ

次に，オバマの掲げた「リベラルの再生」というスローガンに照らして，オバマ政権の政策アジェンダがもった政治的性格について考えてみたい。医療保険改革法やドッド＝フランク法といった初期のオバマ政権の成果は左右双方からの批判を招いた。リベラルは，オバマの政策を本来敵対すべき大企業や業界団体との妥協の産物であったとして，リベラルの理念への裏切りだと批判した。これとは逆に保守は，オバマにリベラルのレッテルを貼り，対決姿勢を鮮明にした。[1]

こうした左右からのオバマ評価に対して，ローレンス・ジェイコブス（Lawrence R. Jacobs）は，政権の性格は，保守・リベラルの度合いによってではなく，政策の制度としての定着によって評価されるべきだという。すなわち，これまでの左派は自らの理念を政策的に前進させる具体的シナリオをもたず，30数年来の保守政治に対して無力であった。これとは対照的に，オバマは，新規に政策を創設することと，過去に形成された制度に依拠してその維持拡大を図るという，政策遂行の2つの側面を使い分けることで，保守政治が支配的な下

でリベラルな政策課題を前進させた。ジェイコブスは，オバマの政策がリベラルの再生を目指し，かつそれを理念に終わらせることなく現実的な制度定着を追求したという意味で，革新的リアリズムの系譜に属する政治家であったと高く評価する（Jacobs [2012]）。

ジェイコブスのいうように，オバマ政権の打ち出した一連の政策は，ロナルド・レーガン（Ronald Wilson Reagan）以来支配的であった保守の経済政策に対するリベラルからの代替案であったし，もっぱら保守の経済政策にリードされてきた政策論争にくさびを打ち込むものであった。医療保障政策をはじめとしたミドルクラス対策，貿易ルール設定でのリーダーシップの発揮という新たな通商政策の提起，などがその典型として挙げられよう。

しかし，こうしたオバマの大胆なアジェンダは，激しい党派間対立に巻き込まれることにより，実現途上で終わるか，当初の計画に比して大幅な規模縮小を迫られることになった。医療保険改革法は無保険者の減少には結実したものの，同法施行をめぐる共和党との対立に政治資源が費やされた結果，そこからさらに踏み込んで国民の医療費負担の低減を図るという政権の構想は未実現に終わった。予算過程での対立とデッドロックのゆえに，教育，住宅，年金といったオバマのミドルクラス対策は財源をほとんど確保することができず，停滞した。オバマの新たな通商政策構想も，自由貿易論と公正貿易論との党派間対立を前に，TPA 取得にとどまっている。それゆえ，「リベラルの再生」というオバマの掲げた政策理念は，アメリカ政治のトレンドを大きく動かしはしたものの，その多くは未完に終わり，それらが制度的に定着するか否かは後世に委ねられることとなった（マクマナス [2016]）。

4　オバマ・ドクトリン――「ワシントンの脚本」は放棄されたか

本書第 9 章では，オバマ政権の外交ドクトリンの特徴の 1 つとして，内政第一主義を挙げた。オバマ政権は，国民の内向き世論とアメリカの対外的パワーの限界を強く意識し，国内政治のアジェンダを前進させて国力を回復するために，極力「無駄」な関与を回避しようとした。その結果，財政と国内経済の「再建」にも一定の成果を上げ，とりわけ，第 7 章で検討したように基軸通貨

としてのドルの地位を安定化させ，覇権の経済的基礎を回復させた。その一方で，中国やロシア，ISIL などの現状変革勢力の挑戦には十分に対応できず，アメリカの覇権やリベラルな国際秩序に対する国際的な信頼を弱めてしまった。

ただし，オバマ・ドクトリンには内政第一主義に還元できない要素がある。*The Atlantic* 誌2016年4月号に掲載されたインタビューで，オバマは2013年にアサド政権に対する武力行使発言を撤回した際，軍事力によって国際的な信頼を維持しなければならないとする「ワシントンの脚本（The Washington Playbook）」から解放され，その後は自らの直観にしたがって外交を進められるようになったと述べた。オバマの直観によれば，アメリカに対する直接的な脅威でなければ軍事力を使うべきではない。アメリカのリーダーシップがなければ重大な国際問題は何一つ解決できないが，多くの国々は自国の狭い国益のためにアメリカのパワーを利用しようとしており，アメリカには過剰な介入という罠がある。このように述べた上で，自分は，アメリカが民主主義や人権といった価値観を追求すべきだと考える点では理想主義者だが，その実現のためには諸外国の利益や立場を分析し，プラグマティックに対応しなければならないと考える点では現実主義者であると思うと述べた（Jeffrey Goldberg [2016]）。

このように，オバマはこれまでのアメリカ外交の特徴を「軍事力第一主義」だと批判的に捉え，そうしたイデオロギー的呪縛から自らの外交政策を解放したと考えている。実際にも，核兵器の拡散や気候変動，金融危機などの国家間協力を要する課題に対しては大胆かつ野心的に対応して大きな成果を上げた。しかし，実はオバマは「ワシントンの脚本」の全てから解放されているわけではない。アメリカはベトナム戦争の反省から，軍事と外交とを厳格に区分し，軍事力を行使する際には圧倒的な兵力を投入し，できる限り迅速かつ完全に敵を打倒して決定的な勝利を得るべきだという合理的な戦争観を採用してきた（福田 [2011]）。この考え方は，「レッドライン」や「直接的な脅威」が何かを重要視するオバマ・ドクトリンにも引き継がれている。

実はこの点にこそ，オバマ・ドクトリンの問題点が存在する。確かにオバマの言うように，アメリカの軍事的優位は歴然としているが，中国やロシアはアメリカの軍事力に正面から挑むのではなく，アメリカとの本格的戦闘の敷居をまたがない範囲で力を行使している（Connable, Campbell and Madden [2016]）。

しかし，こちらに「外交か戦争か」しか選択肢がないのでは，その間隙にあるグレーゾーンを巧みに突いてくる中国やロシアの非対称戦には対応できない。このような伝統的分野における非対称戦への対応の不備こそが，オバマ政権の外交・安全保障政策の最大の問題であろう。

5　党派間対立と政策停滞

　オバマ政権は党派間対立の激化に直面し厳しい政策遂行を迫られた。政策対立とその遂行との関係について，待鳥［2009］は，1990年代から G. W. ブッシュ政権期の共和党議会政治を分析し，アメリカ政党政治のダイナミズムを「代表の論理」と「統治の論理」の相克として描いた。すなわち，多数党は個別利害の政治への反映という「代表の論理」と，政策課題の効率的遂行という「統治の論理」という，相反する課題に対処しなければならず，安定的な支持を得るには両者のバランスが求められることで，政治的合意の余地が生まれる（待鳥［2009］）。しかし，今日の分極政治の特徴は，理念化され組織化された「代表の論理」が超党派合意という「統治の論理」を拒み，「統治の論理」に失敗してなお「代表の論理」に固執する点にある。それゆえ，党派間対立の激しさゆえに政治合意を生む道が見出せない点に，90年代，00年代とは異なる分極政治の今日的特徴がある。以下では，政策対立の理念ベース化，超党派合意を妨げる党内分派の役割，政党と支持基盤との関係，という3つの視角から今日の党派間対立とそれが政策停滞を招くメカニズムについて整理し，そうした分極政治に対するオバマ政権の対応手法について検討したい。

（1）党派間対立と政策停滞のメカニズム

理念ベースの党派政治

　党派間対立と政策停滞に関する第1の視角は，理念ベースの党派政治への着目である。移民政策では，民主党内における労働組合，共和党内における経済界といった経済的利害に基づく諸分派が，前者にあっては移民の権利擁護への転換，後者にあっては移民排斥を求める社会的保守派への劣勢，という経緯を経て党内が統一され，その結果移民政策における党派間の理念的対立が支配的

終章　オバマ政権の経済政策の評価と新政権の展望

となったことで，制度改革が難航した（第6章）。医療保険改革法の制定・施行においても，その根底には連邦政府の医療保障への介入の是非という対立があった（第4章）。通商政策においても自由貿易論対公正貿易論という両党間の理念的対立がオバマ政権に立ちはだかった（第8章）。

　理念ベースでの政策対立は，もっぱらオバマ政権・議会民主党と議会共和党との保守とリベラルとの対立として展開されたが，通商政策における公正貿易論のように，議会民主党の理念が政権の政策遂行を妨げるケースも見られた。いずれのケースにおいても，理念志向を強めた政策対立が，従来超党派合意を導く手段とされた政治取引を複雑で非和解的なものにしている。

超党派合意を妨げる党内分派

　第2は，政権・議会指導部のリーダーシップに対する党内分派への着目である。2011年以降の財政運営において，オバマ政権と議会共和党指導部は超党派合意を目指して交渉を繰り返したものの，瀬戸際政治が繰り返された。両者の合意を困難にした主たる要因は，均衡予算と支出削減に固執し，オバマ，議会民主党とのいかなる政治取引をも許さない，ティーパーティー派らの一部議員の存在であった（第3章）。

　吉野［2014］は，Mann and Ornstein［2012］の研究に依拠して，政策停滞の原因を，共和党指導部が保守主義の理念に固執して政治的妥協を拒否した点に求めている。しかしながら，議会多数派指導部には個々の議員とは異なり，政策課題に適切に対処するという統治能力が問われる。議会共和党指導部が保守主義の理念を掲げてオバマ政権に対峙したことは事実だが，法定債務上限引き上げや歳出予算法といったマスト・パスの政策課題での決裂は指導部にとってあり得ないシナリオであった（第3章）。それにもかかわらずオバマ政権と議会共和党が政治合意に達することができなかったのは，ティーパーティー派議員の矛先が，オバマ政権のみならず，政権と政治取引に向かおうとする共和党指導部に対して向けられたからである。この点で，岡山［2015］が論じている通り，分極化と党派間対立の激化は，政党の凝集性を高めるのではなく，逆に党内の統一を困難にしているのであり，この点に党派間対立の今日的特徴がある。

党派政治と支持基盤の要求

　第3の視角は，党派間対立の背景をなす支持基盤との関係である。共和党におけるティーパーティー派議員の台頭や，理念ベースでの政策遂行の背後には，ティーパーティー運動に代表される草の根保守主義運動の存在があった。Skocpol and Williamson［2012］は，ティーパーティー運動を，下からの地域的かつ分散的な草の根ネットワークと，全国的なアドボカシー団体や保守系メディア，企業家より成る上からの組織化との相互作用として把握している。こうした保守主義運動が議会共和党に保守の理念への忠誠を求める一方で，議会共和党もまた，コアな支持基盤に依拠して勝利を勝ち取るというG. W. ブッシュ政権以来の支持基盤強化戦略（base strategy）に基づき，彼らに依拠した政治を進めた。こうした保守主義運動と議会共和党との共鳴がオバマ政治の拒否となって展開され，政策停滞へと繋がった。

　しかし，オバマ政権後期になるにしたがい，議会共和党は支持基盤強化戦略の転換を求められた。第1に，2012年大統領選挙でのオバマの再選は，従来の狭い支持基盤に依拠しては選挙戦に勝利できないという反省を共和党指導部にもたらした。第2に，医療保険改革法の本格施行をめぐって争われた2013年秋の予算バトルが連邦政府機関閉鎖を招くに至り，反対だけで政策形成に資さない議会共和党への批判が高まった。

　こうした事態を受け，議会共和党指導部は，新たにリフォーモコン・プロジェクトを立ち上げ，マイノリティをはじめこれまで共和党が苦手としてきた階層の取り込みとオバマケア撤廃後の医療保障改革構想などの代案作成に取り組んだ（YG Network［2014］）。しかし，ウィングを広げようとのリフォーモコンの取り組みは，今度は逆に既存の支持基盤からの反発を招き，党内の不統一をもたらしている[3]（Packer［2015］）。

（2）分極政治に対するオバマの政治手法

　では，こうした分極政治において，オバマの政治的リーダーシップはどのように評価できるだろうか。

　第1に，自身の支持基盤との関係でいえば，オバマはソーシャル・メディアを含めた多様な媒体を駆使して自らの主張を国民に届け，草の根のネットワー

クを組織して選挙戦に勝利したが，そうした手法が政策形成において活用されることはなかった。そのことは，支持基盤からの不信と反発を招き，彼らの不満を滞留させることとなった (Skocpol [2012:30-38])。前嶋 [2010] は，こうした事態を国民への訴えが繰り返され陳腐化した結果であるとして，ゴーイング・パブリック戦略の常態化と称している。しかしながら，草の根ネットワークの組織化が2期目を含め大統領選挙の勝利に結実した点を踏まえるならば，問題はゴーイング・パブリック戦略一般にあるのではなく，それが政策形成過程において機能しなかった点に着目すべきだろう。選挙戦で功を奏しながら政策遂行では辛酸をなめるという構図は，先の議会共和党とは対照的であるが，オバマもまた支持基盤の動員に挑みながらも，その掌握に苦しんだ。

　第2に，政策対立に臨むオバマの政治手法の問題がある。外交・安全保障政策において見られたように，オバマのルール設定外交は，非伝統的脅威への対応では一定の成果を上げつつも，伝統的なリアリズムの論理に基づいたロシア，中国，中東諸国等の行動に対しては無力であった。これと同じことが内政にも当てはまる。理念ベースで政治的妥協そのものを拒否する今日の党派間政治に対して，合意可能なアジェンダ設定で応じるというオバマの政治手法は通用しなかった。逆にオバマ自身が党派的なフラクションへと位置づけられ，政策停滞は深まった。対立打開に向けてオバマは自身のリベラルな提起を繰り返す以外にすべはなく，そうした姿勢は「当惑した傍観者 (bewildered bystander)」と批判された (Krauthammer [2014])。大統領令による政策遂行へと傾斜した政権末期のオバマの戦術転換は，漸進的なものとはいえ一定の成果に結実したものの，議会との超党派交渉を見限ったという意味で，議会政治に対する自らの政治手法の無力さの表明でもあった。

6　ポスト・オバマ政権の展望

　前節に見た政権，議会指導部が自身の支持基盤の要求に苦しむという構図は，今般の大統領選挙の一大特徴でもある。この点は，ドナルド・トランプ (Donald J. Trump) の共和党候補者への選出，民主党予備選挙でのバーニー・サンダース (Bernie Sanders) の健闘，という事態に如実に表れている。両者ともア

ウトサイダー政治家として注目を集め，既存政治を非難するというポピュリズム的手法で多くの支持を集めてきた。この結果，民主，共和両党ともに，自身の理念と支持基盤の要求とのギャップに悩まされている。

　トランプの主たる支持基盤となっているのは，産業構造転換とグローバル化の下で長年辛酸をなめてきた白人労働者階層である（Judis [2015]）。トランプおよびその支持層が怒りの矛先を排外主義に向けるという点ではサンダース陣営と180度異なるものの，経済苦境打開と反エスタブリッシュメント志向という点で，両者には共通点も多い。しかし，白人労働者層の要求は，過去には1968年のジョージ・ウォレス（George Corley Wallace, Jr.），1992年のロス・ペロー（Henry Ross Perot）のように第三極を形成したのに対し，今般大統領選挙では，民主・共和両党内部で各党の揺り動かしへと向かっている。

　民主党においては，候補者指名を確定させたヒラリー・クリントン（Hillary Rodham Clinton）が自身をオバマの継承者と位置づけて選挙戦に臨んでいるものの，サンダース支持層の糾合に苦戦している。サンダースは，ウォール街に象徴される大企業からの支援の拒否と富裕層優遇政治からの転換，単一の国民皆保険の実現，大学教育の無償化といったラディカルな政策を打ち出し，若年層を中心に現在のオバマ政権に飽き足らない左派層から絶大な支持を得た。クリントンは，通商政策や富裕層増税などで自身の政策を左寄りに修正するなどして対応しているものの（Clinton [2016b]），依然サンダース支持層の取り込みと民主党の統一に腐心している。

　共和党とトランプの溝はより複雑かつ深い。第1に，トランプおよびその支持層が掲げる排外主義の問題がある。非合法移民の国外追放，イスラーム教徒やシリア難民のアメリカ入国拒否，といったトランプの排外主義的提起は，保守，リベラル双方から激しい非難を受ける一方で，彼の掲げる「偉大なアメリカをもう一度（make America great again）」に共鳴する支持者から熱烈な歓迎を受けている。保守派の論客であるロバート・ケーガン（Robert Kegan）は，こうしたトランプの排外主義を，保守の理念とはまったく相容れないファシズムの思想だと批判する（Kegan [2016]）。他方で，リベラル社会学者のシーダ・スコッチポル（Theda Skocpol）はトランプの排外主義と，共和党を支えてきた草の根ティーパーティーとの共通性を指摘する。すなわち，移民やマイノリテ

ィ保護に自らの怒りの矛先を向ける点でティーパーティーとトランプ支持者は同じであるとして、トランプ現象は排外主義的ポピュリズムに依拠してきた共和党政治の産物だとする（Skocpol [2016]）。

　第2は、経済分野における共和党保守の理念とトランプおよび彼の支持層とのギャップである。保守派オピニオン誌『ナショナル・レヴュー』の編集者であるジョナ・ゴールドバーグ（Jonah Goldberg）は、連邦政府の医療・年金プログラムに寛容で保護貿易を訴えるトランプは、市場経済重視と「小さな政府」という保守主義の理念を国家主義に転換させるものだとして厳しく非難する（Jonah Goldberg [2016]）。逆にリベラル派のマイケル・リンド（Michael Lind）は、保守派のリバタリアニズムは実現不可能なユートピア主義だとの立場から、トランプの台頭を保守の現実路線への転換、すなわちポストユートピア主義的保守主義の始まりだと論じる（Lind [2016]）。いずれの評価も、経済政策分野における共和党保守派の理念とトランプの提起との相容れない対立を認める点では共通している。

　トランプ現象の背後にある実態が何なのかについては今後さらに研究が積み重ねられていくべき課題だろう。しかし、トランプの排外主義、経済政策ともに、共和党指導部が目指す政治戦略とはまったく相容れない。前節に見た通り、2012年大統領選挙においてオバマの再選を許した共和党指導部は、リフォーモコンの名の下、選挙・政策両面での党の強化再編に乗り出した。リフォーモコンでは、共和党がこれまで苦手としてきたマイノリティ取り込みのためのアプローチが議論され、保守の経済政策のブラッシュアップが提起された（YG Network [2014]）。トランプ旋風がこれら共和党指導部の努力をすべて吹き飛ばした。

　今般大統領選挙で共和党の予備選挙に足を運んだ有権者の人種構成を見ると、白人が90％を占め（黒人3％、ヒスパニック4％、その他3％：出口調査が実施された28州の平均）、リフォーモコンが目指したマイノリティ取り込みに共和党はまったく成功していない。また、リフォーモコンの政策プランは、ポール・ライアン（Paul Davis Ryan, Jr., R-WI）議長がとりまとめた下院議会の政策提起に継承されているが、税制、医療保険改革、移民政策、通商政策といった主要経済政策でのトランプの政策との隔たりは大きく、両者がどのようにすりあわせら

れるのかは流動的である（Ryan［2016］；Trump［2016b］；[2016c]）。[(5)]

　これまで労働組合を通じて民主党の固い地盤となってきた製造業労働者がトランプ旋風の原動力になっているため，中西部のミシガン，ウィスコンシンなどの民主党優勢州がスウィング州へと転じる一方で，これまで保守の固い地盤となっていた南部のジョージア，ミシシッピ，テキサスまでもがスウィング州となり，レーガン以降の政治地図は大きく塗り替えられつつある（Gamio and Cameron［2016］）。さらに，トランプと共和党指導部のねじれは，連邦議会選挙においても共和党にとって逆風として働き，上下両院での多数派の地位が脅かされる事態をも招いている。

　外交・安全保障についても，グローバリゼーションの推進やアメリカの国際的なリーダーシップ，リベラルな国際秩序の維持と拡大，といったポスト冷戦期における外交的コンセンサスの是非が問われるようになっている。たとえば，比較的若い世代の国際政治学者であるイアン・ブレマー（Ian Bremmer）は，今後のアメリカの外交戦略の選択肢として，(1)対外関与から大胆に撤退して国家の再建に注力する国内回帰策，(2)国際秩序の形成は放棄し，個々の外交問題にプラグマティックに対応する限定関与策，(3)自由で開かれた国際秩序を維持するためのリーダーシップを発揮する積極関与策，の3つを挙げ，限定関与策や積極関与策は国民の支持を得られないとして，国内回帰策の採用を提起する（ブレマー［2015］）。

　トランプは，こうしたアメリカ国民の内向きの気分に的確に対応した外交政策を提起した。トランプによれば，ポスト冷戦のアメリカ外交は明確な目標を失って一貫性のない対外介入を繰り返し，同盟国からはフリーライドされ，その一方では友好国の信頼とライバル国からの尊重を失った。したがって，アメリカは国民の利益を最優先する外交政策を発展させなければならない。そのためにはアメリカの軍事力と経済，とりわけ高賃金の雇用を再建し，強いアメリカを復活させなければならない。過激なイスラーム教徒の拡大を食い止め，中国やロシアとは強い立場から友好的な関係を構築し，同盟諸国に対しては公平な分担を要求し，米軍はあくまで明確な勝利のために派遣する（Trump［2016a］）。このように，トランプはリベラルな国際秩序の形成からは撤退し，アメリカ本土の安全保障と経済的利益を最優先する外交政策を提起した。

終章　オバマ政権の経済政策の評価と新政権の展望

　これに対し，クリントンは従来のアメリカ外交のコンセンサスに基づく政策を主張している。彼女によれば，今回の大統領選は不安に駆られ世界から撤退する弱いアメリカと，強力に世界をリードする希望に満ちたアメリカとの間の選択であり，後者のアメリカを実現するために強力な国家を再建し，軍事同盟を支持し，中国やロシアに対しては毅然とした態度で臨み，アメリカの価値観を追求すべきである（Clinton [2016a]）。多くの外交専門家はオバマ外交の現状に対し，アメリカの軍事的撤退が力の真空を生み，ロシアや中国などの台頭を招いていると批判している（The John Hay Initiative [2015]）。また，クリントンは，国務長官時代に軍事力と外交力とを巧みに組み合わせたスマート・パワー（Armitage and Nye [2007]）という政策アイデアを取り上げていた経緯がある。ゆえに，彼女が大統領に就任した場合はリベラルな国際秩序の維持と強化を目指す従来の外交・安全保障政策に回帰していく可能性が高い。

　しかし，クリントンに対しても内向き世論の影響は働いている。サンダースを支持する民主党内左派の要求に配慮するために，彼女は国務長官時代に取り組んだTPPに対し「現状では反対」の立場を表明した。サンダースの中核的支持層である1980～97年生まれの「ミレニアルズ（millennials）」といわれる若年世代の外交政策に対する意識調査によれば，ミレニアルズはそれ以前の世代と比較して，第1に，世界から脅威が少なくなっていると認識し，第2に，国際協力を支持し，第3に，イラクやアフガニスタンでの戦争の反省から軍事力の行使を支持しなくなっている（Trevor and Goepner [2015]）。とりわけ，国内世論を巻き込むような問題が生じた場合，クリントンといえどもこのような世論に配慮した対応を取らざるを得ないだろう。

　サンダース，トランプ現象に象徴される両党の支持基盤の要求は，共和党の側では保守の掲げた「小さな政府」イデオロギーの凋落，民主党の側ではいっそうの左旋回となって党の統一を揺るがしている。しかも，こうした要求は党派政治を克服するよりはむしろその対立を激化させるものとして働いている。オバマの「未完のレガシー」が後世に継承されるか否かは，こうした流動化したアメリカ政治の行方に委ねられている。

注

(1) Skocpol［2012：6］．スコッチポルは，こうした左右からのオバマ批判に対して，オバマの政策はそもそも中道寄りのもので，公約違反とのリベラルの批判は当たらないとする一方で，保守からの批判は今後の政治戦略から採られたものだとして，オバマを擁護している．

(2) 第3章で検討した財政過程に限らず，エリック・カンター（Eric Cantor, R-VA）下院共和党院内総務（当時）——ヤング・ガンズ創設者の1人であり，指導部内で最も保守的とされていた——の2014年中間選挙予備選での敗北，2015年超党派予算合意と引き替えでのジョン・ベイナー（John Boeigner, R-OH）の議長辞任，さらにはベイナーの後継者とされていたケビン・マッカーシー（Kevin McCarthy, R-CA）院内総務の議長就任阻止，といった事態は，共和党指導部に対するティーパーティー派ら保守分派の反発の激しさを象徴している．

(3) Skocpol［2016］は，草の根ティーパーティーをはじめとした共和党保守の支持基盤と今般大統領選挙におけるトランプの支持基盤との同一性を主張するのに対して，Judis［2015］はこうした評価については慎重な立場をとっており，その評価はまだ定まっていない．

(4) CNNにより実施・公表されている主要28州での大統領予備選挙（党員集会を含む）での出口調査に基づく（CNN: 2016 Election Center, Exit or Entrance Polls http://www.cnn.com/election/primaries/polls, 2016年7月3日閲覧）．

参考文献

岡山裕［2015］「アメリカ二大政党の分極化は責任政党化につながるか」日本比較政治学会編『政党政治とデモクラシーの現在（日本比較政治学会年報第17号）』ミネルヴァ書房．

ポール・クルーグマン［2012］『さっさと不況を終わらせろ』山形浩生訳，早川書房．

福田毅［2011］『アメリカの国防政策——冷戦後の再編と戦略文化』昭和堂．

イアン・ブレマー［2015］『スーパーパワー——Gゼロ時代のアメリカの選択』奥村準訳，日本経済新聞社．

前嶋和弘［2010］「オバマ政権のメディア戦略と世論——『ゴーイング・パブリック戦略』の終焉？」吉野孝・前嶋和弘編著『オバマ政権はアメリカをどのように変えたのか——支持連合・政策成果・中間選挙』東信堂．

ドイル・マクマナス［2016］「未完の大統領——バラック・オバマの『遺産』」『外交』5月号．

待鳥聡［2009］『〈代表〉と〈統治〉のアメリカ政治』講談社選書メチエ．

終章　オバマ政権の経済政策の評価と新政権の展望

吉野孝 [2014]「評価と展望――連邦政府の機能障害の克服と"オバマ後"のアメリカ政治」吉野孝・前嶋和弘編著『オバマ後のアメリカ政治――2012年大統領選挙と分断された政治の行方』東信堂。

Armitage, Richard L. and Joseph S. Nye Jr. cochairs [2007] *A Smarter, More Secure America*, Center for Strategic and International Studies.

Clinton, Hillary [2016a] "Hillary Clinton's Speech on Donald Trump and National Security", *Time*, June 2.

―――― [2016b] "Full Transcript: Hillary Clinton's Economic Speech," *Newsweek*, Aug. 11.

Connable, Ben, Jason H. Campbell and Dan Madden [2016] "Stretching and Exploiting Thresholds for High-Order War", RAND Cooperation.

Gamio, Lazaro and Darla Cameron [2016] "New Poll Shows How Trump-Clinton Matchup Is Redrawing the Electoral Map," *The Washington Post*, Sept. 6.

Goldberg, Jeffrey [2016] "The Obama Doctrine", *The Atlantic*, March 10.

Goldberg, Jonah [2016], "Conservative Purists Are Capitulating with Support of Trump," *National Review*, Mar. 9.

Krauthammer, Charles [2014] "Barack Obama, Bewildered Bystander," *The Washington Post*, Oct. 23.

Jacobs, Lawrence R. [2012] "Barack Obama and the Angry Left: The Fight for Progressive Realism," in L. R. Jacobs and Desmond King, eds., *Obama at the Crossroads : Politics, Markets, and the Battle for America's Future*, Oxford University Press.

The John Hay Initiative [2015] Choosing to Lead: American Foreign Policy for a Disordered World

Judis, John B. [2015] "The Return of the Middle American Radical: An Intellectual History of Trump Supporters," *National Journal*, Oct. 2.

Lind, Michael [2016] "Can the American Right Renounce Utopianism ?," *The National Interest*, Mar. 25.

Obama, Barack [2016] *State of the Union Address*, Jan. 13.

Packer, George [2015] "The Republican Class War: In 2016, Will Conservatives Finally Face the Realities of Inequality ?," *The New Yorker*, Nov. 9.

Ryan, Paul [2016] *A Better Way : Our Vision for a Confident America*, June.

Skocpol, Theda [2012] *Obama and America's Political Future*, Harvard University Press.

―――― [2016] "Republicans Ride the Trump Tiger," *Project Syndicate*, May 30.

Skocpol, Theda and Vanessa Williamson [2012] *The Tea Party and the Remaking of Republican Conservatism*, Oxford University Press.

Sorkin, Andrew Ross [2016] "President Obama Weighs His Economic Legacy," *The New York Times Magazine*, Apr. 28.

Thrall, A. Trevor and Erik Goepner [2015] "Millennials and U.S. Foreign Policy: The Next Generation's Attitudes toward Foreign Policy and War (and Why They Matter) ", CATO Institute.

Trump, Donald J. [2016a] "Trump on Foreign Policy", *The National Interest*, April 27.

―――― [2016b] "Full Transcript of Donald Trump Economic Speech in Detroit," *Heavy*, Aug. 8.

―――― [2016c] "Transcript of Donald Trump's Immigration Speech," *The New York Times*, Sept. 1.

Kagan, Robert [2016] "This Is How Fascism Comes to America," *The Washington Post*, May 18.

White House Task Force on the Middle Class [2010] *Annual Report of the White House Task Force on the Middle Class*, Feb.

White House, Web Page, *Security for the Middle Class* (https://www.whitehouse.gov/economy/middle-class, 2016年6月20日閲覧).

YG Network [2014] *Room to Grow : Conservative Reforms for a Limited Government and a Thriving*.

オバマ政権年表

	内　政	外　交
2008	11.26 QE1開始（発表は11.25）。	
2009	1.20 大統領就任。 2.17 アメリカ復興・再投資法（ARRA）。 2.18 住宅所有者負担軽減・安定化プラン。 3.26 2009年ドリーム法案提出。 5.20 家族による住宅保有支援法。 7.29 気候変動法案が下院で成立。	2.27 イラクからの撤退計画発表。 4.5 プラハ「核なき世界」演説。 6.4 カイロ「中東リセット」演説。 12.1 アフガニスタンへの増派発表。
2010	3.23 医療保険改革法成立。 6.30 QE1終了。 7.21 ドッド＝フランク法成立。 9.22 2010年ドリーム法案提出。 9.29 包括的移民改革法案提出。 11.4 QE2開始。 12.8 2010年ドリーム法案が下院で成立。 12.10 ボウルズ＝シンプソン委員会報告。	3.15 TPP交渉に参加。
2011	5.10 オバマ政権が移民政策報告書を発表。 6.15 Select USA推進に関する大統領令発令。 6.24 オバマ大統領先進製造業パートナーシップ（AMP）発表。 6.30 QE2終了。 8.2 予算統制法（BCA）。 9.8 オバマ大統領雇用法案提案。	2.1 エジプト・ムバラク政権退陣要求。 5.2 オサマ・ビンラディン暗殺。 5.19 アラブの春に関する演説。 6.22 アフガニスタン撤退演説。 10.21 韓国などとのFTA法案の成立。 11.17 アジア基軸戦略の発表。
2012	6.15 オバマ政権「子供時代に入国した者に対する（国外追放）措置の延期」発表。 9.14 QE3開始。 9.18 STEM Jobs法案提案。	

国内情勢	国際情勢
9.15 リーマン・ショック。	11.14～15 G20 ワシントン・サミット。
	4.2 G20 ロンドン・サミット。 6.16 第1回 BRICS 首脳会議。 9.24～25 G20 ピッツバーグ・サミット。
11.2 中間選挙。共和党が下院多数派奪還。	4.16 第2回 BRICS 首脳会議。 6.26～27 G20 トロント・サミット。 11.11～12 G20 ソウル・サミット。 12.15 IMF 理事会，議決権見直しを承認。
6.28 連邦最高裁医療保険改革法合憲（一部違憲）判決。	1.14 アラブの春（ジャスミン革命）。 2.11 エジプト革命。 4.13～14 第3回 BRICS 首脳会議。 11.3～4 G20 カンヌ・サミット。
12.7 連邦最高裁結婚保護法違憲判決。 12.14 サンディフック小学校銃乱射事件。	3.29 第4回 BRICS 首脳会議。 6.18～19 G20 カンヌ・サミット。 9.11 ベンガジ米大使館襲撃事件。

	内　政	外　交
2013	1.2 ATRA（「財政の崖」回避）。 1.20 第2期オバマ政権発足。 3.1 裁量的経費の強制一律削減。 4.16 包括的移民改革法案提出（上院）。 10.1 連邦政府機関閉鎖（〜16日）。 10.1 各州の医療保険取引所を通した保険加入手続きの開始。 12.26 2013年超党派予算法。	7.7 TTIP 交渉開始。 9.10「アメリカは世界の警察官ではない」発言。 11.24 イラン核交渉中間合意。
2014	9.15 アメリカ製造業再生・イノベーション法。 10.31 QE3 終了。 11.20 移民制度に関する大統領令発表。	9.10 ISIL への軍事攻撃を宣言。 12.17 キューバと国交正常化開始。
2015	2.16 連邦地方裁判所による2014年大統領令に関する差し止め判決。 4.16 2015年メディケア・アクセス・CHIP 再承認法（MACRA）。 11.2 2015年超党派予算法。	4.27 日米防衛協力のための指針。 6.29 TPA 法案成立。 7.14 イラン核交渉で合意。 10.5 TPP 交渉大筋妥結。
2016		

国内情勢	国際情勢
4.15 ボストンテロ事件。	3.26~27 第5回BRICS首脳会議。 9.5~6 G20サンクトペテルブルク・サミット。
11.4 中間選挙。共和党が両院で多数派。	3.18 ロシア, クリミア編入。 7.14~16 第6回BRICS首脳会議。 11.10~11 中国が一帯一路構想を発表。
6.27 連邦最高裁同性婚認可判決 9.25 ベイナー下院議長辞任発表（10.30辞任） 12.2 サンバーナディーノ銃乱射事件	3.12 英, AIIBに参加表明 7.8~9 第7回BRICS首脳会議 11.13 パリ同時多発テロ事件 11.15~16 G20ブリスベン・サミット

人名索引

※「バラク・オバマ（Barack Hussein Obama II）」は頻出するため省略した。

あ 行

アイケンベリー，ジョン（Ikenberry, G. John） 247
アル‐アサド，バシャル（al-Assad, Bashar） 261
アル‐カダフィ，ムアンマル（Al-Qaddafi, Muammar） 258, 260
イグナグニ，カレン（Ignagni, Karen） 117-120, 122
ウォレス，ジョージ（Wallace, Jr., George Corley） 292
エンヅィ，マイク（Enzi, Michael Bradley "Mike", R-WY） 121

か 行

カーク，ロン（Kirk, Ronald "Ron"） 224
カーネル，サミュエル（Kernell, Samuel） 11
ガイトナー，ティモシー（Geithner, Timothy Franz） 213
ガルストン，ウィリアム（Galston, William A.） 149
カンター，エリック（Cantor, Eric Ivan, R-VA） 90
キャンプ，デイブ（Camp, David Lee "Dave", R-MI） 230, 231
クーパー，ロバート（Cooper, Robert） 254
グラスリー，チャック（Grassley, Charles Ernest "Chuck", R-IA） 121
グラハム，リンゼイ（Graham, Lindsey Olin, R-SC） 175, 180
クリントン，ヒラリー（Clinton, Hillary Rodham） 116, 171, 184, 251, 256, 257, 259, 271, 292, 295
ケーガン，ロバート（Kegan, Robert） 292
ケネディ，エドワード（Kennedy, Edward Moore "Ted", D-MA） 122
ケリー，ジョン（Kerry, John Forbes） 259
コーエン，タイラー（Cohen, Tyler） 5, 6
ゴードン，ロバート（Gordon, Robert） 5, 6
コーニン，ジョン（Cornyn III, John, R-TX） 118, 119
ゴールドバーグ，ジョナ（Goldberg, Jonah） 293
コヘイン，ロバート（Keohane, Robert O.） 253
コンラッド，ケント（Conrad, Gaylord Kent, D-ND） 121

さ 行

サマーズ，ローレンス（Summers, Lawrence H.） 3-6, 8, 21, 22
サルコジ，ニコラ（Sarkozy, Nicolas） 204
サンダース，バーニー（Sanders, Bernard "Bernie", I-VT） 184, 291, 292, 295
ジェイコブス，ローレンス（Jacobs, Lawrence R.） 285, 286
シナモン，バリー（Cynamon, Barry Z.） 8, 22, 23, 30, 43
習近平（Xi Jinping） 237, 260
周小川（Zhou Xiaochuan） 210
シューマー，チャールズ（Schumer, Charles, Ellis "Chuck" D-NY） 172, 180
ジュディス，ジョン（Judis, John B.） 8
ジョイス，フィリップ（Joyce, Phillip） 87, 100
シンプソン，アラン（Simpson, Alan Kooi） 147
スコッチポル，シーダ（Skocpol, Theda） 10, 292
スタベノー，デビー（Stabenow, Deborah Ann "Debbie" Greer, D-MI） 118
スノー，オリンピア（Snowe, Olympia Jean, R-ME） 121

た 行

ダッシェル，トム（Daschle, Thomas Andrew

305

"Tom") 149
ドメニチ, ピート (Domenici, Pietro Vichi "Pete") 148
トランプ, ドナルド (Trump, Donald J.) 8, 167, 184, 291-295

な 行

ナイ, ジョセフ (Nye, Joseph S.) 253
ナポリターノ, ジャネット (Napolitano, Janet Ann) 171

は 行

バーナンキ, ベン (Bernanke, Ben Shalom) 5, 6, 209, 213
バイデン, ジョー (Biden Jr., Joseph Robinette "Joe") 9, 90, 153, 203
ハッチ, オリン (Hatch, Orrin, R-UT) 175, 230, 231, 233-235
ピケティ, トマ (Piketty, Thomas) 7, 22, 43
ビンガマン, ジェフ (Bingaman Jr., Jesse Francis "Jeff", D-NM) 121
ビンラディン, オサマ (Bin Laden, Usama) 256
ファッツァーリ, スティーブン (Fazzari, Steven M.) 8, 22
プーチン, ウラジミル (Putin, Vladmir Vladimirovich) 261, 268, 269
ブキャナン, ジェームズ (Buchanan Jr., James McGill) 100
ブッシュ, ジョージ・W. (Bush, George Walker) 11, 32-35, 83, 84, 126, 139, 143, 163, 165, 166, 169, 170, 172, 177, 213, 221, 223, 224, 227, 239, 250, 251, 255, 281, 284, 288, 290
ブラウン, スコット (Brown, Scott Philip, R-MA) 122
フランク, マイケル・G. (Franc, Michael G.) 128
ブリニョルフソン, エリック (Brynjolfsson, Erik) 6
ブレマー, イアン (Bremmer, Ian) 294
フロマン, マイケル (Froman, Michael B.) 236
ベイナー, ジョン (Boehner, John Andrew, R

-OH) 85, 90, 92, 95, 152, 181, 223
ベーカー, ハワード (Baker Jr., Howard H., R-TN) 149
ペロー, ロス (Perot, Henry Ross) 292
ペロシ, ナンシー (Pelosi, Nancy Patricia D'Alesandro, D-CA) 235
ボウルズ, アースキン (Bowles, Erskine Boyce) 147
ボーカス, マックス (Baucus, Max Sieben, D-MT) 120, 121, 230, 231
ポートマン, ロブ (Portman, Robert Jones "Rob", R-OH) 223, 233-235
ポールソン, ヘンリー (Paulson Jr., Henry Merritt) 213
ホルツイーキン, ダグラス (Holtz-Eakin, Douglas James) 126

ま 行

マカフィー, アンドリュー (McAfee, Andrew) 6
マクギナス, マヤ (MacGuineas, Maya) 149
マケイン, ジョン (McCain III, John Sidney, R-AZ) 157, 171, 180
マリキ, ヌーリ (al-Maliki, Nuri) 261
マレー, チャールズ (Murray, Charles) 8
マンテガ, ギド (Mantega, Guido) 209
メトラー, スザンヌ (Mettler, Suzanne) 10
メネンデス, ロバート (Menendez, Robert, D-NJ) 174, 180

ら・わ 行

ライアン, ポール (Ryan Jr., Paul Davis, R-WI) 129, 146, 150, 233, 293
リード, ハリー (Reid, Harry Mason, D-NV) 231
リブリン, アリス (Rivlin, Alice Mitchell) 148
リンド, マイケル (Lind, Michael) 293
ルビオ, マルコ (Rubio, Marco Antonio, R-FL) 180
レーガン, ロナルド (Reagan, Ronald Wilson) 286
レビン, サンダー (Levin, Sander Martin, D-

MI)　230, 231, 233, 234
ロウハニ, ハサン (Rouhani, Hassan)　261
ロムニー, ミット (Romney, Willard Mitt)

129, 179
ワイデン, ロン (Wyden, Ronald Lee "Ron", D-OR)　231, 233-235

事項索引

あ行

アジアインフラ投資銀行　237
アジア基軸戦略　237, 257
アムネスティ　168, 175, 179
アメリカ競争法（2007年）　66, 67, 69
アメリカ製造業再生・イノベーション法（2014年）（RAMI）　69, 278
アメリカ復興・再投資法（ARRA（2009年））　31, 65, 83, 84, 131, 278, 281
アメリカ労働総同盟産業別組合会議　172
アンダーウォーター　29, 40
一帯一路構想　237, 238
イノベーション　51, 61
移民政策　163-183
移民排斥　166, 167, 172
イラク・レバントのイスラーム国（ISIL）　262, 264, 269, 287
医療保険改革法　13, 111, 116, 117, 122-124, 126-131, 134, 135, 278, 284-286, 289, 290
医療保障政策　111-135
大きな政府　128, 134
オーナーシップ社会　14, 139, 143, 151
オバマケア　284, 290
オバマ・ドクトリン　277, 287

か行

外交・安全保障政策　247-270
学資ローン　42
革新的リアリズム　286
過剰貯蓄率　7
ガルストン・マギナス（提）案　146, 149, 151
為替レート　194, 202, 206, 207
環境エネルギー政策　49, 65, 72
環大西洋貿易パートナーシップ協定（TTIP）　218, 219, 224, 229, 230, 236, 238
環太平洋経済連携協定（TPP）　15, 67, 68, 218, 219, 223-228, 232, 235-238, 241, 295
議会予算局（CBO）　83, 84
議会両院合同財政赤字削減委員会（スーパーコミッティー）　93, 95, 96
気候変動法案　65, 66
基軸通貨　202-204, 286
義務的経費　84, 87, 89, 90, 93, 95, 101, 102, 105, 282
逆資産効果　8, 12, 28-30
キャッシュアウト・リファイナンス　24, 25, 37
ギャング・オブ・シックス　121, 122
強制一律削減　87, 88, 96, 97, 99, 101
緊急経済安定化法　32
緊縮財政　5, 84, 85, 98, 282
金融緩和（政策）　196, 202, 205, 208, 209
グラム＝ラドマン＝ホリングス法（(GRH)方式）　87, 88, 96, 100, 101
グローバル・インバランス　7, 191, 193, 194, 205
経常収支　15, 195, 202, 203
　　──赤字　7, 14, 191-196, 201, 202, 204, 205, 207, 209, 212
ゲストワーカー・プログラム　165, 169, 171-173
公正貿易論　15, 219-221, 225, 239, 283, 286, 289
公的保険プラン（PO）　118-122, 134
ゴーイング・パブリック戦略　11, 291
国外追放（措置）　174, 177, 179, 182
国際金融政策　191-213
国内回帰策　294
個人勘定（化）　13, 14, 139, 150, 151, 285
個人退職勘定（IRA）　155, 157, 158, 160
国家輸出計画（NEI）　67
国境警備　170-172, 174, 175, 180, 182, 183

さ行

債券　196, 197
歳出予算法　86, 87, 105, 289
財政赤字　201, 205
再生可能エネルギー　51, 65
財政政策　81-104
財政の崖　81, 86, 153

308

事項索引

裁量的経費　87, 90, 93, 95, 97-99, 105
サブプライム関連証券　14, 193
サブプライム危機　191, 210
サブプライムローン　12, 24-27, 31, 32, 34, 35, 44, 193
サプライチェーン貿易　219, 227, 237-239
産業政策　49-72
三圏域論　253, 254
暫定歳出予算案　130
シェール革命　49, 60, 64, 71, 73
資産効果　4, 23-26, 28, 37, 40, 44, 282
支持基盤強化戦略　290
支出上限額（CAP）　87, 93, 96-101
自動加入 IRA　154-157, 159
資本輸出入　196
市民権　168, 170-172, 174, 177, 180, 182, 183
社債　192, 197
住宅差し押さえ危機　27, 28, 30, 31
住宅市場　21-44
住宅所有者負担軽減および安定化プラン　31
住宅負担軽減修正プログラム　33
自由貿易協定　221
自由貿易論　15, 219, 224, 239, 283, 286, 289
準備通貨　194, 203, 204
消費者金融保護局（CFPB）　34, 36
新型の大国間関係　259, 265
新ブレトンウッズ体制　193, 199, 212
人民元　209, 211, 212
スーパーコミッティー　→議会両院合同財政赤字削減委員会
スマート・パワー　295
製造業回帰　13, 49, 56, 62-64, 67, 68, 71-73
制度化した多元主義　11, 85
政府関連企業体（GSE（債））　192, 197, 282
世界金融危機　2, 3, 7, 14, 15, 30, 31, 37, 115, 171, 191, 193, 194, 196, 201, 203, 204, 210, 282
セレクト USA プログラム　67, 68
ゼロ金利（政策）　203, 205, 209
全国製造業イノベーションネットワーク　66
潜在成長率　3-6, 21
先進製造業　13, 67, 69, 70, 72, 283
——パートナーシップ（AMP）　66
全米財政責任・改革委員会（（ボウルズ＝シンプソン委員会）提案）　88, 100, 147, 148,
151, 152, 160
創造産業　60
その場しのぎの予算編成　13, 96, 98

た 行

対外経済　191-212
大規模資産購入プログラム（LASP）　35, 36
大統領令　163, 174, 177, 179, 182, 183
対ドル為替レート　193
代表の論理　288
大不況　3-5, 7, 22, 23, 30, 42-44, 81-84, 88, 98, 115, 171, 172, 281, 282
小さな政府　128, 133, 134
長期停滞（論）　3, 4, 6, 8, 12, 21, 22
超党派合意　92, 102-104, 288, 289
超党派政策センター　146, 148
貯蓄者税額控除　155, 157, 159
貯蓄プラン　13
通貨戦争　209
通貨安競争　208
通商政策　217-239
ティーパーティー（派, 運動）　90, 96, 103, 122, 176, 289, 290, 292, 293
適格モーゲージ（QM）　36, 44, 282
統一政府　81, 175, 277, 278
統治の論理　288
当惑した傍観者　291
特別引出権（SDR）　211
ドッド＝フランク法　34, 36, 278, 285
ドメニチ＝リブリン提案　146, 148, 151
ドリーム法案　174, 175, 177, 179, 181
ドル　202, 203, 212
ドル基軸通貨体制　192
ドル・レート　202, 203

な 行

ナショナル・アカデミー（NAS）　51
年金政策　139-160
年金保護法（2006年）　158

は 行

排外主義　292, 293
——的ポピュリズム　293
ヒスパニック　165-167, 169, 179, 180, 182, 184

309

非正規滞在移民　14, 163, 165, 167-170, 172
　-176, 181, 183, 184, 278
非難回避政治　159
ブッシュ減税　84, 86
不良債権買取プログラム（TARP）　33, 83,
　84, 281
ブルードッグ連盟　120
ブルッキングス研究所　146, 149
分割政府　85, 277, 278
ペイ・アズ・ユー・ゴー（PAYGO）　87, 131
米国債　192, 197, 199-201, 204, 206, 212
ペティ゠クラークの法則　52
貿易収支　195
貿易促進権限（TPA）　219, 220, 230, 231, 233
　-237, 239, 278, 283, 286
貿易調整支援（TAA）　220-223, 231, 233
　-235, 239
貿易の戦略的論理　236-238
包括的共同作業計画（JCPOA）　265
法定債務上限（額）　85, 88, 89, 92, 93, 96, 98,
　99, 101, 289
ボウルス・シンプソン提案　→全米財政責
　任・改革委員会
ホームエクイティ・ローン　24, 37, 38
ポピュリズム　292

ま　行

埋没国家　11
マスト・パス（法）　86, 99, 289
ミドルクラス　7, 8, 13, 133, 135, 167, 281-286
　——に関するタスクフォース（報告）　9,
　154, 156, 284
ミドルクラス経済　140, 143, 153, 160
　——の復活　139, 159
ミドルクラス報告　→ミドルクラスに関する
　タスクフォース（報告）
ミレニアルズ　295
無極秩序　250, 252
無保険者　111, 115, 132
メディケア・アクセス・CHIP 再承認法
　（MACRA）　130, 131

や　行

ヤング・ガンズ　9
ユーロ危機　203, 205

予算執行法（（BEA）方式）　87, 101, 103
予算統制法（2011年）（BCA）　81, 85, 86, 88,
　90, 92, 95-102
401(k)プラン　142, 145, 155-160
　——の規制改革　154, 157

ら・わ　行

ライアン提案（初期）　147, 150-152
リアリスト　15, 249
リアリズム　248-250, 253-255, 291
リヴァイアサン　126, 128, 133, 134
理念ベース　288-291
リフォーモコン　290, 293
リベラリズム　248, 253
リベラルな国際秩序　247-249, 258, 267, 268,
　270, 294
リベラルの再生　16, 277, 285, 286
流動化した多元主義　11, 85
量的緩和（政策）（QE）　35, 44, 197, 205-208,
　282
連邦政府機関閉鎖　13, 81, 86, 278, 290
連邦貧困ライン　124
労働運動　170
労働組合　168, 169
ワーキングプア　111, 113, 115, 133-135
ワシントンの脚本　287

欧　文

AMP　→先進製造業パートナーシップ
ARRA　→アメリカ復興・再投資法
BCA　→予算統制法（2011年）
BRICS 首脳会議　211
BRICs 諸国　210, 211
BRICS 新開発銀行　211
CAP　→支出上限額
CBO　→議会予算局
CFPB　→消費者金融保護局
FRB　5, 7, 14, 15, 84, 203, 206, 209, 282
FTA　220-223, 226, 227, 229, 232
　メガ——　15, 218, 219, 223, 224, 228, 230,
　239
G20　204, 210
GSE　→政府関連企業体
　——発行住宅モーゲージ担保証券（エージェ
　ンシー MBS）　282

IMF　98	QM　→適格モーゲージ
IRA　→個人退職勘定	RAMI　→アメリカ製造業再生・イノベーション法
ISIL　→イラク・レバントのイスラーム国	
JCPOA　→包括的共同作業計画	SDR　→特別引出権
LASP　→大規模資産購入プログラム	STEM Jobs 法案　178
MACRA　→メディケア・アクセス・CHIP再承認法	TAA　→貿易調整支援
	TARP　→不良債権買取プログラム
myRA　157, 159	TPA　→貿易促進権限
NAS　→ナショナル・アカデミー	TPP　→環太平洋経済連携協定
NEI　→国家輸出計画	TTIP　→環大西洋貿易パートナーシップ協定
PAYGO　→ペイ・アズ・ユー・ゴー	
PO　→公的保険プラン	WTO　218, 224, 238
QE　→量的緩和	WTO2.0　219, 238

執筆者紹介 (執筆順, *は編者)

＊河音琢郎（かわね・たくろう）　まえがき，序章，第3章，終章
　　編著者紹介欄参照。

＊藤木剛康（ふじき・たけやす）　まえがき，第8章，第9章，終章
　　編著者紹介欄参照。

豊福裕二（とよふく・ゆうじ）　第1章
　1971年　大分県生まれ。
　2005年　京都大学大学院経済学研究科博士後期課程修了。博士（経済学）。
　現　在　三重大学人文学部教授。
　著　作　『アメリカ経済の新展開』共著，同文舘出版，2008年。
　　　　　『アメリカ政治経済論』共著，ミネルヴァ書房，2012年。
　　　　　『資本主義の現在――資本蓄積の変容とその社会的影響』編著，文理閣，2015年。

山縣宏之（やまがた・ひろゆき）　第2章
　1973年　鹿児島県生まれ。
　2004年　京都大学大学院経済学研究科博士後期課程修了。博士（経済学）。
　現　在　立教大学経済学部准教授。
　著　作　『ハイテク産業都市シアトルの軌跡』ミネルヴァ書房，2010年。
　　　　　「米国シアトル・ソフトウェア産業エコシステムの新展開」『研究 技術 計画』第30巻4号，2016年。
　　　　　"The Development of the Software Industry Agglomeration in Seattle: Influencing Factors, Policy Effects," *Rikkyo Economic Review*, Vol. 69-5, 2016.

櫻井　潤（さくらい・じゅん）　第4章
　1978年　神奈川県生まれ。
　2004年　東京大学大学院経済学研究科博士課程単位取得退学。修士（経済学）。
　現　在　北海道医療大学看護福祉学部准教授。
　著　作　『アメリカの医療保障と地域』日本経済評論社，2012年。
　　　　　『グローバル化と福祉国家と地域』共編著，学文社，2010年。
　　　　　「21世紀のアメリカ社会保障」共著，『海外社会保障研究』第171号，2010年。

吉田健三（よしだ・けんぞう）　第5章
　　1975年　兵庫県生まれ。
　　2003年　京都大学大学院経済学研究科博士後期課程中退。博士（経済学）(2013年)。
　　現　在　青山学院大学経済学部准教授。
　　著　作　『アメリカの年金システム』日本経済評論社，2012年。
　　　　　　「比較福祉国家研究を超えて——アメリカ福祉国家の位置」東京大学社会科学研究所『社会科学研究』第59巻5-6号，2008年。
　　　　　　「アメリカ『オーナーシップ社会』の社会経済的意義——年金「所有権」の成立基盤の分析から」社会政策学会『社会政策学会誌』2007年。

中島　醸（なかじま・じょう）　第6章
　　1972年　神奈川県生まれ。
　　2004年　一橋大学大学院社会学研究科博士課程修了。博士（社会学）。
　　現　在　千葉商科大学商経学部准教授。
　　著　作　「労使関係と労働組合代表選挙——ワグナー法からタフト・ハートレイ法まで」『アメリカ研究』第48号，2014年。
　　　　　　『アメリカ国家像の再構成——ニューディール・リベラル派とロバート・ワグナーの国家構想』勁草書房，2014年。
　　　　　　「アメリカ移民制度改革と労働組合——ゲストワーカー・プログラムをめぐる対立（上・下）」『千葉商大紀要』第53巻第1号・第2号，2015年・2016年。

菅原　歩（すがわら・あゆむ）　第7章
　　1972年　岩手県生まれ。
　　2003年　京都大学大学院経済学研究科単位取得退学。博士（経済学）。
　　現　在　東北大学大学院経済学研究科准教授。
　　著　作　『国際銀行とアジア 1870-1913』共著，慶應義塾大学出版会，2014年。
　　　　　　『戦後IMF史——創生と変容』共著，名古屋大学出版会，2014年。
　　　　　　『システム危機の歴史的位相——ユーロとドルの危機が問いかけるもの』共著，蒼天社出版，2013年。

河﨑信樹（かわさき・のぶき）　第7章
　　1974年　香川県生まれ。
　　2002年　京都大学大学院経済学研究科博士課程修了。博士（経済学）。
　　現　在　関西大学政策創造学部教授。
　　著　作　『アメリカのドイツ政策の史的展開——モーゲンソープランからマーシャルプランへ』関西大学出版部，2012年。
　　　　　　『アメリカの国際援助』日本経済評論社，2012年。
　　　　　　『アメリカ政治経済論』共著，ミネルヴァ書房，2012年。

《編著者紹介》

河音琢郎（かわね・たくろう）
- 1966年　京都府生まれ。
- 1995年　京都大学大学院経済学研究科博士後期課程中退。博士（経済学）（2006年授与）。
- 現　在　立命館大学経済学部教授。
- 著　作　『アメリカの財政再建と予算過程』日本経済評論社，2006年。
『G・W・ブッシュ政権の経済政策』共編著，ミネルヴァ書房，2008年。
「アメリカ連邦予算過程における財政規律の弛緩とリコンシリエーションの変容」和歌山大学経済学会『研究年報』第14号，2010年。

藤木剛康（ふじき・たけやす）
- 1969年　兵庫県生まれ。
- 1996年　京都大学大学院経済学研究科博士後期課程中退。
- 現　在　和歌山大学経済学部准教授。
- 著　作　『G・W・ブッシュ政権の経済政策』共編著，ミネルヴァ書房，2008年。
『アメリカ政治経済論』編著，ミネルヴァ書房，2012年。

オバマ政権の経済政策
――リベラリズムとアメリカ再生のゆくえ――

2016年11月20日　初版第1刷発行　　　　　〈検印省略〉

定価はカバーに
表示しています

編著者	河音琢郎	
	藤木剛康	
発行者	杉田啓三	
印刷者	江戸孝典	

発行所　株式会社　ミネルヴァ書房
607-8494 京都市山科区日ノ岡堤谷町1
電話代表 (075)581-5191
振替口座 01020-0-8076

© 河音琢郎・藤木剛康ほか，2016　　共同印刷工業・藤沢製本

ISBN978-4-623-07793-9
Printed in Japan

G・W・ブッシュ政権の経済政策	河音琢郎 編著	A5判 314頁 本体3000円
アメリカ政治経済論	藤木剛康 編著	A5判 268頁 本体3400円
現代アメリカ経済論	藤木剛康 編著	A5判 304頁 本体3500円
アメリカ・カナダ	地主敏樹・村山裕三・加藤一誠 編著	A5判 304頁 本体3500円
アメリカの外交政策	加藤普章 編著	A5判 316頁 本体2800円
現代アメリカの外交	畠山圭一 編著	A5判 338頁 本体3500円
ハンドブックアメリカ外交史	信田智人 編著	A5判 304頁 本体3000円
欧米政治外交史	松田武 編著	A5判 332頁 本体3800円
覇権以後の世界秩序	佐々木卓也 編著	A5判 306頁 本体3500円
サブプライム危機	小川浩之 編著	A5判 322頁 本体3800円
冷戦史を問いなおす	木村雅昭 編著	四六判 304頁 本体2800円
「無極化」時代の日米同盟	中谷真憲 編著	四六判 304頁 本体3000円
アメリカの世界戦略と国際秩序	滝川好夫 著	A5判 434頁 本体4000円
政党政治とデモクラシーの現在	益田・池田・青野・齋藤 編著	A5判 288頁 本体2800円
	川上高司 著	A5判 368頁 本体3500円
	梅本哲也 著	A5判 650頁 本体6500円
	日本比較政治学会 編	A5判 248頁 本体3000円

ミネルヴァ書房
http://www.minervashobo.co.jp/